"十四五"职业教育国家规划教材

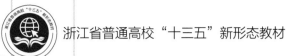 浙江省普通高校"十三五"新形态教材

 浙江省高职院校"十四五"重点教材

国际贸易系列教材

FOREIGN TRADE COMPREHENSIVE PRACTICAL TRAINING

外贸综合实训

季晓伟 / 主编

 ZHEJIANG UNIVERSITY PRESS

浙江大学出版社

·杭州·

图书在版编目（CIP）数据

外贸综合实训 / 季晓伟主编. -- 杭州 ： 浙江大学
出版社，2019.9（2023.7 重印）
ISBN 978-7-308-19470-9

Ⅰ．①外… Ⅱ．①季… Ⅲ．①对外贸易－教材 Ⅳ．
①F740.4

中国版本图书馆CIP数据核字(2019)第181855号

外贸综合实训

WAIMAO ZONGHE SHIXUN

季晓伟　主编

丛书策划	朱　玲
责任编辑	李　晨
责任校对	刘序雯
装帧设计	春天书装
出版发行	浙江大学出版社
	（杭州市天目山路148号　邮政编码　310007）
	（网址：http：//www.zjupress.com）
排　版	杭州林智广告有限公司
印　刷	杭州钱江彩色印务有限公司
开　本	787mm×1092mm　1/16
印　张	15.5
字　数	339千
版印次	2019年9月第1版　2023年7月第2次印刷
书　号	ISBN 978-7-308-19470-9
定　价	49.80元

前　言

党的二十大报告提出，要推进高水平对外开放，推动货物贸易优化升级，创新服务贸易发展机制，发展数字贸易，加快建设贸易强国。《外贸综合实训》作为"十四五"职业教育国家规划教材、首批浙江省普通高校"十三五"新形态教材，紧扣贸易新业态和数字贸易岗位需求，为推进高水平对外开放培养高素质技术技能型外贸人才。本教材面向高年级高职国际贸易类专业学生编写，目的是让学生在"国际贸易理论与实务""外贸跟单实务""外贸单证实务""报关报检实务"等各门专业课程学习的基础上，通过实训项目操作将之前所学的知识和技能串联起来，温故而知新，梳理进出口业务操作的整个流程，从而强化各环节的操作能力和解决实际问题的能力。

本教材根据进出口业务操作流程设置交易准备、交易磋商、签订合同、落实信用证、货物的生产与采购、货物托运与通关、出口货物投保、制单与收汇、外贸业务善后工作等9个实训项目，共34个工作任务。每个项目设定明确的实训目标，再将目标细分到每一个工作任务。每个工作任务设计"任务导入"和"任务目标"，先让学习者学习或回顾完成任务所需的知识要点，然后进行实训操作示范，最后布置本次工作任务的实训题目，满足师生实训课的教学或社会上相关学习者的自学需求。本教材在以下方面尝试创新，期望能更好地体现外贸行业的新变化，更加贴近外贸岗位对人才的新需求。同时，立方书的形式能为学习者提供更好的学习体验：

1. 适应贸易数字化转型升级，对接外贸行业对跨境电商人才的需求。内容上，主要选取跨境电商B2B模式。在交易准备中，开展店铺建设和产品上传实训；在交易磋商中，开展询盘、在线洽谈等跨境电商途径的磋商实训；在签订合同中，开展跨境电商平台在线合同的签订实训；在后续履约项目中，设置了超级信用证等内容的实训。

2. 与时俱进，紧跟外贸领域改革步伐，新增"市场采购"和"外贸综合服务"等贸易新业态教学内容。加快发展外贸新业态新模式，有利于推动贸易高质量发展，培育参与国际经济合作和竞争新优势。希望通过相应的实训任务教学，使学生熟悉贸易新业态的操作模式和配套政策，能利用法律法规、惯例、平台规则，综合分析和解决实际问题。

3.基于浙江省课程思政示范课建设成果，将二十大精神融入教材。"共建一带一路""推进人类命运共同体"等元素贯穿各项目的任务导入、任务目标和实训操作示范。希望学生通过实训任务操作，深刻体会互利共赢的开放战略，增强民族自豪感；感悟爱岗敬业、严谨细致、精益求精的工匠精神和劳模精神。

4.体现新形态教材"互联网＋"式的教学互动，满足移动学习的需要，呈现"一本教材即一门课程"的理想状态。在教材中插入了微课、视频、拓展材料等丰富的数字资源，以二维码方式呈现，供读者即扫即用。

本教材的项目一、二、四由季晓伟编写，项目五、九由曹晶晶编写，项目三、六由黄艺编写，项目七由何璇编写，项目八由龚江洪编写。全书最后由季晓伟完成统稿工作。本教材编写过程中参考了大量的资料，从义乌商务局、义乌海关等部门和义乌市国际陆港集团有限公司等合作企业得到了丰富的教学素材和宝贵的指导意见，在此一并深表感谢！

我国外贸改革仍处在转型和改革当中，跨境电商、市场采购新型贸易方式、关检融合等新业态、新政策、新做法不断涌现。由于编者的水平和能力有限，书中存有的疏漏、不当之处，望读者不吝指正，以便再版时予以修正。

季晓伟

2023 年 7 月

CONTENTS
目录

项目一 交易准备

使出口企业及其业务员在与客户开展磋商前做好各项必要的交易准备工作,具体包括:设立外贸公司的操作流程和提供所需的资料,包括新增的"市场采购"新型贸易方式下的主体备案;出口业务员熟悉主营产品的各方面信息,掌握国际市场调研的方法,找准目标市场,开展有效的市场营销;寻找和开发客户,撰写建立业务关系的函电,熟悉搜索引擎和国际展会参展这两种开发客户的重要途径;掌握跨境电商 B2B(business to business,企业间)模式下的平台选择、店铺建设、产品发布和营销推广方法。

本章内容介绍了从事外贸进出口经营业务的基础知识,包括如何建立一家有限责任公司,如何进行对外贸易经营者备案登记,需要和哪些部门打交道,以及需要准备何种相关材料才能够成立一家进出口贸易公司。

主要工作任务

本实训项目分解为 5 个工作任务,分别是设立外贸公司、熟悉产品与制作产品目录、国际市场营销、寻找和开发客户、跨境电商 B2B 的交易准备。

项目说明与任务导入

任务一 设立外贸公司

任务导入

小王大学毕业后,进入某外贸公司工作。经过多年不懈努力,积累了丰富的工作经验和一些海外客户,接下来他决定自己创业。要想从事国际贸易,首先要设立一家外贸公司,取得公司法人资格,然后依法进行对外贸易经营者备案登记,再到税务局、海关等有关部门办理必要的手续。近年来,浙江省义乌市通过国际贸易综合改革试点先行先试,确立了"市场采购"新型贸易方式。为了享受新型贸易方式下的配套政策和监管措施,小王到义乌注册公司并进行市场采购主体备案,获得专门用于从事市场采购贸易的营业执照。

任务目标

在开展贸易业务前，设立一家外贸公司，并进行市场采购主体备案。

知识要点学习

设立外贸公司

1. 我国外贸经营权的相关法律法规
2. 工商、税务、检验检疫、海关、外汇等部门的相关手续
3. "市场采购"新型贸易方式的内涵、政策和措施
4. 市场采购主体备案

一、外贸经营权

要开展对外贸易，首先要成立一家具备外贸经营权的公司。具有进出口经营资格的企业包括进出口贸易公司（流通型企业），外资、合资企业，工贸企业（生产型企业）和其他有进出口经营权的企业（如个体经营户等）。

2004年7月1日起正式实施的《中华人民共和国对外贸易法》（简称《外贸法》），将已经实行了50年的外贸权审批制改为登记制。根据《外贸法》的有关规定，商务部制定发布了《对外贸易经营者备案登记办法》，规定个人经过工商登记也可从事外贸经营。这里的"个人"并非"自然人"，而是个人独资企业或个体经营户。"自然人"要在工商部门注册个人独资企业或个体经营户后，再申请外贸经营者备案登记，但个体经营者经营对外贸易需要承担无限责任。

二、外贸公司设立流程

设立一家外贸公司，须先在工商部门注册并申请对外贸易经营者备案登记。然后，凭加盖备案登记印章的对外贸易经营者备案登记表在30日内到当地海关、检验检疫、外汇、税务等部门办理开展对外贸易业务所需的所有手续。逾期未办理的，对外贸易经营者备案登记表自动失效。

（一）对外贸易经营者备案登记

对外贸易经营者备案登记在网上（http://iecms.mofcom.gov.cn/）进行申报（见图1-1），填写对外贸易经营者备案登记表，打印盖章后与营业执照一起提交办理。2015年10月1日起，全国新登记企业实行"三证合一、一照一码"改革，即由原先的企业依次向工商部门申请核发工商营业执照、向质监部门申请核发组织机构代码证、向税务部门申请核发税务登记证，改为一次申请，由工商部门核发一个加载法人和其他组织统一社会信用代码的营业执照的登记制度。简单地说，就是简化了企业登记注册的手续，由原来三个证变成一

商务部业务系统统一平台 企业端
对外贸易经营者备案登记

图 1-1 对外贸易经营者备案登记网上申报平台

个营业执照和一个统一社会信用代码。企业的组织机构代码证和税务登记证不再发放，原需要使用组织机构代码证、税务登记证办理相关事务的，一律改为使用"三证合一、一照一码"改革后的营业执照办理。

（二）进出口货物收发货人注册登记

《中华人民共和国海关法》（简称《海关法》）规定："进出口货物收发货人、报关企业办理报关手续，必须依法经海关注册登记。报关人员必须依法取得报关从业资格。未依法取得海关注册登记的企业和未依法取得报关从业资格的人员，不得从事报关业务。"因此，设立外贸公司（进出口货物收发货人）需要到所在地海关办理报关单位注册登记手续。注册登记需递交的材料有：报关单位情况登记表、营业执照副本、对外贸易经营者备案登记表，以及其他与注册登记有关的文件材料。注册地海关依法对申请注册登记材料是否齐全、是否符合法定形式进行核对，向材料齐全、符合法定形式的申请人核发《中华人民共和国海关报关单位注册登记证书》，报关单位凭证书办理报关业务，该证书长期有效。

（三）电子口岸入网手续

中国电子口岸（见图 1-2）是国家进出口统一信息平台，是国务院有关部委将分别掌管的进出口业务信息流、资金流、货物流电子底账数据集中存放的口岸公共数据中心，为各行政管理部门提供跨部门、跨行业的行政执法数据联网核查，并为企业提供与海关、检验检疫局、外汇管理局、国税局等行政管理部门及中介服务机构联网办理进出口业务的门户网站。以浙江省为例，新企业注册所需资料有：浙江电子口岸业务办理申请单、营业执照电子档（也可提供加盖公章的复印件）、办理 IKEY 用的《浙江电子口岸 IKEY 使用协议》（一式两份）和持 IKEY 用户身份证复印件（加盖公章）。浙江电子口岸负责审核后开通账户，将审核后的注册登记表和 IKEY 直接递交或者邮递给企业。企业用户又可根据企业管理需要实行二级管理，上一级对下一级进行用户管理和权限分配。每个企业只能拥有一个企业管理员账户，负责对操作员进行授权及授权变更操作。每个企业可以拥有多个操作员，但操作员不可以更改本人的注册信息。

中国电子口岸 China E-port

图1-2 中国电子口岸

（四）自理报检单位备案登记

根据《出入境检验检疫报检企业管理办法》（国家质检总局第161号令）、《出入境检验检疫报检企业管理工作规范》（国家质检总局2015年第49号公告），企业在首次办理报检业务前，需先办理企业备案，取得报检企业备案号。需办理自理报检单位备案登记的企业范围包括：向检验检疫部门办理本企业报检业务的进出口货物收发货人，出口货物的生产、加工单位。需备案登记，首先是在中国检验检疫电子业务网（http://www.eciq.cn/）办理备案登记手续，选择"自理报检单位备案"（见图1-3），输入单位基本信息后提交。然后，打印报检企业备案表，带着营业执照副本复印件（加盖公章）、企业法人代表的身份证复印件及其他相关资料到所在地检验检疫机构审核。

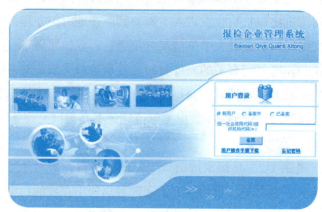

图1-3 自理报检单位备案登记网上平台

（五）外汇管理进出口单位名录登记

企业依法取得对外贸易经营权后，持货物贸易外汇收支企业名录登记申请书、法定代表人签字并加盖企业公章的货物贸易外汇收支业务办理确认书，以及企业营业执照副本、对外贸易经营者备案登记表等材料到所在地外汇局办理贸易外汇收支企业名录登记手续。外汇局审核相关材料无误后，通过货物贸易外汇监测系统（简称监测系统）为企业登记名录，并设置辅导期标识。完成名录登记后，外汇局为企业办理监测系统网上业务开户。外汇局通过监测系统向金融机构发布全国企业名录信息。

（六）税务登记和出口退（免）税认定

对外贸易经营者凭加盖备案登记专用章的对外贸易经营者备案登记表，30天内到当地主管税务机关依法办理税务登记。办理申请减税、免税、退税和领购发票时，必须出示税务登记证件，不得将其转借、涂改和毁损。根据《国家税务总局关于发布〈出口货物劳务增值税和消费税管理办法〉的公告》（国家税务总局公告2012年第24号）规定，出口企业应在办理对外贸易经营者备案登记或签订首份委托出口协议之日起30日内，提供下列资料到主管税务机关办理出口退（免）税资格认定：打印的纸质出口退（免）税资格认定申请表及电子数据、加盖备案登记专用章的对外贸易经营者备案登记表、中华人民共和国海关进出口货物收发货人报关注册登记证书和银行开户许可证。

三、市场采购主体备案

市场采购贸易方式是指符合条件的境内外企业和个人在经国家相关部门认定的市场集聚区采购商品，并在相应的主管地海关或口岸海关报关出口的贸易方式。它具有以下三个主要特征：单向性，市场采购贸易仅限于出口贸易，不含进口贸易；普遍性，境内外企业和个人均可向商务主管部门申请获得从事市场采购贸易的经营资格；特定性，市场采购贸易仅指货物贸易，且仅限于经国家相关部门认定的市场集聚区作为市场采购贸易的实施平台，国家海关特殊监管区域除外。市场采购新型贸易方式在义乌"先行先试"后，于2014年11月1日正式实施，在全国范围内推广，相继被纳入市场采购贸易试点的有浙江省海宁中国皮革城、江苏省中国叠石桥国际家纺城、江苏省常熟服装城、广东省广州狮岭（国际）皮革皮具城、山东省临沂商城工程物资市场、湖北省武汉汉口北国际商品交易中心和河北省白沟箱包批发市场。

用市场采购贸易方式出口的商品，符合小额小批量报检条件的，可免除第三方检测，直接签放通关单，通过联网信息平台（见图1-4）可对小额小批量报检实现快速（一般在几分钟内）通关。海关增设市场采购贸易监管方式（监管代码1039），市场采购贸易监管方式报关的每批次货值最高限额暂定为15万美元，通过联网信息平台可共享使用组货装箱信息进行预报关操作，无须二次录入即可将信息发送给海关报关系统，有效提升报关效率。对于以市场采购贸易方式出口的货物，实行增值税免税政策。通过联网信息平台，市场采购贸易经营者可为其代理出口的供货商户在线提交增值税免税申请，国税部门核准后即免除相关增值税、城建税、教育附加费等税费。市场采购贸易方式不仅可由出口企业收汇结汇，也可由作为商品出口委托方的个体工商户进行收汇结汇。联网信息平台不仅可落实个人贸易外汇有关监管办法，还支持结汇个人进行互联网自助结汇办理，这样既方便根据汇率选择结汇时点，又提高结汇流程的便利性。

图 1-4 市场采购主体备案网上平台

在义乌工商部门出台的登记方法中，明确了将市场内从事一般贸易和专门从事市场采购贸易的企业区别开来，对外贸企业进行分类登记。新型外贸企业登记为"义乌市××商品采购有限公司"，企业类型为有限公司，冠名"义乌"，标明企业的区域范围，行业描述为"商品采购"，而企业的经营范围特定为"专业市场、专业街的商品采购"。申请者只要满足市场采购贸易方式条件，均可向工商部门申请登记。已办理对外贸易经营者备案登记的企业方可申请办理市场采购贸易经营者备案登记，方法如下：登录"市场采购贸易联网信息平台"填写并打印市场采购贸易经营者备案登记表，由法人或负责人签字盖章后，携纸质登记表办理市场采购贸易经营者备案登记，将代表人或操作员身份证原件及复印件交至浙江电子口岸办事窗口，由工作人员当场制作并发放 IKEY。外贸企业如保留有原电子口岸旧 KEY 的，携旧 IKEY 更新数据即可。由商务局报送海关注册成功后，即可登录"市场采购贸易联网信息平台"从事市场采购贸易。

什么是"市场采购贸易"？

实训操作示范

▶ 实训说明

（1）学会什么？

完成对外贸易经营者备案登记，进出口货物收发货人注册登记，自理报检单位备案登记，市场采购主体备案登记。

（2）如何完成？

到相应政府部门网站，下载所需表格和操作手册，按说明填好表格，并了解完整的操作说明。

▶ 实训步骤

（1）打开商务部对外贸易经营者备案登记网站（http://iecms.mofcom.gov.cn/），查看备案登记流程图，下载空白表格，自编合理信息，完成备案登记模拟实训。

（2）到企业注册地海关网站下载并按说明填写报关单位情况登记表，打开所在地电子口岸，如浙江电子口岸（http://www.zjport.gov.cn），下载浙江电子口岸业务办理申请单，进行模拟注册。

（3）打开中国检验检疫电子业务网（http://www.eciq.cn），办理备案登记手续，下载用户操作手册，模拟完成其中的自理报检部分。

（4）打开市场采购贸易联网信息平台（http://www.ywtrade.gov.cn/），找到市场采购主体备案模块，按说明模拟填写市场采购贸易经营者备案登记表。

▶ **实训题目**

自编合理信息，模拟完成外贸公司注册备案工作。注意符合相关要求，信息要完整，长期保存，以备后续模拟签订合同和履行合同。若有实训教学软件，可在教学软件中完成。

设立外贸公司需要
的材料及其说明

任务二　熟悉产品与制作产品目录

任务导入

无论是做哪一个行业的贸易，首先都要对自己的产品了如指掌。外贸业务员小张入职的第一天就到工厂车间去熟悉产品。他的目标是对本行业现有商品种类和趋势做到心中有数，并搜集制作产品目录所需的商品信息。然后，小张根据公司样品间现有的产品，自己动手制作了一套产品目录，为今后业务开展做好准备。产品目录通常包含商品名称、图片、质量、规格、材质、包装、重量和尺码等重要信息，是建立业务关系的重要参考资料。

任务目标

在寻找和接洽客户之前，熟悉产品各方面的信息，制作产品目录供客户参考。

知识要点学习

1. 最新版本《商品名称及编码协调制度》（HS）编码的商品名称
2. 销售包装与运输包装及它们的英文表达
3. 商品重量与尺码及它们的英文表达
4. 国际通行的主要商品质量认证体系
5. 产品目录的内容与制作方法

熟悉产品与制作产品目录

一、全面熟悉产品

外贸业务员在做业务之前，熟悉商品的基本信息是非常重要的。外贸业务员在对商品各项信息了然于胸后，将这些信息制作成产品目录供客户参考。

（一）商品名称与编码

商品的名称要尽可能地使用国际上通用的名称。在确定商品名称时，应尽量与《商品名称及编码协调制度》（HS）规定的中英文品名相适应。由海关合作理事会主持制定的《商品名称及编码协调制度》于1988年1月1日正式实施，每4年修订1次。世界上已有200多个国家、地区使用HS，全球贸易总量90%以上的货物都以HS分类。目前，最新的版本是2017版。我国目前使用的HS编码一共10位，其中前面8位为主码，后2位为附加码：前2位数字代表章目，第3—4位数字为税目，第5—8位为子目，其中第7—8位为我国税则在协调制度编码的基础上增加的两级子目，第9—10位为划细商品而增加的2位商品码（从2001年起）。

登录海关总署网站（http://www.customs.gov.cn），点击"信息查询"（见图1-5），可以使用"归类决定和裁定查询""税目税号""进出口税则商品及品目注释查询""本国子目注释查询""重点商品查询"等功能。

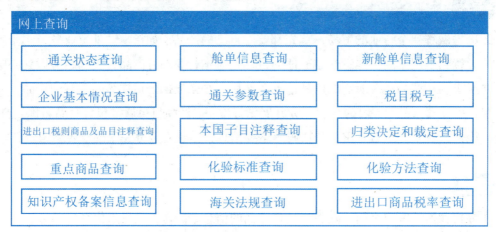

图1-5 海关总署网站查询商品的相关信息

（二）销售包装与运输包装

商品包装在商品从生产领域转入流通和消费领域的整个过程中起着非常重要的作用，其最主要的功能有保护功能、容纳功能、便利功能和促销功能。在外贸业务中，我们要能够区分销售包装和运输包装（见图1-6）。销售包装是以商品零售单元为包装个体的包装方式；运输包装是用于安全运输、保护商品的较大单元的包装形式。简单地说，销售单位是消费者购买时的计算单位，如一支牙刷；包装单位是指用来运输的计算单位。实际操作中，先将商品按包装单位运输到商场后，拆开运输包装，再按销售单位来销售。

图 1-6 区分销售包装和运输包装

业务员需要事先详细了解某商品的一个包装单位容纳几个销售单位,例如100双(pair)鞋装一个纸箱(carton),然后能将之正确地表达。具体表达如下。

Packing:100 pairs in one carton

(三)商品重量与尺码

毛重、净重和体积指的对象是运输包装,而不是销售包装。净重是一个运输包装内所有商品销售单位的重量(包括销售包装在内)。而运输包装的重量(不是销售包装)被称为皮重,即毛重 = 净重 + 皮重。体积,又称为尺码,是一个运输包装的体积。了解商品包装的毛重、净重和尺码,是进行运输安排和价格核算的基础之一。重量的标准单位是千克(kilogram, kg),但在班轮运输计算运费吨时采用的是公吨(metric ton, M/T, TNE)。尺码的标准单位是立方米(cubic meter, CBM)。举例如下。

NW:11kg/carton

GW:13kg/carton,0.1438CBM/carton

(四)质量标准与体系

商品是否符合进口方相应质量标准与质量体系在进出口贸易中是很重要的。如果商品不符合一些普遍实行的质量标准与质量体系,销售的目标市场将被大大地限制。实际贸易中也经常发生因为商品不符合相关标准而不能按时发货(返工)、被要求退货或在进口国被销毁等情况,造成较大的损失。

质量认证一般包括产品认证和质量体系认证。在激烈的商品竞争中,用户早已不满足于对产品质量进行评价,他们对生产厂商的质量体系也有要求。被全球大多数国家承认和通用的国际标准如国际标准化组织(ISO)制定的 ISO9000、ISO14000 等。还有一些由某一区域性标准化组织制定和发布的标准,如:欧盟的 CE 安全认证,被视为制造商打开并进入欧洲市场的护照;日本的 JIS 工业标准、美国的 UL 认证、德国的 GS 安全认证;我国的国家安全认证(CCEE)、进口安全质量许可制度(CCIB)、中国电磁兼容认证(EMC)、3C 强制性产品认证等(见图 1-7)。

外贸综合实训

图 1-7 全球主要的质量标准与体系认证

二、制作产品目录

将本公司的样品制作成产品目录，就能方便地向客户介绍产品的各方面信息。产品目录中的产品信息一般包括：公司基本信息、产品名称、产品图片、产品型号、产品描述、产品重量、产品尺码、产品包装等。产品目录可以利用 EXCEL 制作后转换成 PDF，或者利用一些产品目录制作软件来完成（见表 1-1）。无论用哪种方法，我们都需要把握一些原则性的方法和技巧：产品名称要准确表示该产品；产品图片要清晰，能很好地展示产品的全貌和特点，还能吸引眼球；产品相关信息描述应到位又简洁，方便阅读；在图片和文字中要注意是否存在侵权问题。

表 1-1 产品目录模板

公司标志	公司英文名称	
产品图片	产品描述	
产品 1 图片	产品名称（Commodity）	
	货号（Art. No.）	
	HS 编码（HS Code）	
	质量认证（Quality Certification）	
	材质（Fabric）	
	颜色（Color）	
	包装（Packing）	
	重量（Weight）	
	尺码（Measurement）	
产品 2 图片	产品 2 描述	
产品 3 图片	产品 3 描述	

实训操作示范

▶ 实训说明

（1）学会什么？

全面熟悉公司的主要产品，制作一份实用又精美的产品目录。

（2）如何完成？

调查和搜集制作产品目录所需的各方面信息，运用相关办公软件制作产品目录。

▶ 操作步骤

（1）选择公司主营的产品。

（2）搜集产品信息，包括产品图片、产品名称、产品型号、HS 编码、相关质量认证、材质、颜色、包装、重量、尺码等。

（3）附上公司标志和公司英文名称，制作一份实用又精美的产品目录（见表 1-2）。

表 1-2　产品目录范例

	YIWU SHANGYUAN IM&EX CO., LTD	
产品图片	产品描述	
	产品名称（Commodity）	MEN'S SHIRT
	货号（Art. No.）	S123
	HS 编码（HS Code）	6211329091
	质量认证（Quality Certification）	ISO9001
	材质（Fabric）	100% COTTON
	颜色（Color）	BLUE
	包装（Packing）	20PCS IN ONE CARTON
	重量（Weight）	NW：5.5KG/ CARTON GW：6 KG / CARTON
	尺码（Measurement）	0.015CBM/ CARTON
产品 2 图片	产品 2 描述	
产品 3 图片	产品 3 描述	

实训题目

多姿多彩的产品目录

通过网络搜索或在一些电商平台中选择感兴趣的产品，要求找同类的3种以上产品，全面搜集产品信息，制作成一份实用又精美的产品目录。熟悉这些产品信息，模拟业务场景，以产品目录为参考，将自己的产品介绍给他人。

任务三　国际市场营销

任务导入

小王跟某国的进口商做成一笔交易之后，觉得这个市场很有发展潜力，计划在该国开展一些营销活动。市场调研是成功开展国际市场营销活动的前提。小王指示小张搜集和整理一下该国的市场信息，分析该国的市场环境和潜在客户的情况，撰写一份市场调研报告，并提出初步的营销方案的建议。参考小张的建议，小王制定了一套国际市场营销策略，期望自己的公司及产品能在该国潜在客户中留下深刻的印象。

任务目标

掌握搜集、整理、分析国际市场环境信息和潜在客户情况的方法，能初步写出简单的国际市场调研报告，并提出初步营销方案建议；熟悉国际市场营销策略，能针对调研结果提出营销策略。

知识要点学习

1. 国际市场调研的方法和内容
2. 国际市场调研报告
3. 国际市场营销策略

一、国际市场调研的目的、方法和内容

（一）调研目的

明确调研目的是开展国际市场调研的第一步。国际市场调研涉及方方面面的问题，需要我们选择有针对性的问题进行重点调研。调研目的涉及国际市场调研的对象，即本次调研是为了开拓哪几个国家或地区的国际市场；涉及国际市场调研的类型，即本次调研属于

探测性调研、描述性调研、因果性调研还是预测性调研。

如果公司对目标市场的认知有限，或者对国际市场营销活动中发生的问题找不到突破口，不知如何处理，则采用探测性调研；描述性调研在国际市场调研中占了大多数，侧重于对客观事实的描述，描述相关消费群体的特征、固定行为发生的概率、对公司产品的喜好程度等；因果性调研可以帮助公司查清市场环境变化对营销活动的营销程度，确定营销策略变动与市场反应之间的因果关系及灵敏度；预测性调研是为了测量和推断目标市场未来的变化方向和趋势。

（二）调研方法

调研方法主要指的是获取资料的方法，通常分为获取二手资料的案头调研法和获取一手资料的实地调研法。实地调研法又可分为观察法、询问法和实验法。案头调研法的关键在于熟悉二手资料的来源，正确认识和评价这些资料的合理成分；观察法从侧面观察被调查对象的行为和态度；询问法请被调查对象回答既定的问题；实验法将实验对象分组，置于特殊环境进行有控制的观察。

问卷设计是一项重要的市场调研技能。一份完整的问卷应包括：解说词，将公司情况、调查目的和与被调查者合作的重要性等内容介绍清楚；问卷的主体内容，包括问句和选项；被调查者的资料信息，如性别、年龄、受教育程度等；作业登记，如访问时间和地点等。问卷设计要遵从如下原则：设计的问题不宜过长，要能吸引被调查者；问题要明确易懂，方便理解，方便被调查者构思答案；防止偏见；便于对结果进行数字处理。

（三）调研内容

国际市场调研主要包括国际市场环境调研、国际市场产品调研、国际市场价格调研、国际市场竞争者调研等。

国际市场环境调研包括：政治法律环境；经济环境，如经济发展水平、消费者收入状况、消费支出模式和消费结构等；社会文化环境，如教育水平、宗教信仰、价值观念和风俗习惯等；科学技术环境，如信息技术、网络技术、自动化控制技术等；自然地理环境，如交通、气候、地形；等等。国际市场产品调研包括：消费者对企业现有产品的质量、性能、包装、价格等方面的评价及反应；对企业推出新产品的反应状况；产品现阶段销售状况；产品的品牌知名度及售后服务情况；等等。国际市场价格调研包括消费者可接受的价格水平、消费者对价格变动的反应、新产品的定价策略是否合适等。国际市场竞争者调研包括竞争对手的数量、市场地位、市场营销组合策略、竞争策略和手段、潜在竞争对手进入该行业的难易程度等。

二、撰写国际市场调研报告

国际市场调研报告是以国际市场为对象，采用科学的方法，有计划、有目的地搜集、整理、分析、研究，并以文书的形式反映各个国家或地区的市场环境、市场信息和情报资料，以便为国际市场预测和营销决策提供科学依据。国际市场调研报告的结构参考如图1-8所示。

标　题

（国家或地区＋商品名称＋市场调研报告，如美国玩具市场调研报告）

1. 前言

市场调研的背景、调研的目的、调研对象范围、调研采用的方法、致谢词等。

2. 正文

（1）调研概括，被调研的国际市场的概括描述；调研结果的总体描述。

（2）调研结果的详细分析，数据和指标的解释。

（3）依据调研结果，针对调研目的提出相应的建议。

3. 附件

样本的分配、问卷的样卷等。

图1-8　国际市场调研报告的结构参考

三、制定国际市场营销策略

国际市场营销策略通常按营销组合分为产品策略、价格策略、分销策略和促销策略。产品策略的主要问题是产品设计和产品组合：是否需要针对不同国家或地区的市场特点来设计产品；是否要拓展产品宽度和加深产品深度。价格策略有心理定价策略、差别定价策略、产品组合定价策略、折扣定价策略等。分销策略主要指根据公司情况选择合适的分销渠道。

促销策略中，我们主要学习一下国际广告促销。文字形式的广告范本如图1-9所示。广告要注重树立企业及其产品的形象，介绍产品的用途、性能、特点以及给消费者的利益等信息，强调产品的优势以及与竞争对手的差异等。

标题：公司名称或主营产品名称

内容：AAA company, located in BBBBB, China, is a professional manufacturer of CCC, DDD, EEE, FFF, etc. Our products are very hot in the domestic and overseas market, for they always have good quality control, competitive prices, and latest designs. To cater to the competitive market, we have introduced advanced production equipments, excellent manufacturing processes, all kinds of measuring equipments, instruments and gauges, etc. Besides, we have passed ISO9001, and got CE certifications.

图 1-9　文字形式的广告范本

实训操作示范

▶ 实训说明

（1）学会什么？

开展国际市场调研，撰写调研报告，制定一套营销策略，为本公司及主营产品写一份广告词。

（2）如何完成？

主要利用案头调研法，分析该国际市场的营销环境、对该产品价格和质量等方面的需求情况、潜在竞争对手等，然后参考模板将调研内容撰写成市场调研报告。针对该调研报告，尝试制定一套营销策略，并写一份文字版本的促销广告。

▶ 操作步骤

（1）就之前制作的产品目录中的产品，搜集和调研相关资料信息，参考教材中的调研报告结构，撰写一份市场调研报告。

（2）根据调研报告，在产品策略、价格策略、分销策略和促销策略中选择一种制定一套较为详细的营销策略。

（3）参考文字形式的广告范本，撰写一份广告词，如图 1-10 所示。

Competitive Men's Shirt

Yiwu Shangyuan Im&Ex Co., LTD, located in Yiwu, China, is a professional trader of men's shirt. Our products are very hot in the domestic and overseas market, for they always have good quality control, competitive prices, and latest designs. Our main factory workshop covers more than 16,000 square meters and our branch factory also covers over 10,000 square meters. We have well-equipped facilities with imported machinery from Japan and top machinery from domestic manufacturers. Besides, we have passed ISO9001.

图 1-10　广告词范例

实训题目

沿用任务二中选择的产品，判断该产品出口潜力最大的国家或地区，撰写题为"×××国（地区）×××产品市场调研报告"的调研报告。根据调研报告制定一套营销策略，并为本公司及主营产品写一份广告词。

国际市场调研报告范文

任务四　寻找和开发客户

任务导入

产品已基本熟悉了，产品目录也已经制作完毕，国际市场调研也有了结果——小张觉得准备工作做得差不多了，信心也随之建立起来。于是，小张开始通过各种途径寻找和开发客户，主要的途径是网络搜索和国际展会。当前，跨境电商 B2B 也是很重要的一条途径，这条途径由公司另一位业务员小金负责（小金将在稍后登场）。找到潜在客户后，小张立即认真撰写并发送函电与之建立业务关系。小张的信函写得诚恳、热情、礼貌、得体，且意图清楚、叙述完整，给绝大多数潜在客户留下了深刻的印象。

任务目标

掌握寻找和开发客户的途径和方法，如网络搜索和国际展会；撰写信函与潜在客户建立业务关系，所撰写的信函符合规范和要求，能给潜在客户留下深刻的印象。

知识要点学习

1. 通过网络搜索寻找客户的方法和技巧
2. 国际展会中接洽客户的方法和技巧
3. 撰写符合规范和要求的建立业务关系的信函

寻找和开发客户

一、寻找和开发客户的途径与方法

（一）搜索引擎法

搜索引擎是一个强大又经济的工具，我们应学会如何利用搜索引擎来找到全世界的潜在客户。用谷歌（Google）、百度等搜索引擎搜索与某产品相关的关键词，会出来成千上万个网页，这些网页都跟我们搜索的产品有着千丝万缕的联系。将这些搜索结果进行深度挖掘，可以找到很多潜在的客户。或者，这些搜索结果会关联到一些有价值的行业论坛，在论坛里也可找到潜在的客户。利用搜索引擎最重要的是选对关键词。当我们搜索某关键词后，会出现很多相关的搜索结果，有些是付费的广告，也有些是自然的搜索结果。能够排在自然搜索结果第一页的都是权重较高的企业网站或者是行业内论坛，很可能是我们潜在的客户资源，也很可能是某产品的大型代理商。我们应果断把这些网页中的联系方式如邮箱地址等保存下来；关注搜索到的行业内论坛，尤其是论坛中的求购信息。

那么，接下来最重要的就是选择比较合适的关键词，以下是一些推荐的方法。

（1）importers 方法。

操作方法：在搜索界面中输入产品名称 +importers。例如：mp3 player importers。

小技巧：可以用 importer 替代 importers。

（2）关键词上加引号。

操作方法：搜索"产品名称 +importer"或者"产品名称 +importers"，在键入关键词时将引号一起输入。这样做表示引号内关键词全包括且不分开，是"和"（and）的关系，搜索出来的结果范围较小，但更加有效率；不加引号就表示 2 个以上的关键词可以是"或"（or）的关系，范围更大，当然效率会更低。比如，关键词 mp3 importer，是否加引号的搜索结果是不同的。没有加引号的搜索结果中提示了相关结果是 498000 个，而加了引号的搜索结果则没有这个提示，结果如图 1-11、图 1-12 所示。

图 1-11 关键词 mp3 importer（不加引号）
的搜索结果

图 1-12 关键词 mp3 importer（加引号）的搜索结果

（3）其他类型目标客户搜索。

操作方法：搜索产品名称＋其他客户类型。可以展示相关目标客户的词语除了 importer，还包括 distributor、buyer、company、wholesaler、retailer 等及其复数形式。

（二）各国的黄页搜索

黄页是国际通用的按企业性质和产品类别编排的工商企业电话号码簿，以刊登企业名称、地址、电话号码为主体内容，相当于一个地区的工商企业的户口本，按国际惯例用黄色纸张印制，故称黄页。黄页搜索的操作举例如下。

（1）打开智利黄页（https://www.mercantil.com/），可以选择语言"中文"，便于阅读，如图 1-13 所示。

图 1-13 智利黄页

（2）选择公司所在的行业，如"家庭和办公"，查看其中的某一家潜在客户的信息，如图 1-14 所示。

图 1-14　智利黄页中的"家庭和办公"行业

（3）除了查看该公司名称、地址、联系方式和网站等详细信息外，还可以点击右上方的进口额"US\$ 292,251"，查看该潜在客户的主要进口商品，如图 1-15 所示。从而我们可以对其展开有针对性的营销活动。

HS 码	的产品	品种	牌子	目的地	Total USD
94013000	SILLAS GIRATORIAS	EB15 5B SECRETARIAL	EUROBENCHF	MALASIA	51,592
94013000	SILLAS DE OFICINA PARA SECRETA	EB15 5B SECRETARIAL CHAIR	EUROBENCHF	MALASIA	39,780
94013000	SILLAS DE OFICINA	EB15 5WC	EOROBENCHF	MALASIA	20,068
94033020	GABINETE DE MADERA	841 TB8008	EUROBENCHF	MALASIA	14,123
94033090	GABINETES DE OFICINA	4DCABINET	EUROBENCHF	MALASIA	12,831
94013000	SILLAS GIRATORIAS	ADJUSTABLE ARMEST 25 1	EUROBENCHF	MALASIA	10,631

图 1-15　在黄页中查看潜在客户的主要进口商品

（三）国际展会参展

有计划地选择参加若干个国内的综合型国际展会（如广交会、义博会）或者与自身行业相关的影响力较大的国际展会，在展会中寻找和接待潜在的客户。有条件的公司，还可以赴国外的一些大型国际展会参展。在参展前，要预订和设计好展位，并向一些老客户或潜在新客户发送邀请函；参展时，需热情接待前来展位的客户，尽可能多地搜集有效信息；参展后，需对搜集到的客户资料进行有效的分类和整理，安排相应的业务员进行联系，对客户的反馈情况做好相应的记录，对重点客户要进行重点跟踪。

比如，我们可以打开中国义乌国际小商品博览会的网站（http://www.yiwufair.com/），点击首页中的"网上博览会"，找到"国际买家"栏目（见图1-16）。在"国际买家"栏目中，我们也可以找到很多正在寻求合作的潜在客户。根据这些客户信息，可以进一步去搜索寻找。

图1-16 义博会的"网上博览会"页面

二、与潜在客户建立业务关系

义乌小商品博览会介绍

与潜在客户建立业务关系的主要方法是撰写和发送建立业务关系的函电。撰写函电要做到如下几点：礼貌，语言要有礼且谦虚；体谅，处处从对方的角度去考虑有什么需求；完整，概括各项必要的内容；清楚，意思表达明确；简洁，避免不必要的重复和废话，善于运用简洁的词句；具体，避免笼统和含糊不清的表达；正确，避免错误的信息。函电的内容主要包括：称呼，较常使用的是 dear sirs 或 dear sir or madam，后面加逗号；正文，一般可采用三段式，首先说明客户信息的来源和写信的目的，然后介绍本公司及产品情况，最后盼望对方尽快回复、下订单或告知意见和建议；结尾，以友好的方式结束全信，表达敬意。在格式上也要注意美观，主要格式有齐头式、缩进式和混合式三种。

实训操作示范

▶ **实训说明**

（1）学会什么？

通过多种方式寻找潜在客户，撰写建立业务关系的函电。

（2）如何完成？

主要通过搜索引擎法，找到潜在的客户，撰写一份建立业务关系的函电。

▶ **操作步骤**

（1）提取和整理本公司的信息和主营产品信息。

（2）用搜索引擎法找到一家本公司的潜在客户，提取客户的相关信息，如图1-17所示。

图 1-17 男士衬衫进口商搜索

（3）按照教材中的要求，撰写建立业务关系的函电，范例如图1-18所示。

Dear Sirs,

　　We have your name and address from the Internet that you are in the market for men's shirt. We would like to take this opportunity to introduce our company and products, with the hope that we may set up friendly business relations in the future. （说明客户信息的来源和写信的目的）

　　We are specializing in export of men's shirt. We have enclosed our catalog, which introduces our company in detail and covers the main products we supply at present. You may also visit our website www.×××××.com, which includes our latest product line. （介绍本公司及产品情况）

　　Should any of these items be of interest to you, please let us know. We will be happy to give you a quotation upon receipt of your detailed requirements.（盼望对方尽快回复、下订单或告知意见和建议）

We look forward to receiving your enquiries soon.

Yours faithfully,

Zhang

YIWU SHANGYUAN IM&EX CO., LTD

NO.2 XUEYUAN ROAD, YIWU, ZHEJIANG, CHINA

0086-0579-××××××××

图 1-18 函电范例

三、实训题目

利用任务一中注册成立的外贸公司信息，沿用之前实训题目中选择的行业和产品信息，用搜索引擎法、黄页搜索法或从网上博览会上找到合适的潜在客户信息，撰写建立业务关系的函电，要求做到格式规范、内容完整，符合函电礼貌、体谅、完整、清楚、简洁、具体、正确的要求。若有实训教学软件，可在教学软件中完成。

实训题目

就之前实训题目中的产品信息和公司信息，通过搜索引擎法或其他方法，寻找潜在的客户。找到客户后，按照实训示范中的样本，撰写一份建立业务关系的函电。

任务五　跨境电商 B2B 的交易准备

任务导入

鉴于跨境电商 B2B 已成为外贸订单的重要来源，传统外贸公司纷纷建立跨境电商部门。小张将公司的跨境电商业务交给另一位业务员小金负责。小金紧锣密鼓地做好跨境电商 B2B 的各项交易准备：小金根据公司及产品情况，在比较了多家跨境电商 B2B 平台后选择了阿里巴巴国际站作为主要的业务平台。接着，小金在阿里巴巴国际站中开设店铺、发布和管理产品，并开展了多方面的营销推广活动。

任务目标

熟悉跨境电商 B2B 平台，掌握开设店铺、发布和管理产品的操作流程和技巧，熟悉并能在权衡其利弊的基础上合理使用各种营销和推广活动。

知识要点学习

1. 阿里巴巴国际站、中国制造网和环球资源网等跨境电商 B2B 平台以及它们各自的特点
2. 开设店铺、发布产品和管理产品
3. 跨境电商 B2B 的营销推广活动

跨境电商的交易准备

一、熟悉跨境电商 B2B 平台

当前，我国主要的跨境电商 B2B 平台有阿里巴巴国际站、中国制造网和环球资源网等。

阿里巴巴国际站（http://www.alibaba.com）（见图 1-19）是我国最早的跨境电商 B2B 出口平台，已从单纯的供求信息发布、交易撮合，发展到跨境电商交易阶段。2015 年下半年，该平台实现了通过信用卡直接支付的功能，2016 年又实现了在线通过 T/T（电汇）支付交易的跨国转账

图 1-19　阿里巴巴国际站

功能，阿里巴巴国际站已经初步具备了在线交易的特征。随后，它又通过收购深圳市一达通企业服务有限公司（简称一达通）实现了在线安排海运、空运的功能，具备了在线完成物流组织的功能。另外，再借助 2015 年推出的信用保障体系，阿里巴巴国际站完成了跨境电商 B2B 平台的贸易闭环和数据积累过程，让这个原先仅专注于信息发布和交易撮合的平台进入了一个全新的跨境电商交易时代。

中国制造网（http://www.made-in-china.com）（见图 1-20）创建于 1998 年，由焦点科技开发和运营，是国内最著名的面向全球市场提供产品的 B2B 电子商务网站之一，连续多年被《互联网周刊》评为

图 1-20　中国制造网

"中国最具商业价值百强网站"。中国制造网的经营理念是弘扬中国制造，服务中小企业，促进全球贸易，旨在利用互联网将中国制造的产品介绍给全球采购商。因此，中国制造网最基本的服务是中国产品目录（product directory）。中国产品目录是中国制造网专业的"made in China"网上产品数据库，覆盖了 26 个大类、1600 个子类、1000000 种以上的中国产品数据，是全球采购商寻找中国产品的最佳途径。与阿里巴巴国际站一样，中国制造网也有自己的外贸综合服务平台——焦点进出口服务有限公司，为国内生产企业出口全球提供一站式外贸全流程解决方案，内容包括报关报检、船务物流、退税申报、外汇结汇、出口信保、订单融资，企业可根据自身需求进行服务定制。中国制造网除了提供外贸服务，还搭建了中美跨境贸易平台，帮助国内中小企业"走出去"，增进与当地市场的相互理解，减少对当地中间商的依赖。

环 球 资 源（http://globalsources.com）（见图 1-21）成立于 1970 年，2000 年在美国纳斯达克股票市场公开上市，是一家多渠道 B2B 媒体公司，致力于促进大中华地区的

图 1-21　环球资源

对外贸易。公司为其所服务的行业提供广泛的媒体及出口市场推广服务，核心业务是通过一系列英文媒体，包括环球资源网站、印刷及电子杂志、采购资讯报告、"买家专场采购

会"、贸易展览会（trade show）等形式促进亚洲各国的出口贸易，同时提供广告创作、教育项目和网上内容管理等支持服务。环球资源原本是一家以采购商为主要对象的广告公司，为各国采购商提供内容丰富而翔实的行业资讯，并非一家传统意义上的跨境B2B平台。随着互联网的兴起，环球资源意识到互联网给商业贸易带来的巨大价值，上线了环球资源在线（Global Sources Online），为出口商提供了一个在线服务平台。2016年年底，环球资源与深圳保宏电子商务综合服务股份有限公司共同开发了一个综合全面的电子商务解决方案，以促进我国出口商和海外买家之间更高效的跨境贸易。

除了上述三个主要的综合型跨境电商B2B平台，还有一类我们可以相对应地称为分行业的专业型跨境电商B2B平台。这一类平台的优点在于更重视自身平台的推广，以及专业性、行业性关键词在搜索引擎端的表现。例如：全球五金网国际站（http://www.wjw.com）是中国五金机电行业领先的B2B电子商务网站，也是目前全球客户量、访问量、数据量最高的五金行业门户网站；全球纺织网国际站（http://www.globaltextiles.com）（见图1-22）依托中国轻纺城拥有超过30万家供应商，组织线上线下相结合的采购旅行（global textiles buying trip），同时结合了买家见面会和展会。

图1-22 全球纺织网国际站

各种类型的跨境电商B2B平台各有特点和自身不同的优势，外贸企业需要结合自身的定位和实力进行权衡比较，选择适合自己的平台开拓跨境电商业务。外贸企业应主要考虑以下三种因素：企业自身的定位，平台费用与企业承担能力，平台的推广能力和影响力。

企业自身的定位主要包括目标市场定位和产品定位。外贸企业首先需要明确目标市场在哪里，如美国市场、欧洲市场、非洲市场等，同时还要明确自身产品的特点。如果企业产品比较杂，种类比较多，可以选择综合型的跨境电商B2B平台，比如阿里巴巴国际站，阿里巴巴国际站的包容性很强，涉及种类非常多的产品；如果企业有重点开拓的目标市场，比如美国市场，那么可以选择中国制造网，中国制造网建立了中美跨境贸易平台。依托跨境电商B2B网站开拓国际市场也需要投入不少的费用，企业是否能承担这些费用或者是否觉得值得支付这些费用也是需要考虑的一个因素。一些大型的B2B平台里的供应商非常多，竞争非常激烈，必须投入很高的会员费以获得较高的权限或者购买付费服务才能获得理想的收益，企业需要结合自身的实力进行选择。选择海外推广能力和影响力更强的跨境B2B平台可以为供应商带来更多的潜在买家。据www.alexa.cn的流量分析，阿里巴巴国际站的影响力明显高于中国制造网和环球资源。中国制造网的排名略高于环球资源，但环球资源在美国、英国和法国等主要国家的影响力要高于中国制造网。

二、发布产品和装修店铺

下面我们选择阿里巴巴国际站来学习交易准备工作中的发布产品和装修店铺。我们需要登录阿里巴巴国际站的后台来操作。

（一）公司认证和信息审核

在阿里巴巴国际站开设店铺，首先要进行公司认证和信息审核。公司信息是店铺的重要组成部分，也是买家了解企业实力的依据，买家在有订单意向之前大都会综合了解一下供应商的公司信息。因此，我们要用文字、图片及视频等各种方式向买家展现公司的方方面面。操作路径是登录阿里巴巴国际站后台，点击"建站管理"，然后到"管理公司信息"（见图 1-23）。主要操作内容有选择企业的经营模式、填写公司信息、上传证书和商标等图片。

管理公司信息

信息完整度：

丰富完善的公司信息，是您公司综合实力的展示，是买家筛选的重要依据。

当前已选经营模式：Manufacturer/ Trading Company　**修改**

基本信息　**工厂信息**　**贸易信息**　**展示信息**　**证书、商标及专利**

图 1-23　阿里巴巴国际站后台填写公司信息

（二）发布产品

在公司信息提交审核过程中即可预先发布 24 个产品，待审核通过产品即可上架。发布产品信息包括类目选择、产品标题设置、关键词设置、产品图片上传、产品属性和交易信息填写、产品详情描述等步骤，具体叙述如下。

类目是对产品的归类，每个产品都有属于自己的类目。买家从类目中搜索产品，产品被放错类目将导致买家无法找到该产品。我们可以自己输入关键词来搜索类目，也可以按照从大类到小类的顺序在平台提供的类目中进行选择。确定类目后，就是产品标题的设置。标题是产品的主要信息，是买家搜索产品的第一匹配要素，产品标题是否符合买家的搜索习惯，很大程度上决定了产品的排名。关键词设置是为了满足客户多样化的搜索需求，是对产品标题的校正，便于系统快速识别匹配买家搜索词，让买家尽快找到相关的产品。上传清晰美观的产品主图能吸引买家的点击和反馈。产品属性是买家关注度最高的产品特征或参数，能体现产品信息的完整度。交易信息包括价格、最小计量单位、起定量、付款方式等。产品详情描述从多方位展示产品，包括产品的制作、打包流程、公司相关信息介绍、产品认证以及相关产品的超链接等。最后，检查一下所有的信息是否有错误，信息完整度是否达到 100%（见图 1-24）。检查完毕后，点击"提交"，等待审核。审核通过，该产品即成功发布。

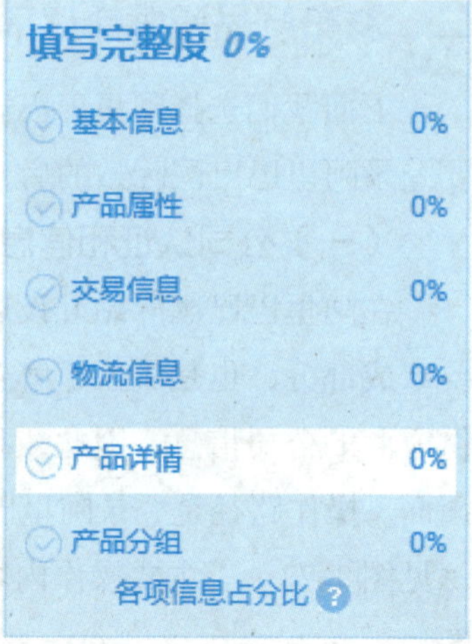

（三）店铺设计装修

供应商的店铺，在阿里巴巴国际站称为"全球旺铺"，是平台提供给供应商在全球范围内展示和营销的网站，助力供应商开启全球范围内的跨境 B2B 贸易。全球旺铺除了上述的公司及产品信息展示，更着重突出企业自身的营销能力，提供更灵活的页面结构及更多可自定义内容的空间。一个全球旺铺的基础模板，主要由主营类目（categories）、

图 1-24 认真检查产品信息完整度

首页产品（home）、公司信息（company profile）和企业客服（contacts）等组件构成，另外还有店铺招牌和轮播 banner（横幅广告）。操作路径是在阿里巴巴国际站后台"建站管理"中找到"查看店铺"和"装修店铺"，对店铺进行整体的设计装修，主要包括模板选择、招牌设置、banner 设置、产品板块设置和旺旺客服设置等操作。阿里巴巴国际站为卖家提供免费的行业模板，卖家可以到"装修中心"的"模板管理"界面，打开"免费行业模板库"选择应用。然后，我们可以在"页面装修"选中页面中的组件，对各个功能组件进行添加、编辑或删除，结果将实时反馈在页面中。所有组件编辑好后，点击"发布"，设计装修好的旺铺即可生效，可通过"查看您的旺铺"进入查看装修效果。

三、网络营销与推广

为了提高业务量，企业在跨境电商 B2B 模式下也需开展一些营销与推广活动。营销与推广活动的目的在短期内是让更多潜在买家接触到公司的产品，长期来说则是培育品牌。

（一）基于搜索的营销推广

搜索排序直接影响到店铺和产品的营销推广效果，因此我们需要经常对店铺和产品进行诊断与优化。诊断与优化的目标就是提高店铺和产品的搜索排名，吸引到更多的潜在客户。需要通过搜索进行诊断优化的内容主要包括：商品基础信息质量、优势商品、问题产品、供应商和关键词。

数据管家是阿里巴巴国际站的数据类产品（见图 1-25），主要展示供应商在阿里巴巴国际站上操作及推广效果的数据。它通过多维度的数据统计分析及诊断，使供应商不仅能了解自身的推广状况，有针对性地进行效果优化，也能使供应商洞察买家行为和行业趋势，从而进一步把握商机，提升店铺整体推广效果。

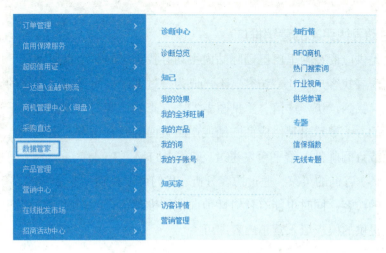

图 1-25 阿里巴巴"数据管家"

外贸直通车（Pay for Performance）是阿里巴巴国际站会员企业通过自助设置多维度关键词，免费展示产品信息，并大量曝光产品来吸引潜在买家，按照点击付费的营销推广方式（见图 1-26）。外贸直通车产品的展示位置在阿里巴巴国际站首页的 3 个地方：搜索结果第一页主搜区的前 5 个位置，搜索结果每一页右侧区的 10 个位置，搜索结果每一页底部智能区的 4 个位置。首先，卖家挑选出自己想要推广的产品进入外贸直通车推广，然后为这个产品配上一些关键词。外贸直通车的排名就是按照"关键词出价 × 推广评分"来进行的。外贸直通车推广方式下，产品免费曝光，只有在推广位上被点击了才会被扣费，所扣费用小于或等于关键词出价。

图 1-26 阿里巴巴国际站"外贸直通车"

（二）主动寻找买家的营销推广

访客营销是供应商在阿里巴巴国际站内主动寻找买家的一个重要途径。供应商通过访客营销主动出击寻找客户，让"访客"不再成为"过客"，而是变成真正的客户。我们可在"数据管家"找到"访客详情"（见图1-27），查看访客的详细信息。系统会以按天统计或按周统计的方式展示出某供应商旺铺或产品页面的所有访客，也包括在其他页面（如网站搜索页面或订阅邮件）给平台发送过反馈或用TM（Trade Manager，阿里巴巴国际站的即时通信工具）咨询的买家。通过访客分析，我们可以找到一些活跃的、有真实需求的、具有营销价值的访客，同时也能有针对性地向他们推荐适合的产品。供应商要进行申请营销，按照系统提供的模板填入营销内容即可。

图1-27 阿里巴巴国际站"访客详情"

跨境电商建站与推广操作

另外，依靠社交关系网络是一种比较高效的营销方式。社交关系网络都是基于真实存在的人构成的一个关系网，内部具有很强的互动性。我们可以用来开发客户的渠道有行业论坛、社交网站和聊天工具等。行业论坛作为某行业集中讨论的场所，具有很强的相关性。当前，论坛营销已成为网络营销一种常见的形式，有很多公司在论坛上做推广。当然，我们也可以站在上游供应商的角度，把这些营销推广公司作为我们的营销对象。

（三）品牌营销

品牌可用来识别特定企业提供给消费者的产品或服务，并使之区别于竞争对手的产品或服务。品牌营销就是把企业的产品特定形象通过某种手段深深地刻入消费者的心中。培育品牌可以有效提升跨境电商企业的竞争优势，提高企业的利润率和生存率。品牌营销对跨境电商企业的重要性在于：给企业带来价格优势，实现利润增长和可持续发展；有利于培育客户忠诚度，提高企业竞争力；利用品牌延伸投入新产品，降低市场风险；有足够影响力，以自建平台摆脱对第三方平台的依赖。

　　跨境电商企业的品牌营销方法有：①细分市场，做好品牌定位，使潜在消费者能够对品牌产生有益的认知，从而形成对品牌的偏好和持续购买的行为。策略有类别定位、比附定位、档次定位、消费者定位、比较定位、功能性定位等。②配合平台活动销售，促进品牌传播。可通过鼓励消费者对产品和服务进行尝试等来进行品牌传播。③打造工匠品质，沉淀品牌口碑。尤其是一些复购率很高的产品，需要供应商以工匠精神，长年累月地把控产品的品质，做好产品、服务、售后，慢慢沉淀口碑。④公关传播，塑造品牌形象。巧妙地运用文化、新闻点、社会责任等因素，塑造品牌的形象，打响知名度，使品牌取得消费者的心理认同。

实训操作示范

▶ 实训说明

　　（1）学会什么？

　　熟悉主流跨境电商 B2B 平台的模块构成和基本功能，能在这些平台上发布产品和装修店铺，并能掌握搜索诊断优化、数据管家、外贸直通车、访客营销等功能。

　　（2）如何完成？

　　到主流跨境电商 B2B 平台注册账号，体验和了解各个功能模块，在熟悉平台特点的基础上，根据产品情况选择某平台发布产品和装修店铺，体验营销推广功能。

▶ 操作步骤

　　（1）注册并访问三大跨境电商 B2B 平台以及自选一些分行业平台。

　　（2）对了解或体验过的平台模块逐一记录，并对其功能特点进行简要的描述。

　　（3）体验完后对平台进行评价和比较，根据产品情况选择平台，并说明理由。

　　（4）使用跨境 B2B 平台账号或实训教学软件，发布产品和装修店铺。

　　（5）体验各项营销推广功能。

实训题目

　　就之前实训题目中采用的产品，根据产品情况选择一家主流跨境电商 B2B 平台或利用教学软件，参考实训示范中的说明，完成产品发布、店铺装修和营销推广。

阿里巴巴国际站中发布产品

项目二

交易磋商

教学目标

使出口业务员掌握出口报价核算，并制作报价单报出合理的出口价格；使进口业务员掌握进口利润核算，并比较自己的预期利润做出还价或接受报价的决定；使进出口双方掌握交易磋商中询盘、发盘、还盘和接受4个环节的函电写作，明悉各个环节的法律效力，并通过磋商明确各项交易条件；使进出口双方掌握跨境电商B2B模式下的交易磋商方式和过程，并熟悉平台的相关规则。

主要工作任务

本实训项目分解为4个工作任务，分别是出口报价核算、进口利润核算、通过外贸函电进行交易磋商和跨境电商B2B模式下的交易磋商。

项目说明与任务导入

任务一　出口报价核算

任务导入

价格是进出口双方在交易磋商过程中的一个核心内容。出口方的业务员小张在与进口方的业务员 Sam 进行磋商前，按公司的预期利润，制作了一份包含不同贸易术语、运输方式、商品数量的出口报价单。考虑到交易磋商过程中，Sam 肯定会进行还价，小张需要根据 Sam 不同的还价内容，迅速重新核算，并在预期利润不变的情况下，报出准确的价格。因此，作为出口方业务员的小张，必须对出口报价的整个过程非常熟悉，能快速生成一份出口报价单给客户。

任务目标

深度掌握出口报价核算的每一个步骤，在此基础上能够报出不同贸易术语、运输方式、商品数量的多个参考价格，并将报价情况制作成出口报价单。

知识要点学习

1. 包含预期利润的不同贸易术语下的出口报价公式

2. 实际采购成本的计算方法

3. 各项国内费用计算方法

4. 海运运费、空运运费的计算方法

5. 保险费率的查询与保险费的计算方法

6. 包含不同贸易术语、运输方式、商品数量的出口报价单

一、不同贸易术语下的报价公式

在交易磋商阶段，就价格的磋商过程，进出口双方首先要确定成交商品的数量和贸易术语。由于价格中包含的费用（如报关费、运费等）都是按整批货物计算的，我们一般先算出整批货物的总额，再除以数量得出单价。先以 FOB 为例（同 FCA），来看一下报价公式。

$$\text{FOB（FCA）价格} = \text{FOB（FCA）成本} + \text{预期利润} \tag{2-1}$$

$$\text{FOB（FCA）成本} = \text{实际采购成本} + \text{各项国内费用} \tag{2-2}$$

$$\text{各项国内费用} = \text{FOB（FCA）价格} \times \text{报检费率} + \text{报关费} + \text{FOB（FCA）价格} \times \text{银行费率} + \text{其他} \tag{2-3}$$

$$\text{预期利润} = \text{FOB（FCA）成本} \times \text{预期利润率} \tag{2-4}$$

解方程，得：

$$\text{FOB（FCA）报价} = \frac{(\text{实际采购成本} + \text{报关费} + \text{其他}) \times (1 + \text{预期盈亏率})}{1 - (\text{预期盈亏率}) \times (\text{报检手续费率} + \text{银行手续费率})} \tag{2-5}$$

注意：FOB（FCA）价格为总额，即合同金额，不是单价。

同理，CFR（CPT）报价只需在成本项目中比 FOB（FCA）增加一个出口运费。

$$\text{CFR（CPT）报价} = \frac{(\text{实际采购成本} + \text{报关费} + \text{其他} + \text{出口运费}) \times (1 + \text{预期盈亏率})}{1 - (1 + \text{预期盈亏率}) \times (\text{报检手续费率} + \text{银行手续费率})} \tag{2-6}$$

CIF（CIP）报价则比 CFR（CPT）又多了一项出口保费。由于出口运费是一个常数值，而出口保费由 CIF（CIP）报价 × 投保加成 × 保险费率得出，所以解方程后，出口运费在结果的分子中，而出口保费体现在分母中。

$$\text{CIF（CIP）报价} = \frac{(\text{实际采购成本} + \text{报关费} + \text{其他} + \text{出口运费}) \times (1 + \text{预期盈亏率})}{1 - (\text{预期盈亏率}) \times (\text{报检手续费率} + \text{银行手续费率} + \text{保险费率} \times \text{投保加成})}$$

$$\tag{2-7}$$

二、实际采购成本

出口退税与实际采购成本

实际采购成本是收购价去掉出口退税收入的部分，即：

$$实际采购成本 = 收购价 - 出口退税收入 \qquad (2\text{-}8)$$

收购价是指出口商从国内工厂购货的总采购成本，由出口商与国内工厂签订合同的单价乘以采购数量得到。我们主要来看一下出口退税。

出口退税的基本含义是指对出口货物退还其在国内生产和流通环节实际缴纳的增值税、消费税。其目的是使本国产品以不含税的成本进入国际市场，与国外产品在同等条件下进行竞争，从而增强出口商品的竞争力。值得注意的是：退的是已征收的税，没有征收税的产品当然是没有退税的；必须是出口到国外的产品，内销的产品是没有退税的。由于不同产品的退税率不一样，出口退税可以作为国家鼓励出口的一种结构调整政策。

理解了出口退税的含义之后，我们来看一下出口报价中的出口退税。出口商付给国内工厂的收购价中是含税的。出口商把采购来的产品出口到国外之后，国家将之前上交的税款退还一部分给出口商，成为出口商一笔数额较大的收入，在报价的成本部分中应予以扣除。外贸公司按照退（免）税政策计算出口退税额。

假设，小张所在的外贸公司从国内工厂那里采购产品，付出了100000元的收购价，增值税率为17%。那么，这笔业务不含税价格为100000÷（1+17%）。假设这种产品的退税率为8%，则退税额就是100000÷（1+17%）×8%=6837.61（元）（保留两位小数）。

实际采购成本 = 收购价 - 出口退税收入 =100000 - 6837.61=93162.39（元）。

增值税率和出口退税率可以在国税局网站输入海关商品名称或HS编码查询（见图2-1）。

出口退税率查询

海关商品编码 ▼	9503	查询

商品编码	商品名称/单位	税种	起始日期	终止日期	退税率
95030010	供儿童乘骑的带轮玩具/千克	增值税	2013-01-01	2100-12-31	15
9503001000	三轮车、踏板车、踏板/千克	增值税	2007-01-01	2007-06-30	13
9503001000	三轮车、踏板车、踏板/千克	增值税	2007-07-01	2008-10-31	11
9503001000	三轮车、踏板车、踏板/千克	增值税	2008-11-01	2009-05-31	14
9503001000	三轮车、踏板车、踏板/千克	增值税	2009-06-01	2012-12-31	15
95030021	玩具动物/个	增值税	2013-01-01	2100-12-31	15
9503002100	动物玩偶不论是否着/个	增值税	2007-01-01	2007-06-30	13

图 2-1 出口退税率查询

三、国内费用

　　报关费一般按票计算，与货物的价值无关。例如，某市物价局《关于规范代理报关、报检服务收费有关问题的通知》中规定，代理一般进出口货物报关，进口（单柜）每票为120元，进口（多柜）每票为200元，出口（单柜）为每票100元，出口（多柜）每票为150元，可上浮但不超过20%，下浮不限。海关向报关行收取费用。2016年，全国海关在全面清理和规范进出口环节收费的同时，已全部取消行政事业性收费项目。

　　国家发展改革委和财政部自2013年1月1日起降低了出入境检验检疫收费标准，简化了出入境检验检疫计费方式。进出口货物检验检疫费标准由原来的分别按货物总值1.5‰、1.2‰计收，降为按货物总值0.8‰一次性收取。将货物检验检疫费由原来的按品质检验、动物临床检疫、植物现场检疫、动植物产品检疫等各项分别计收，合并为按货物检验检疫费一项计收，取消累计收费。

　　银行对不同结算方式设置不同的手续费率。如中国银行网站显示的贸易服务收费标准（部分）如表2-1所示。关于银行费用，特别要注意的是收费标准中的最低费用。如果按最低费用计算报价时的成本，那么这个项目就是一个常数项，不再是合同金额乘以手续费率，FOB（FCA）报价公式将调整为（其他贸易术语下做相应调整）：

$$FOB（FCA）报价 = \frac{（实际采购成本 + 报关费 + 其他 + 银行最低手续费）\times（1+预期盈亏率）}{1 -（1+预期盈亏率）\times 报检手续费率}$$

（2-9）

表2-1　中国银行贸易服务收费标准（部分）

服务项目	服务内容	收费标准
跟单托收	提供出口单据托收服务	托收金额的1‰，最低200元，最高2000元
开证	提供开立进口信用证服务	开证金额的0.05% ～ 1.00%，最低500元
信用证通知	提供信用证通知、修改通知服务	信用证通知200元，修改通知100元

　　其他费用主要包含出口商品的加工整理费用、包装费用、保管费用、一些证书申请的费用、鉴定费用和快递费用（DHL寄单费）等。其他费用虽项目繁多，但费用金额较小，在报价中所占比重不大，往往采用定额计算的方法。

其他费用计算

四、海运运费

海洋运输是国际贸易中最主要的运输方式，占国际贸易总运量中的 2/3 以上。海运运量大、运费低，但速度慢、风险大。海运可以分为散货运输和集装箱运输。大宗散货运输主要商品有煤炭、沙、谷物、化肥、饲料、焦炭、矾土等；集装箱运输经济效益高，最为常用，分为拼箱货和整箱货两种。海运总运费分为基本运费和附加费（如港口附加费和燃油附加费）。计算海运运费时，首先根据拟成交的商品数量（按运输包装）计算出整批货物的总体积和总重量，再选择适合的集装箱类型、规格和数量（见表 2-2），或者采取拼箱的形式。

表 2-2 集装箱规格

集装箱类型	限重 /TNE	有效容积 /CBM
20′ 普柜	25	33
40′ 普柜	29	67
40′ 高柜	29	76
20′ 冻柜	21	27
40′ 冻柜	26	58

整箱装的海运运费只需查询该笔业务的航线对应所选集装箱类型和规格的基本费用和附加费，再加总出总运费即可。拼箱装的海运运费则沿用传统的散货运费计算方式：单位基本运费（MTQ）乘以总体积得出一个总运费；单位基本运费（TNE）乘以总毛重得出一个总运费；取两者中较大者。拼箱货涉及不同的收货人，因而不能接受货主提出的有关选港或变更目的港的要求，在拼箱货海运运费中没有选港附加费和变更目的港附加费。以图 2-2 为例，如果一批货物的体积为 33CBM，总毛重为 15TNE，从宁波港至澳大利亚阿德莱德港口，则：

一个 20′ 普柜的运费，直接查询得：1600+64+78=USD1742

拼柜情况下，按体积计算：74×33=USD2442

按重量计算：105×15=USD1575

总运费为两者取大：USD2442

港　口　信　息			
港埠代码：AUADE *		所属航线：澳新	
港口(英文)：ADELAIDE *		国家(英文)：Australia	
港口(中文)：阿德莱德		国家(中文)：澳大利亚	

港　口　费　用			
	LCL M(MTQ)	LCL M(TNE)	20′	40′
Basic Freight 基本运费(USD)：	74	105	1600	2900
THC 港口附加费(USD)：	NULL	NULL	64	116
BAF/BAC/EBS/FAF 燃油附加费(USD)：	NULL	NULL	78	141

图 2-2　海运运费查询

五、空运运费

空运以其迅捷、安全、准时的超大优势赢得了相当大的市场，大大缩短了交货期，对于物流供应链加快资金周转及循环起到了极大的促动作用。但空运相对海运来说，运量少且成本较高，海空运成本比率约为 1 : 10。

计算空运运费，首先要了解运费等级的设置：Minimum 表示最低运费；Normal 表示 45kg 以下（不含 45kg）货物每 4g 的运费；45~100kg 之间的货物适用 45kgs 栏的运费，100~300kg 之间的货物适用 100kgs 栏的运费；300kg 以上的货物全部按 300kgs 栏计算运费。

需要说明的是：（1）重量按毛重计算。（2）45kgs 栏表示 45~100kg（包括 45kg 但不包括 100kg），以此类推。（3）如果货物小于 45kg，则按 Normal 计算运费。（4）如果按 Normal 计算出的运费小于 Minimum 等级的运费，则按 Minimum 收取运费。

空运费的计算与海运费一样，也需要比较重量和体积，然后取大者进行计算。先将体积按 1CBM=167kg 换算得重量，然后取大者为计费重量。

例：空运 200 件商品编号为 02001 的女式套头衫，从上海出口至南非，试计算空运费。

解：

计算总重量

查得 02001 号商品毛重为 13kg/carton，每箱 20 件；那么，200 件 02001 号商品就是 10 个 carton，计算总毛重（A）为：13 × 10=130(kg)。

计算总体积

查得 02001 号商品体积为 0.14308CBM/carton，总体积 =0.14308 × 10=1.4308CBM，把该总体积按 1CBM=167kg 换算成重量（B）得：167 × 1.4308=238.9436(kg)。

计算运费

因为 B>A，所以运费按 238.9436kg 进行计算；

由于 100kg<238.9436kg<300kg，所以应该按 100kgs 栏的运费单价计算。查询得：从南非开普敦至美国纽约 100kgs 栏的空运费单价为 USD44.30（见图 2-3）。

因此，空运费 44.30×238.9436=USD10585.2015。

航空公司	S0129						
航线	Capetown-New York						
起运港	Capetown	开普敦	South Africa	南非			
目的港	New York	纽约	America	美国			
运费（USD）	Minimum	Normal	45kgs	100kgs	300kgs	500kgs	1000kgs
	738.10	66.40	53.10	44.30	38.30	--	--
时间（时）	12						

图 2-3 空运运费查询

六、保险费

无论合同以哪种贸易术语成交，保险费都是以 CIF 的发票金额来计算的，即：

国际运费计算

保险费＝保险金额×保险费率＝CIF×（1+10%）×保险费率　　（2-10）

如合同没有约定，保险金额在发票金额上默认加成 10%。这个 10% 的加成是因为考虑到货物的预期利润。如果货物在运输途中没有出现意外，对于进口商来说，该批货物正常销售出去后，除了收回进口货物原本的合同金额，还可以得到预计 10% 的利润。货物遇到意外遭受损失，保险公司便连带预计应该有的利润一起赔偿。

初学者对保险费以 CIF 的发票金额作为基数来计算往往有所不解，疑惑地认为：CIF 贸易术语的价格构成为 CIF 价格＝成本（FOB）+运费（F）+保险费（I），这其中已经包含了保险费了，是不是应该去掉这个保险费，即用 CFR 的价格来计算保费，否则就重复计算了呢？

在价格核算时，采用解方程的形式就解决了重复计算问题。

保险费（I）＝CIF×（1+10%）×保险费率（r）

$\quad$ ＝（FOB+F+I）×1.1×r

$\quad$ ＝（FOB+F）×1.1×r+I×1.1×r

解方程：（1−1.1r）I=（C+F）×1.1×r

$\quad$ I=（FOB+F）×1.1×r/（1−1.1r）

如果需要将 CFR 或 FOB 价改报为 CIF 价，或是在 CFR 或 FOB 合同项下买方要求卖方代为投保时，可以用上述方程式先计算出保险费（I），再改报成 CIF 价格。

上述计算过程中的 r，即保险费率，需要到保险公司进行查询。

注意：如表 2-3 所示，出口美国的平安险（FPA），保险费率是 0.15%，水渍险（WA）是 0.20%，一切险（AR）是 0.50%。计算过程中要特别注意，不要把 0.50% 当成 0.50 来计算，0.50% 是 0.005。

表 2-3　保险费率查询

目的地		保险费率 /%		
		平安险（FPA）	水渍险（WA）	一切险（AR）
亚洲	中国港澳台地区	0.08	0.12	0.25
	日本、韩国		0.12	0.25
	约旦、黎巴嫩、巴林、阿拉伯联合酋长国、菲律宾	0.10	0.20	1.00
	巴基斯坦、印度、孟加拉国、马来西亚			1.25
	尼泊尔、阿富汗、也门			1.50
	泰国、新加坡			0.60
欧洲、美国、加拿大、大洋洲		0.15	0.20	0.50
中美洲、南美洲		0.15	0.25	1.50
非洲	埃塞俄比亚、坦桑尼亚、赞比亚、毛里求斯、布隆迪、科特迪瓦、贝宁、刚果、安哥拉、佛得角群岛、卢旺达	0.20	0.30	2.50
	加拿利群岛、毛里塔尼亚、冈比亚、塞内加尔、尼日利亚、利比里亚、几内亚、乌干达			3.50
	其他地区			1.00

七、制作出口报价单

按照本项目中的出口报价计算公式，利用已计算出的各项费用和成本，加入预期利润率，即可计算出 FOB、CFR、CIF 等不同贸易术语下的出口报价。注意，按公式计算出来的报价是该批出口货物的总值，不是单价，需要再除以数量得到单价。出口货物数量不等的批次，其出口报价的单价很可能不同，通常随着货物数量增加，单价将会下降。

出口报价的技巧

在做完出口预算后，业务员需填写一份出口报价单给客户，如图2-4所示。报价单中的内容通常包括本公司信息、客户信息、交货方式、产品信息、不同数量下的报价金额、结算方式与注意事项说明等。

Quotation报价单

Customer Name: 客户名称:		Quotation No.: 报价单编号:	
Attn/联系人:		Curr./货币:	
Customer Tel No.: 客户电话号码:		Date/日期:	
Customer Fax No. 客户传真号码:		Delivery: 交货方式:	FOB HK
Customer Adderss: 客户地址:			

We are pleased to quote the below products to you:很高兴给您提供以下产品的报价:

Item 项目	Product 产品名称	Model 型号	Description 描述	QTY 数量 (pcs)	Unit Price 单价/USD		
					Under 500pcs	More than 500pcs	More than 10000pcs

Remark/说明:
1. Payment: 30% T/T deposit for PO confirmation, 70% T/T within one day before Delivery.
   付款方式:订单确认电汇定金30%,交货前一天电汇70%。
2. No cancellation allowed within 15 days before the delivery date is confirmed.
   确认的交货日之前15天内不接受取消订单。
3. Production capacity: 500K/month.
   产能:每个月500K。

图 2-4 报价单模板

实训操作示范

▶ 实训说明

（1）学会什么?

能够在 FOB、CFR、CIF 等不同术语下分别进行出口报价，并将报价情况制作成一份出口报价单，供客户参考。

（2）如何完成?

搜集或计算得到商品成本、预期利润率、各项国内费用、银行费用、国际运输费、保险费等信息，再根据这些信息，利用相应公式分别计算 FOB、CFR、CIF 等不同术语下的出口报价，在公司提供的报价单模板里填入报价信息，制作成完整的报价单。

▶ 操作步骤

（1）计算实际采购成本。

首先搜集商品的一些基本信息，如表2-4所示。

表 2-4 商品基本信息

产品名称	男士衬衫
从工厂收购价格	50 元每件
包装信息	每纸箱装 20 件，每箱净重 5.5kg，毛重 6kg，尺码为 0.015m³
税务信息	17% 增值税，15% 退税率
合同销售数量	1000 件

出口退税收入 = 收购价 /（1+ 增值税率）× 出口退税率 =50000 ÷ 1.17 × 0.15=6410.26（元）。

实际采购成本 = 收购价 — 出口退税收入 =50000 — 6410.26=43589.74（元）。

（2）计算各项国内费用。

报关费经查询为固定收费 100 元每单，报检费经查询为出口合同金额的 0.25%，以信用证为结算方式，银行手续费经查询为合同总额的 0.13%，最低为 200 元，其他费用有一般产地证办理费 44 元。

（3）计算国际运费。

计算整批货物的体积为 0.015 × 50=0.75（m³）；重量为 6 × 50=300（kg）。

若采用海运方式，从宁波港到美国纽约的散货（LCL）：

按体积（MTQ）运费 =218（查询运费单价）× 0.75=USD163.5；

按重量（TNE）运费 =308（查询运费单价）× 0.3=USD92.4；

因此，海运费取 163.5 美元。

若采用空运方式，将体积折算成重量为 167 × 0.75=125.25（kg）<300（kg），查询从上海飞到美国纽约的 300kgs 档的空运单价，得运费：38.3 × 300=USD11490。

一般来说，该批货物采用海运方式。

（4）保险费。

保险加成为 10%，投保一切险的保险费率为 0.5%。

（5）利用公式计算该批货物的出口报价。（L/C，汇率为美元兑人民币 6.435，预期 20% 利润率）

FOB 价 =USD8217.4243（银行费用按最低的固定费用 200 元计算），在对外报价时为方便报一个整数为 8200 美元，则单价为 8.2 美元。

CFR 价 =USD8414.2147（银行费用按最低的固定费用 200 元计算），在对外报价时为方便报一个整数为 8400 美元，则单价为 8.4 美元。

CIF 价 =USD8470.2868（银行费用为最低的固定费用 200 元计算），在对外报价时为方便报一个整数为 8500 美元，则单价为 8.5 美元。

（6）制作出口报价单如图 2-5 所示。

Quotation
报价单

Customer Name: 客户名称:	America YADI Clothing Import& Export Corporation	Quotation No.: 报价单编号:	20180323
Attn/联系人:	SAM	Curr./货币:	USD
Customer TEL No.: 客户电话号码:		Date/日期:	2018/3/23
Customer Fax No.: 客户传真号码:		Delivery: 交货方式:	CIF NEW YORK
Customer Adderss: 客户地址:	18 West Fourth Street, Sixth Floor New York, New York, America		

We are pleased to quote the below products to you:很高兴给您提供以下产品的报价:

Item 项目	Model 型号	Description 描述	QTY 数量 (pcs)	Under 500pcs	More than 500pcs	More than 1000pcs
				Unit Price 单价/USD		
MEN'S SHIRT	S123			9.1	8.7	8.5
		100% COTTON;BLUE 20PCS IN ONE CARTON				
Remark/说明:	1. Payment: L/C at sight. 付款方式: 即期信用证。					

图 2-5 报价单范例

实训题目

沿用在之前实训题目中选择的产品，通过网络或实地调查等途径，搜集出口报价所需的商品信息，并到国税局、海关、货代、保险公司、银行等网站查询税率、费率和汇率等信息。根据自己预期的利润率和销售数量，选择一种贸易术语和结算方式的组合，完成对外报价，并将报价情况制作成一份出口报价单。

任务二　进口利润核算

任务导入

进口方业务员 Sam 收到了来自出口方业务员小张的报价单。报价单上的价格能否接受呢？如果接受这个报价，进口商品在进口国的国内市场销售后能获得预期利润吗？如果要还价，进口方能接受的最高价格是多少呢？要回答这些问题，Sam 必须根据报价单上的价格进行进口利润核算。通过核算可以得出两个答案：按照报价单上的价格，进口方利润是多少；或者按照进口方的预期利润，进口方还价时该报的价格是多少。

任务目标

按照出口报价单的报价，核算进口方能获得的利润；按照进口方自己的预期利润，核算出还价时应报的价格。

知识要点学习

1. 进口商品利润额和利润率的核算方法
2. 进口还价的核算方法

一、按报价核算利润率

进口商根据出口商的报价，以本国市场价格核算出这笔业务的利润率，然后按照自身期望得到的利润率，衡量是否接受这个报价。核算的基本公式为：

　　　进口商利润率 =（国内市场销售总额—进口总成本）÷ 进口总成本　　　（2-11）

核算公式 2-11 中，国内市场销售总额根据市场情况判定，进口商需要核算进口总成本。进口商收到出口商 FOB（FCA）报价后，核算进口总成本，还需要

（1）核算海（空）运费，方法参照任务一中的"出口报价"。如果是 CFR（CPT）报价，忽略这一步，出口商的 CFR（CPT）报价中已经包含了海（空）运费。

（2）核算保险费，方法参照任务一中的"出口报价"。如果是 CIF（CIP）报价，忽略这一步，出口商的 CIF（CIP）报价中已经包含了保险费。

（3）核算进口所需要交的进口关税，得到完税成本。进口关税 = 该项商品 CIF（CIP）总价 × 进口关税税率。进口关税税率查询方法：在海关网站首页点击"HS 编码"，输入商品海关编码进行查询（见图 2-6）。进口关税分为普通关税和优惠税。如果不需交关税，忽略这一步。

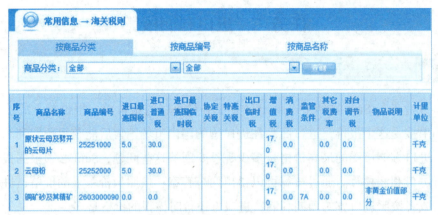

图 2-6 进口关税税率查询

（4）核算进口报检、报关、消费税、增值税等进口商的国内费用。

报检费＝出口合同价 × 报检手续费 　　　　　　　　　　　　　　　　　（2-12）

报关费与出口报价计算方法相同；消费税可在海关网站查询进口关税时一同查询。

从价商品消费税＝[该项商品 CIF（CIP）总价＋进口关税税额]× 消费税税率 /

（1－消费税税率）

＝完税成本 × 消费税税率/（1－消费税税率） 　　　　　　　（2-13）

从量商品消费税＝应征消费税的商品数量 × 消费税单位税额 　　　　　　　（2-14）

增值税＝[该项商品 CIF（CIP）总价＋进口关税税额＋消费税税额]× 增值税税率

＝（完税成本＋消费税税额）× 增值税税率 　　　　　　　　　（2-15）

（5）按照不同的结算方式，核算相应的银行费用。进口商内心有一个想要的利润率，如果核算出来的利润率高于心中的利润率，则可以接受该报价；如果低于心中的利润率，则需要进行还价。

二、按预期利润率还价

如果按上述的核算方法得出需要进行还价的结论，那么应该还多少价格比较合适呢？进口商可以按照自己的预期利润率倒推核算。按照原来的核算公式为：

进口商利润率＝（国内市场销售总额–进口总成本）÷进口总成本 　　　（2-16）

将原本核算得出的利润率改为进口商预期的利润率：

进口总成本＝国内市场销售总额÷（1+预期利润率） 　　　　　（2-17）

按既定的预期利润率，得到预期总成本后，再从后往前推算：

总成本–银行费用–国内费用–进口关税＝预期的CIF（CIP）还价 　　　（2-18）

预期的CIF（CIP）还价–保险费＝预期的CFR（CPT）还价 　　　　（2-19）

预期的CFR（CPT）还价–海（空）运费＝预期的FOB（FCA）还价 　　　（2-20）

经过核算，进口商就可以按照自己预期的各种贸易术语下的还价数额向出口商进行还价。当然，出口商也有可能不接受这个还价，通常再报一个中间价格出来。那么，进口商又需要根据出口商的再次报价，核算一下此时的利润率，衡量是否能接受。

进口核算与还价

实训操作示范

▶ 实训说明

（1）学会什么？

作为进口商，能对任务一实训题目中出口商的报价单进行利润核算和还价。

（2）如何完成？

根据出口报价单中的报价，对照该商品在本国的市场销售价格，核算本批进口商品的利润；根据本批进口商品的预期利润率，判断是接受报价或是核算出一个还价的数额。

▶ 操作步骤

假定男士衬衫在美国的进口关税为15%、增值税为17%（为同时训练学生作为进口方时的核算技能，假定美国的政策与我国相同）、消费税为0、进口国市场价格为15美元，以预期利润率为20%的标准，衡量任务一实训题目中的出口商报价是否能接受。如果不能接受，或者希望有一个更高的利润率，核算需要还价的数额是多少。

（1）按出口商 CIF 术语下的报价，进口商核算利润率。

进口商的完税成本 =CIF 价 + 进口关税 =8500 × 1.15=USD9775。

进口商的国内费用（参照我国的算法）：商检费 USD21.25；报关费 100÷6.435=USD15.54；增值税 = 完税成本 × 增值税率 =9775 × 0.17=1661.75USD；银行费用（开证、付款手续费）=25+38=USD63（其中，开证手续费为固定的 USD38，付款手续费为合同金额的 0.13%，但最低费用为 USD25）。

该批货物进口的总成本为：9775+21.25+15.54+1661.75+63=USD11536.54。

（2）进口商衡量该利润率是否能接受。

该批货物在进口国内的销售额收入：15 × 1000=USD15000。

售出后获得的利润率为：（15000–11536.54）÷11536.54=30.02%。该利润率已高于进口商预期的 20% 利润率，因此出口商的报价是可以接受的。

（3）进口商按更高的预期利润率进行还价。

虽然出口商的报价已可以接受，但进口商一般不会立即接受，总希望能有更高的利润率。假设进口商还想要 35% 的利润率，从国内市场销售收入出发，在 35% 利润率的情况下，进口总成本应为：15000÷1.35=USD11111.11。

按进口总成本 = 完税成本 + 国内费用，即：

11111.11= 合同金额 ×1.15×1.17+ 合同金额 ×0.25%+15.54+63，得合同金额 =USD8184.40。

因此，进口商还价为 USD8.20/ 件即可。

实训题目

按照任务一实训题目中出口商的报价单信息资料，上网查询该商品的进口关税、消费税等信息，以及进口国的市场价格，自己站在进口商的角度定一个预期利润率，衡量该出口商报价是否能接受。如果不能接受，或者能接受但又希望有一个更高的利润率，核算需要还价的数额是多少。

任务三　外贸函电磋商

任务导入

除了价格这项重要的交易条件，进出口双方业务员小张和 Sam 还需磋商其他一些必不可少的交易条件。整个交易磋商过程分为询盘、发盘、还盘和接受 4 个部分。首先，进口方业务员 Sam 在收到小张的建立业务关系函电后，撰写询盘函电，向出口方业务员小张发送询盘；小张收到询盘后，撰写发盘函电对 Sam 进行发盘；之后，双方就各项交易条件进行数次还盘的往来磋商；最终，一方向另一方发出接受函电，双方达成了所有的交易条件。在整个交易磋商过程中，双方均受《联合国国际货物销售合同公约》（简称《公约》）的约束，明确交易磋商各个环节的法律效力。

任务目标

通过询盘、发盘、还盘和接受 4 个交易磋商环节的函电往来，达成外贸合同的各项交易条件。

知识要点学习

外贸函电磋商

1. 询盘的含义、种类和法律效力，询盘函电的撰写方法

2. 发盘的含义、种类、构成条件、有效期、撤销、撤回和失效，发盘函电的撰写方法

3. 还盘的含义和法律效力，还盘函电的撰写方法

4. 接受的含义、构成条件、撤回、法律效力和逾期接受，接受函电的撰写方法

一、询盘

询盘（inquiry/enquiry），也称询价，是指交易一方向另一方询买或询卖某项商品的交易条件。

询盘的内容通常包括商品的品质、规格、数量、包装、价格、装运等交易条件或索取样品的需求。书面形式的询盘有书信、电报、电传、电子邮件等，也可以采用询价单进行询盘。如果仅仅是为了了解情况，以及索要商品目录、价目单、样品、形式发票等，则该询盘为一般询盘；如果指定了某商品要求对方发盘，则该询盘为具体询盘。询盘只是探询交易的可能性，所以不具有法律上的约束力，也不是每笔业务的必经程序，交易一方可以直接向另一方进行发盘。

询盘的函电应包括以下内容：

（1）告知信息来源，如通过什么方式或由谁告知对方信息，从而发送询盘。

（2）介绍自己，如公司的主营业务范围，打算购买什么商品，商品的数量与规格，等等。

（3）询问交易条件或者告知我方希望的部分交易条件，请对方报价。

（4）索要目录、价目表和样品。

（5）表明开展业务的愿望，告知商品在市场上的整体情况，请对方尽快发盘。

（一）询盘撰写范例（一般询盘）

Dear Sirs,

You are recommended to us by Bank of China in New York that you are one of the leading sportswear dealers.（告知信息来源）We are large dealers in textiles here and believe there is a promising market in our area for moderately priced sportswear.（介绍自己）Right now, we are particularly interested in importing various ranges of sportswear. It would be helpful if you could send us your latest catalogue and price list.（索要商品目录和价格表）If the quality of the goods comes up to our expectation and the delivery date is acceptable, we can probably let you have regular orders.（表明开展业务的愿望）

We are looking forward to your earliest reply.

该询盘只是向对方索要商品目录和价格表，没有提及具体的某种商品及其交易条件。因此，该询盘属于一般询盘。

（二）询盘撰写范例（具体询盘）

Dear Sirs,

We are pleased to learn from your letter of 1st Aug. in which as a manufacturer of computers, you are desirous of entering into direct business relations with us.（信息来自于对

方之前发来的建立业务关系函电）This is just our desire, too. We have studied your catalogue and are interested in your portable computer Model PH-88.（询问具体的商品） Please quote us your lowest price, CIF Guangzhou, inclusive of our 2% commission, stating the earliest date of shipment.（询问具体的交易条件） If the quality of your products satisfies us and your price and discount compare favorably with those of other suppliers, we will surely have a long-term cooperation with you.（表明开展业务的愿望）

We are looking forward to your earliest reply.

该询盘提及了具体的某种商品，询问了其具体的交易条件。因此，该询盘属于具体询盘。

二、发盘

发盘（offer）是指交易的一方向另一方提出具体的交易条件，并表示愿意按这些条件达成交易的一种行为。发盘可以是应对方的询盘做出的答复，也可以未经邀请直接发出。如买方可以直接向卖方发盘，也称为递盘。发盘在《中华人民共和国合同法》（简称《合同法》）中称为要约，对发盘人来说具有法律约束力。根据《公约》的条款规定，构成发盘需要4个条件：发盘应向一个或一个以上特定的人提出；发盘内容必须十分确定；发盘应表明订约的意旨；发盘应传达到受盘人。因此，我们在撰写发盘函电时，内容必须明确无误，且应至少包括品质、数量、包装、价格、交货期和支付方式等主要交易条件，具体如下：

（1）感谢对方的询盘。

（2）说明品质、数量、包装、价格、交货期和支付方式等主要交易条件。

（3）说明发盘的有效期。

（4）表达希望收到对方订单的愿望。

在发盘有效期限内，发盘人不得随意撤销或修改其内容。如果在发盘有效期内，受盘人表示接受发盘，发盘人必须承担按发盘条件与对方订立合同的法律责任。

发盘撰写范例如下。

Dear Sir,

Thank you for your inquiry of Dec.1st, 2017. We are glad to learn of the inquiries you have had for our Canned Sweet Corn.（感谢对方的询盘） For the quantities you mention we are pleased to quote as follows:

Product Name: Canned Sweet Corn

Description: 3060g×6 tins/carton

Unit Price: USD5 per carton CIF New York

Quantity: 10,000 cartons

Amount: USD50,000

Quality: Grade A

Payment: by 30 days' L/C

Packing: 1 carton/carton

Means of transport: by sea

Shipment: within 1 weeks of receiving L/C

Port of Shipment: Shanghai

Port of Destination: New York

Insurance: To be effected by the seller for 110% invoice value against All Risks and War Risk.（说明主要交易条件）

This quotation is valid until Dec. 20th, 2017.（说明发盘的有效期）

We are looking forward to receiving your order.（表达希望收到对方订单的愿望）

三、还盘

还盘（counter offer），也称"还价"，是指受盘人对发盘内容不完全同意而提出修改或变更的表示。买方认为卖方发盘中的某些条款不能接受时，可以还盘。同时，他们往往提出自己的条款，供卖方考虑。还盘并不是每一笔交易磋商的必经环节，但多数情况下，一笔交易的达成往往离不开还盘，甚至可能要经过多次的还盘。还盘的过程反映买卖双方不同立场、不同利益之间的矛盾。撰写还盘函电时，措辞要谨慎，也要着眼于双方之间的友谊和今后的交易，并从对方的立场出发，摆事实、讲道理，说服对方。在内容上，通常仅陈述需变更或增添的条件，对双方同意的交易条件不需要重复确认。

还盘的撰写范例如下。

Dear Sirs,

We acknowledge receipt of your offer of Dec. 6th. While appreciating your offer, we find your price is rather too high for the market we wish to supply.

We have also to point out that the Men's Jackets are available in our market from several Asian manufacturers, and all of them are at prices from 10% to 15% below the price you quoted.

Such being the case, we have to ask you to consider if you can make a reduction in your price, say 10%.（对实质性交易条件进行变更）As our order would be worth around US$80,000, you may think it worthwhile to make a concession.（摆事实、讲道理，说服对方）

We are looking forward to your reply.

还盘是对发盘的拒绝或否定，等于受盘人向发盘人提出的一项新发盘，因此撰写函电时要谨慎，同时也要摆事实、讲道理，试图说服对方。

四、接受

接受（acceptance）是指交易的一方同意对方发盘中提出的交易条件，并愿意按这些交易条件达成交易、订立合同的一种肯定表示。接受在法律上称为"承诺"。一经接受，交易即告成立，买卖双方分别承担自己的义务。多数情况下，买卖双方通过大量函电的交往，才能达成交易。交易达成后，通常由作为卖方的公司起草销售合同或销售确认书，由双方会签后执行。合同或确认书中必须要包含经双方上述函电往来达成的所有交易条件。

根据《公约》规定，构成有效接受应具备以下 4 个条件。

（1）接受必须由指定的受盘人做出。

发盘是向特定的受盘人做出，与其相对应，接受必须由指定的受盘人做出。除受盘人之外的第三者做出的接受都不是有效接受。

（2）接受必须表示出来。

根据《公约》规定，缄默与不行动本身不等于接受，接受必须以某种方式表示出来。在实际业务中，接受的表示方式有口头或书面声明，另外还有行为声明。例如：进口商向出口商发盘，由于发盘内容明确、肯定，出口商就装运货物这一行为表示同意，而无须向发盘人发接受通知，且接受于该项行为做出时生效。

（3）接受必须是同意发盘所提出的交易条件。

根据《公约》规定，受盘人必须无条件地、全部同意发盘的条件，才能表明有关的交易条件达成一致，合同才能成立。所以接受必须是绝对地、完全地和无保留地符合发盘要求。

（4）接受必须在发盘的有效期内送达发盘人。

凡是发盘都规定了有效期，有效期即是对发盘人约束的期限，又是受盘人接受发盘的期限。受盘人只有在有效期内接受发盘，发盘人才承担按发盘条件与之订立合同的责任，超过有效期的接受无效。

接受的撰写范例如下。

Dear Sirs,

Thank you for your letter of Dec. 8th, and we accept your counteroffer.（对还盘表示接受）

We are now enclosing here with our Sales Contract No.123456 in duplicate. Please countersign and return us one copy for records.（起草销售合同，请对方会签）

We appreciate your cooperation and trust that our products will turn out to your satisfaction.

接受一经做出，也就承担了与对方订立合同的法律责任。接受是交易磋商的最后一个环节，也是交易磋商必经的一个环节。

实训操作示范

▶ **实训说明**

（1）学会什么？

学会询盘、发盘、还盘和接受函电的撰写方法，能利用函电方式进行贸易的磋商。

（2）如何完成？

参照教材中各环节函电的范本，明确各自的内容要求，根据业务磋商需要进行撰写。

①买方在产品目录中看到男士衬衫后，进行询盘。

Dear Sirs,

We have studied your catalogue and are interested in your MEN'S SHIRT Article No.S123. Please quote us your lowest price, CIF New York, 1,000 pcs. If the quality of your products satisfies us and your price and discount compare favorably with those of other suppliers, we will surely have a long-term cooperation with you.

We are looking forward to your earliest reply.

②卖方收到询盘后，进行发盘。

Dear Sir,

Thank you for your inquiry of Mar. 27th, 2018. We are glad to learn of the inquiries you have had for our MEN'S SHIRT. For the quantities you mention we are pleased to quote as follows:

Product Name: MEN'S SHIRT

Description: Article No.S123

Unit Price: USD8.5 per pc CIF New York

Quantity: 1000 pcs

Amount: USD8500

Quality: 100% cotton

Payment: by L/C at sight

Packing: 20 pcs/carton

Means of Transport: by sea

Shipment: within 1 weeks of receiving L/C

Port of Shipment: Ningbo

Port of Destination: New York

Insurance: To be effected by the seller for 110% invoice value against All Risks.

This quotation is valid until Apr. 10th, 2018.

We are looking forward to receiving your order.

③买方在核算进口利润后，撰写一份还盘函电。

Dear Sirs,

We acknowledge receipt of your offer of Mar. 29th. While appreciating your offer, we find your price is rather too high for the market we wish to supply.

We have also to point out that the MEN'S SHIRTS are available in our market from several Asian manufacturers, and all of them are at prices from 10% to 15% below the price you quoted.

Such being the case, we have to ask you to consider if you can make a reduction in your price, say USD8.2/pc.

We are looking forward to your reply.

④卖方认为可以接受还价，撰写一份接受函电，买卖双方达成交易。

Dear Sirs,

Thank you for your letter of Apr. 8th, and we accept your counteroffer.

We are now enclosing here with our Sales Contract No.123456 in duplicate. Please countersign and return us one copy for records.

We appreciate your cooperation and trust that our products will turn out to your satisfaction.

实训题目

按照任务一实训题目中的商品信息和报价以及任务二实训题目中的还价情况，分别撰写询盘、发盘、还盘和接受函电，写法和要求参照教材中的范例。

任务四　跨境电商平台中的磋商

任务导入

在与 Sam 进行交易磋商的同时，小金在阿里巴巴国际站也收到了不少的询盘。小金在识别和分析询盘后，对他认为有价值的询盘进行了认真回复，并对询盘进行跟踪管理。还有不少的交易磋商是通过 Trade Manager、Skype 等聊天软件在线洽谈的方式进行的，小金也同样认真地对待。

任务目标

通过询盘和在线洽谈两种方式在阿里巴巴国际站等跨境电商 B2B 平台与客户进行交

易磋商，促成订单的达成。

1. 跨境电商 B2B 模式下询盘、分析和管理询盘、回复询盘的技巧
2. Trade Manager、Skype 等在线洽谈软件
3. 价格磋商的技巧

跨境电商磋商

一、询盘磋商

（一）跨境电商 B2B 模式下的询盘

跨境电商 B2B 平台中一般都提供了固定模板，方便客户进行询盘。在跨境电商 B2B 模式中，一般都是买方经过搜索产品找到并联系供应商询问各项交易条件，因此基本上都属于买方询盘。询盘的具体操作是，在搜索结果中发现感兴趣的供应商（见图 2-6），点击"Contact Supplier"，利用平台提供的模板填写并点击"Send Inquiry Now"发送一个询盘。按照平台提供的模板填写的询盘，是针对某具体产品的，包括了商品数量和详细信息，还可能有附件，因此属于具体询盘（见图 2-7）。阿里巴巴国际站的买方发送询盘后，卖方即可在"商机管理中心（询盘）"下的"询盘"中查看和处理。

图 2-6　跨境电商平台搜索产品

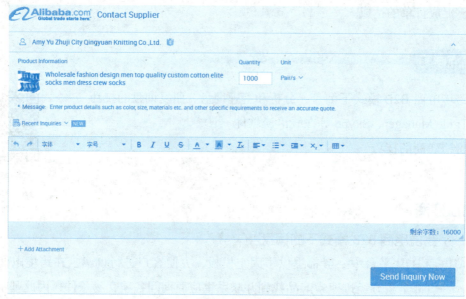

图 2-7 给卖方撰写和发送询盘

（二）询盘磋商的过程

在对询盘进行回复和管理之前，我们需要先对询盘进行分析，在众多待回复和处理的询盘中，识别出哪些是真实的询盘、竞争对手的询盘、诈骗的询盘或者无效的询盘，以便有效地区别对待。

真实的询盘是寻找卖家型的询盘，询盘内容比较具体明确，一般会列明具体产品、数量、颜色、规格、交货时间、包装等。询盘中也会留有详细的联系方式，如公司名称、电话、传真、邮箱、地址、网址、联系人、职务等。更为细致的询盘还会进一步询问产品的包装尺寸、与其他产品之间的差异、产品的对应认证等内容。真实的询盘是订单的主要来源，当然需要及时、有效地进行回复。竞争对手的询盘是窃取情报型的询盘。这类询盘的发送者有两种可能，一是潜在的客户，另一种就是竞争对手。识别竞争对手的询盘后，当然要置之不理。由于网络虚拟的特点，网络贸易中存在大量的诈骗者，识别诈骗的询盘可以从源头上免遭诈骗。识别诈骗的询盘需要卖家的经验，以及谨慎的心理。无效的询盘是指来自于没有真正需求的买方的询盘。无效的询盘可能是买方并无购买动机的"随口一问"，可以用事先统一做的包含公司介绍、产品介绍、询问客户情况等内容的格式化的邮件进行回复，或干脆置之不理。

对于要回复的询盘，要事先做好准备工作，包括公司信息的分析、买方业务员信息的分析和市场信息的分析。收到询盘后，可以根据客户留下的联系方式与网址或 / 电子邮箱地址，通过谷歌、百度、雅虎等搜索引擎去查找询盘公司的相关信息。分析询盘发送者（买方业务员）时的信息，可以从对方的文字风格来判断他 / 她的性格脾气。在充分了解客户信息的基础上，分析一下目标市场，根据市场进行价格定位。准备工作完成后，就可以对询盘进行回复了。询盘的回复，是供应商留给买方的第一个印象，将会在很大程度上影响今后交易的成功率，一定要认真对待。询盘回复函电的撰写，与任务三的内容是一样的，要达到及时、准确、全面、简洁、专业等五项基本要求。

识别询盘的种类

买方通常都会同时向多个卖方询盘，最先回复的卖方有更多的机会赢得订单。对卖方由于种种原因暂时不能回复的，如需要时间去联系工厂或审核相关费用，应尽早给客户发邮件告知可以什么时候回复他提出的问题，而不是置之不理。对于不能完整回复的，应把可以回复的问题先告诉客户，另外告诉一个确切的日期来回复剩余的问题。回复询盘后，查看一下自己刚才所做的回复询盘的操作记录，以确定回复有效。

二、在线洽谈

在跨境电商 B2B 模式下，外贸业务员除了通过询盘的方式往来进行磋商，还可以在买卖双方同时在线的情况下用一些即时通信（instant messaging, IM）软件进行在线洽谈。在线洽谈的优点在于互动性强，沟通及时，便于对复杂的问题进行磋商。在线洽谈系统可以将一些通信软件集成到平台中，实现通信软件和平台的无缝结合，为买卖双方提供磋商的平台。使用者无须安装任何软件，即可通过网页进行对话，如阿里巴巴国际站的 Trade Manager、中国制造网的 Trade Messenger 以及外贸行业中最为常用的专业即时通信软件 Skype（见图 2-8）。

Trade Manager　　　Skype　　　Trade Messenger

图 2-8　在线洽谈软件

Trade Manager 被称为阿里旺旺的国际版，它是一款用于交易磋商的即时通信工具。除了实时聊天功能，Trade Manager 集成了实时营销、商机和数据分析等多个模块内容，其工作台的基本功能有：实时主动营销，通过 Trade Manager 消息的方式对阿里巴巴网站在线的买家进行营销；营销数据查询，动态提醒使卖家时刻了解买家动向；商机管理，展示未读询盘数，使卖家第一时间掌握商机动态；产品诊断，展示当前所有的问题产品数据及不同类型问题产品的情况，使卖家及时把握提升效果、优化网站的良机；用户核心数据展示，展示当前卖家的核心数据，使卖家时刻关注自身效果。

与阿里巴巴国际站的 Trade Manager 一样，中国制造网也有自己的即时通信工具——

Trade Messenger（麦通，简称 TM）。TM 依托于专业的外贸 B2B 平台中国制造网，为广大中国外贸企业客户及全球买家提供即时通信服务。用户可以下载软件包安装 TM，也可以直接使用网页版，无须安装。TM 区别于其他即时通信工具的最大之处在于，它专注于贸易，从设计到应用都带有浓郁的商务特色。TM 提供快速文件传递、截图、聊天记录保存等多种贸易应用功能，涵盖洽商过程中所必需的方方面面。此外，TM 还与中国制造网上客户的在线管理系统进行了结合：中国制造网的账户管理员可随时了解每一个子账号上由 TM 发起的交谈记录，以及 TM 上的好友情况，以便于企业管理；同时，买家可以用 TM 与产品对应的子账号用户联络，也可以与该公司任意在线的业务员直接联系，大大增加了买卖双方的洽商机会。即时视频、语音、跨国网络电话、多方会谈等功能也将被增加和完善。

许多跨境电商 B2B 业务员都习惯用 Skype 进行洽谈。Skype 作为一款即时通信软件，具备即时通信所需的视频聊天、多人语音会议、多人聊天、传送文件、文字聊天等各项功能。2013 年 3 月，微软在全球范围内关闭了即时通信软件 MSN，Skype 取而代之。Skype 拥有超过 6.63 亿的注册用户，最高同时在线人数超过 3000 万，近 40% 的 Skype 用户将其作为商业用途。Skype 的主要功能有：即时通信，用户可以随时随地拿起手中的手机或平板电脑以文字、图片、语音等方式进行业务洽谈；全球电话，外贸业务需要的国际电话费用较高，Skype 作为最受欢迎的网络电话之一，拨打国际长途最低 1 分钱 / 分钟，可以在电脑、手机和电视等多种终端上使用；免费群组视频通话，Skype 支持 10 人同时免费视频电话，群组成员之间可以使用视频通话进行面对面的交流；增值功能，包括留言信箱、SkypeIn、SkypeOut、Skype Connect 和实时口语翻译等。

三、价格磋商

与传统贸易一样，产品价格往往是决定跨境电商整个订单成交与否的核心因素，几乎所有的新客户在第一次联系卖方的时候都有一个价格周旋的进程。

跨境电商 B2B 模式下与其他电子商务模式一样，市场价格变得越来越透明。我们要学会找出自己产品与其他产品之间的差别，以此为由来避免与同行之间的价格战。价格磋商首先要树立正确的销售观，要使买方因为选择了我们的产品得到更大的价值和利益，而不是以低价乞求对方买我们的产品。价格并非越低越好，价格过低可能会被买方认为产品质量有问题。因此，报价时要有自信，肯定自己产品的质量，然后才是价格的磋商。

产品差异化存在于很多方面：创新、质量、售后服务、产品附加值、品牌等。以下几种情况，都可以视为广义的产品差异化：产品可替代性小，比如质量、认证、设计、专利、渠道等方面有自己的优势；买方的采购数量较小，导致运输和操作成本占比相对高，而供应商具有运输成本上的优势；买方要求的采购时限很近，对供货和操作能力要求高，而供应商有现货或能及时生产；买家的购买力较强，比如是行业内的大公司，而供应商具有较好的行业口碑；买方身处小而偏的市场，比如东欧、中美、西非等，而供应商具有小的细分市场的销售经验。

由于存在产品差异化作为价格磋商的着力点，最初的报价不要太精确，即采用模糊报价法。买家的第一次询价，大多不会问得非常详细，所以千万不要要求自己一定要给对方一个准确的价格，而是将报价单拆分为若干区块，逐步地释放给买家。因为价格并非单独存在的，它受到订单数量、付款方式、贸易术语等各方面交易条件的影响，当然还有我们这里着重说明的产品差异。在磋商的开始阶段，由于相互了解不多，大多数买家首先在意的还是价格，还是能被一个低价位所吸引，因此初次报价采取模糊报价法。吸引买方后，经过磋商把握客户的真实需求，再从真实需求出发结合具体产品的差异进行报价。最好是收集同类产品的全面信息，与自己的产品进行比较，算账给客户听，以获得客户对你产品价格的认可。如果买方就某具体产品来还价，说明客户对该产品的差异点还是比较感兴趣，也需要这种产品，只是对价格还有不同意见，交易意向很大。此时可以再回复一个有条件的阶梯价格，比如数量达到多少降价相应的百分比。如果销售的产品是一种新产品，那么差异程度是非常大的。高价法适用于新产品，以新产品的特点来支撑较高的价格，再适当在磋商时降低价格。

除了把握产品差异化，业务员还需掌握一些价格磋商的技巧，在具体情况下灵活运用。假如对本次交易磋商的信心不足，估计报价仅能作为买方参考之用，那么报价目的应该主要放在维系关系以备后续合作上。在这种情况下的报价不可采用过硬、过于决断的语气和态度。假如对本次交易磋商觉得有希望，但还不是很有把握，那么报价目的应是争取更多的实质谈判机会。在这种情况下的报价应采用明确的语气和认真、严肃的态度，但又通过补充性的语句传达出可以协商的态度，比如告知数量、付款方式或者质量的不同，都可能影响到最终价格。假如对行业、买方和市场都有足够的了解，对本次交易磋商有很强的信心，那么报价就是争取订单的临门一脚。在这种情况下的报价可以尝试较为强硬的态度，展示出足够的严密和精确，让买方感受到报价的专业度和行业经验，加强其做决定的信心，同时降低砍价的意愿。另外，把自己想成买方，多揣测一下买方的心态，换位思考，会有意想不到的收获。

价格磋商技巧

实训操作示范

▶ 实训说明

（1）学会什么？

能够对跨境电商 B2B 平台中的询盘进行分析，并对真实询盘进行高质量的邮件回复。

（2）如何完成？

指导教师或有条件的学生从跨境电商 B2B 平台中搜集不同的询盘，在对询盘问题进行分析和准备后，撰写有针对性的高质量邮件进行回复。

▶ 操作步骤

（1）打开阿里巴巴国际站中的询盘界面。

（2）对询盘的种类和内容进行分析。

（3）做好回复询盘的各项准备。

（4）对真实的询盘进行回复。

实训题目

就项目一中在跨境电商 B2B 平台上发布的产品，有获得询盘的，对询盘进行分析，做好充分准备后进行回复；没有获得询盘的，先相互进行模拟询盘，再进行回复。

阿里巴巴国际站的询盘管理

项目三　签订合同

教学目标

使进出口双方业务员能根据交易磋商达成的各项交易条件，拟定外贸合同的各项条款，形成一份完备的合同，最终确认并签订合同。具体包括：根据需要选择合同的形式，如销售合同、销售确认书、订单等；根据双方交易磋商达成的各项交易条件拟定各项条款，要求具备完整的一般条款和基本条款，且各项条款内容表达准确；双方对合同内容进行细致的审核后，确认并签订合同。

主要工作任务

本实训项目分解为 4 个工作任务，分别是各种不同形式外贸合同的使用、合同基本条款的拟定、合同一般条款的拟定、跨境电商 B2B 平台中的合同签订。

项目说明与任务导入

任务一　各种不同形式外贸合同的使用

任务导入

进出口双方业务员 Sam 与小张通过交易磋商，终于确定了交易的各项条件。接下来，他们要安排合同的签订事宜。合同由出口方的小张起草。为了更好地完成合同签订任务，小张恶补了一下外贸合同的相关知识，对合同的形式和内容有了基本的认识。这样既有利于合理地拟定合同条款，也有利于明确双方的权利和义务，确保合同的合法有效。

任务目标

在拟定合同各项条款前，充分认识合同的形式和内容，能根据具体情形使用不同形式的外贸合同；重点了解外贸销售合同的基本结构、基本条款和一般条款；明晰确认和签订合同的法律效力。

1. 销售合同、销售确认书、协议、备忘录、意向书、订单、委托订购单等合同形式
2. 约首、正文、约尾等外贸销售合同的基本结构
3. 外贸销售合同正文中的基本条款和一般条款
4. 合同的法律效力

一、合同的形式

合同的书面形式并不限于某种特定格式，任何载明双方当事人名称、品质、数量、价格、交货和支付等交易条件的书面文件，包括买卖双方为达成交易而交换的信件、电报、电传，都足以构成书面合同。国际上一般常用的书面合同有销售合同、购货合同、成交确认书、协议、备忘录、意向书、订单、委托订购单等。

我国出口业务中，书面合同主要采用两种形式：一种是条款完备、内容较全面的正式合同，如销售合同（sales contract）；另一种是内容较简单的简式合同，如销售确认书（sales confirmation）。两者虽然在格式、条款项目和内容的繁简上有所不同，但在法律上具有同等效力，对买卖双方均有约束力。正式合同是带有"合同"字样的法律契约，包括销售合同和购货合同，又称出口合同和进口合同。这两种合同的格式和主要内容基本一致，其中包括商品的名称、品质、数量、包装、价格、装运、保险、支付、商检、索赔、仲裁、不可抗力等条款。成交金额较大的交易，多采用此种形式合同，有正副本之分。金额不大，批数较多的小土特产品或轻工产品，或者已订立代理、包销等长期协议的交易多采用确认书（亦称简式合同），由卖方制作的称为售货确认书（sales confirmation），由买方制作的则称为购货确认书（purchase confirmation），效力与买卖合同相等。订单（order/order sheet）是由买方制作，向卖方发出的订购货物的书面凭据。通常由买方制作订单一式两份，拟好并签名后寄给卖方，卖方对订单的内容若无异议，可签名后再寄还一份给买方，此订单即具备成交签约的法定效力。

二、合同的基本构成

书面合同一般由三个部分组成，即合同的约首、正文和约尾，而这三个部分又各自包含不同的内容。约首，即合同的首部，主要包括合同名称、编号、缔约日期及地点、缔约当事人的名称及地址等，还包括双方订立合同的意愿和执行合同的保证。正文是合同的主体，具体规定了买卖双方的权利和义务，可分为基本条款和一般条款两部分。约尾即合同的尾部，通常写明合同依据的法律或惯例、使用的文字及其效力、合同正本的份数、附件及其效力，以及双方当事人或其授权人的签字。有时，缔约地点、缔约时间也出现在约尾。

合同的订约地点往往涉及合同准据法的问题，因此要慎重对待。我国的出口合同的订约地点一般都写在我国。

基本条款包括商品的品名条款、质量条款、数量条款、包装条款、价格条款、装运条款、保险条款、支付条款等 8 个条款。一般条款包括商检、索赔、仲裁及不可抗力等 4 个条款。这些条款体现了双方当事人具体的权利和义务。基本条款又称主要条款，按照我国法律规定，缺少主要条款的合同是无效的。

三、合同的法律效力

书面合同的内容必须符合法律规定，做到内容完备、条款明确、文字严密，并与交易磋商的内容相一致。一经签订，即成为约束双方当事人的法律文件。

一方的发盘或还盘被对方有效地接受后，合同即告成立。但合同如要具有法律效力，要受法律保护，应具备以下几个条件：

（1）当事人必须在自愿基础上就合同条款达成协议。

（2）当事人必须具有订立合同的行为能力。

（3）合同标的内容必须合法。

（4）合同必须对价，即合同当事人之间相互给付，互为有偿。

合同的法律效力

实训操作示范

▶ 实训说明

（1）学会什么？

在起草外贸合同之前，能够熟悉合同的形式和主要框架，逐条读懂条款的内容。能够读懂合同内容是进行后续合同条款拟定、修改和会签的前提。合同内容不能准确地理解，也会影响到合同的履行。

（2）如何完成？

实训指导教师到合作企业搜集各式各样的外贸合同，要求学生能够逐点读懂其中的内容，并能够准确地书面翻译合同各条款的含义。

▶ 操作步骤

（1）搜集各种形式的外贸合同。

（2）说明合同的主要内容框架。

（3）提取合同主要条款的内容。

各种形式的外贸合同

寻找一份外贸合同，熟悉合同条款内容，并准确地进行翻译。

任务二 合同基本条款的拟定

任务导入

该笔交易的合同由出口业务员小张来拟定各项条款，再交由进口方进行会签。在理清了交易磋商过程中达成的交易条件后，小张按照公司常用的外贸合同模板来逐条拟定基本条款的内容。在拟定合同条款的过程中，小张本着认真负责的态度，十分注意条款内容表达的准确性和合理性，充分考虑到可能出现的问题，逐条拟定了品名条款、质量条款、数量条款、包装条款、价格条款、装运条款、保险条款、支付条款等8个基本条款。

任务目标

以所学的外贸知识为背景，以交易磋商结果为依据，拟定出口销售合同中的基本条款，要求内容完整、条款合理、表达准确。

知识要点学习

合同条款的拟定

1. 品名、规格、包装、数量、单价、总值等合同标的条款信息
2. 装运期限、起运港、目的港等装运条款信息
3. 投保人、保险加成、险别等保险条款信息
4. 信用证、托收、汇付等结算方式的支付条款信息

一、合同标的条款内容与写法

（一）商品基本信息

出口销售合同中与商品信息相关的条款，主要包括品名、规格、包装、数量、单价、总值等。这些条款通常被包含在一张表格中，具体格式可以由出口商自行设计（见表3-1）。

表 3-1　商品信息相关条款

Name of Commodity, Specifications and Packing （品名、规格及包装）	Quantity （数量）	Unit Price （单价）	Total Value （总值）

（Shipment quantity_____ % more or less allowed）（装运数量允许有 _____ % 的增减）

Say Total（总金额）：

（二）品质条款

品质条款分为品名和商品质量两个部分，有时也统称为商品描述（descriptions）。该条款详细说明各项商品的英文名称及质量、规格，是买卖双方进行交易的物质基础和前提。如果卖方交付的货物不符合此条款约定的品名或质量说明，买方有权拒收货物、撤销合同并提出损害赔偿。

在填写商品名称时，一定要明确、具体，避免笼统地概括和形容，并尽可能使用国际上通行的名称。通行的商品名称可参考国际商品分类标准，主要有联合国经济理事会发布的《国际贸易标准分类》（SITC）和海关合作理事会主持制定的《商品名称及编码协调制度》（the Harmonized Commodity Description and Coding System，简称 HS）。我国企业在选用商品名称时，应与 HS 规定的品名相适应。此外，品名还关系到运费和关税。一些仓库和班轮运输按商品等级确定收费标准，有时会存在同一商品因名称不同而采取不同费率的情况。因此，选择合适的品名可以节省运费。在海关收税时，也存在着相类似的情况。在不影响国家有关政策的前提下，应选择有利于减低关税或方便进口的名称作为合同的品名。

在用样本表示商品质量的情况下，该条款中可写明"品质以卖方 / 买方样品为准"（quality as per seller's/buyer's sample），还应订明凭以达成交易的样品的编号，必要时还要列出寄送样品的日期，如"quality as per the confirmed sample（No.S123）submitted by the seller on Dec. 6th, 2018"。在用文字说明表示商品质量的情况时，凭规格买卖时，须列明一些主要的指标，如含水量、含油量、尺码、颜色、性能、材质等；凭等级买卖时，最好一并规定每一等级的具体规格；凭标准买卖时，援引相关国际标准应注明采用标准的名称及年份。

商品编码

（三）数量条款

该条款用于填写交易的货物数量，这是买卖双方交接货物及处理数量争议时的依据。不明确卖方应交付多少货物，就无法确定买方应该支付多少金额的货款。而且，货物数量的不同，有时也会影响到价格以及其他交易条件。注意，这里的"数量"指的是货物的销售数量，而不是包装数量。

数量条款中除了"数"（用阿拉伯数字表示）还有"量"（不同类型的量词）。从国际贸易的实际情况看，经常被采用的计量单位有6种：常用的重量单位有千克（kilogram, kg）、克（gram, g）、公吨（metric ton, M/T）、长吨（long ton, L/T）、短吨（short ton, S/T）、磅（pound, LB）、盎司（ounce, oz）等；常用的容积单位有升（liter, L）、加仑（gallon, gal）、蒲式耳（bushel, bu）等；常用的数量单位有件（piece, pc）、双（pair）、包（package, pkg）、套（set）、打（dozen, doz）、罗（gross）、令（ream, rm）、箱（case）、盒（box）、捆（bale）、卷（roll, coil）、听（tin）等；常用的长度单位有米（meter, m）、厘米（centmeter, cm）、英尺（foot, ft）、英寸（inch, in）、码（yard, yd）等；常用的面积单位有平方米（square meter）、平方英尺（square foot）、平方英寸（square inch）、平方码（square yard）等；常用的体积单位有立方米（cubic meter）、立方英尺（cubic foot）、立方英寸（cubic inch）、立方码（cubic yard）等。

（四）价格条款

价格条款由两部分组成：单价和总值。

单价必须由计价货币、单位货币金额、计量单位、贸易术语四部分组成。缺少其中任何一个部分的单价都是不明确的。例如，单位货币金额同是"1000"，计价货币为"USD"要比计价货币为"CNY"的单价要高（即汇率的倍数）；贸易术语为"FOB"要比价格术语为"CIF"的单价要高。佣金和折扣则视情况填写，不是必要的内容。

常见的单价内容与写法如下：

USD800/carton FOB Nantong

其中，计价货币为 USD，单位货币金额为 800，计量单位为 carton，贸易术语为 FOB Nantong。

包含佣金或折扣的单价内容写法如下：

USD85/pc CIF New York less 1% discount

USD85/pc CIF C3% New York

佣金是买方或卖方付给中间商作为其代买代卖的酬金，通常在 1% ～ 5%。含有佣金的价格即为含佣价，不含佣金的价格即为净价。折扣是卖方按照原价给予买方一定百分比的减让。折扣一般按发票金额乘以约定的折扣百分率，即得到应减除的折扣金额。

总值由阿拉伯数字（小写）和字母（大写）两部分构成。小写部分写明计价货币和总金额。大写部分写法：第一个词用 say，最后一个词用 only；每个单词的第一个字母大写，或者所有字母都大写。例如：

USD3,000(SAY US DOLLARS THREE THOUSAND ONLY)

如果整数后面还有小数点，则有两种写法：

USD3,000.89(SAY US DOLLARS THREE THOUSAND POINT EIGHT NINE ONLY)

USD3,000.89(SAY US DOLLARS THREE THOUSAND AND EIGHTY NINE CENTS ONLY)

英语大写金额的写法

二、常见装运条款内容与写法

装运条款主要包括装运时间、装运地、目的地、是否允许分批装运与转运等内容。

（一）装运时间

装运时间（time of shipment），又称装运期，是指卖方按销售合同规定将货物交付给买方或承运人的期限。这也是合同的主要条款，如卖方违反这一条件，买方有权撤销合同，并要求卖方赔偿损失。履行 FOB、CIF、CFR 合同时，卖方只需在装运港将货物装上船，取得代表货物所有权的单据，就完成交货任务。因此，装运时间和交货时间（time of delivery）是同一概念。在采用其他价格术语成交时，"装运"与"交货"是两个完全不同的概念。装运时间的写法有如下几种。

限于某一段确定的时间，如：shipment during May 2018。

规定一个最迟装运日期，如：shipment at or before the end of March 2018；shipment not later than March 15th，2018。

规定收到信用证后一定期限内装运，如：shipment within 30 days after receipt of L/C。

收到电汇后一定期限内装运，如：shipment within 30 days after receipt of your 30% deposit of the total amount by T/T。

（二）装运地和目的地

在一般情况下，合同中分别规定一个具体的装运地和目的地，写法如下。

Port of shipment: Shanghai

Port of destination: London

按实际业务需要，如卖方货物分散多处，或买方在不同地点使用或销售，也可分别规定两个或两个以上的港口，写法如下。

Ports of shipment: Shanghai and Qingdao

Ports of destination: London and Liverpool

按实际需要，如在签约时无法确定何处发运货物，或买方尚不确定何处销售货物，装运港或目的港不确定，可采用选择港的方法，写法如下。

Port of shipment: Shanghai/Dalian/Qingdao

Port of destination: London/Liverpool/Manchester

有时甚至只笼统规定某一区域为装运港或目的港，写法如下。

Ports of shipment: China ports

Ports of destination: USA ports

（三）分批和转运

分批装运（partial shipment）是指一笔成交的货物，分若干批次在不同航次、车次、班次装运，常见的写法如下。

只规定允许分批，如：partial shipment is allowed。

规定允许分批，且规定具体的批次和时间，如：10000pcs shipped during May, 2018, 10000pcs shipped during June, 2018。

不允许分批，如：partial shipment is not allowed。

转运（transhipment）是指货物在装运港装船后，在中途将货物卸下装上其他的运输工具，以完成运输任务，常见的写法如下。

只规定允许转运，如：transhipment is allowed。

规定允许转运，且规定具体的转运地点，如：transhipment at Hong Kong。

不允许转运，如：transhipment is not allowed。

有时，装运条款在写法上将上述内容整合在一起，如：shipment to be effected from Ningbo to New York during May, 2018 with partial shipment and transhipment allowed。

三、常见保险条款内容与写法

外贸合同中常见的保险条款内容与基本写法如下。

Insurance：To be covered by the seller for 110% of total invoice value against all risks, as per the relevant ocean marine cargo clauses of the People's Insurance Company of China, dated 1/1/1981.

整个保险条款的写法由 4 个英语单词（组）串联，分别是"by""for""against""as per"。

"by"后面约定由买方还是由卖方来办理投保，即约定了投保人是谁。由买方还是卖方投保依照贸易术语对双方责任的区分。以 CIF 或 CIP 条件成交的合同，保险由卖方负责。以 FOB、FCA 或 CFR、CPT 条件成交的合同，保险条款一般订为"保险由买方负责"（to be covered by the buyer）。买方也可以委托卖方代办保险，但应明确保险费由买方负担，同时规定保险费的支付时间和方法。

"for"后面约定保险金额是多少。保险金额（insured amount），也称为投保金额，是指被保险人向保险公司投保的金额，也是保险公司承担的最高赔偿金额。保险金额是计算保险费的基础，一般由买卖双方经过协商确定。买卖双方应该在合同中约定保险金额。如未约定，按惯例，保险金额通常按 CIF 或 CIP 发票总值加成 10% 计算（for 110% of total invoice value），即：保险金额 =CIF（CIP）总值 × 110%。

"against"后面约定保险的险别。保险险别的依据是由 "as per" 来说明的保险条款，常见的是中国人民保险公司（People's Insurance of China, PICC）制定的中国保险条款（China Insurance Clause, CIC）和英国伦敦保险协会所制定的货物保险条款（Institute Cargo Clauses, ICC）。

如果依据的是 CIC，常见的写法是基本险加附加险。基本险有平安险（FPA）、水渍险（WPA）和一切险（all risks）。11 种一般附加险，分别是偷窃、提货不着险（theft, pilferage and non-delivery, TPND）、淡水雨淋险（fresh water and/or rain damage risk）、渗漏险（leakage risk）、短量险（shortage risk）、混杂、玷污险（intermixture and contamination risk）、碰损、破碎险（clash and breakage risk）、钩损险（hook damage risk）、锈损险（rust risk）、串味险（taint of odor risk）、包装破裂险（breakage of packing risk）、受潮受热险（sweat and heating risk）。8 种特殊附加险，分别是进口关税险（import duty risk）、舱面险（on deck risk）、黄曲霉素险（aflatoxin risk）、拒收险（rejection risk）、交货不到险（failure to deliver risk）、出口货物到香港（包括九龙在内）或澳门存仓火险责任扩展条款（FREC）、战争险（war risk）。投保一切险则不再需要加投一般附加险。因此，保险险别的写法如下。

平安险加渗漏险：FPA and leakage risk。

水渍险加短量险：WPA and shortage risk。

一切险加战争险：all risks and war risk。

如果依据的是 ICC 条款，则共有 6 种险别，分别是：协会货物条款（A）[Institute Cargo Clauses(A)，ICC(A)]、协会货物条款（B）[Institute Cargo Clauses(B)，ICC(B)]、协会货物条款（C）[Institute Cargo Clauses(C), ICC(C)]、协会战争险条款（货物）（Institute War Clauses-Cargo）、协会罢工险条款（货物）（Institute Strikes Clauses-Cargo）、恶意损害险条款（Malicious Damage Clauses）。在这 6 种险别中，ICC(A)、ICC(B)、ICC(C) 都可以独立投保。

四、常见支付条款内容与写法

国际贸易的货款结算可以采用多种支付方式，主要有信用证、托收和汇付 3 种。

（一）信用证常见条款内容与写法

信用证由进口方银行（开证行）依照进口商（开证申请人）的要求和指示，在符合信用证条款的条件下，凭规定单据向出口商（受益人）或其指定方进行付款的书面文件。合同的支付条款如果采用信用证，通常要从不同方面对信用证的形式进行约定。

（1）不可撤销信用证（irrevocable L/C）和可撤销信用证（revocable L/C）。可撤销信用证，是指开证行在付款、承兑或被议付以前，可以不经受益人同意也不必事先通知受益人而随时修改或撤销的信用证。如果没有写明则默认为不可撤销。

（2）保兑信用证（confirmed L/C）和不保兑信用证（unconfirmed L/C）。保兑信用证是指一家银行开出的信用证，由另一家银行保证对符合信用证规定的单据承担付款责任。只有不可撤销信用证才可加具保兑。信用证一经保兑，保兑行与开证行一样都承担第一性的付款责任。是否保兑、保兑行、保兑费可以在信用证里面约定。

（3）可转让信用证（transferable L/C）和不可转让信用证（non-transferable L/C）。可转让信用证是指开证行在信用证上明确注明"可转让"字样，授权通知行在受益人（第一受益人）的要求下，可将信用证的全部或部分转让给第三者（第二受益人）的信用证。可转让信用证只能转让一次。如果没有写明则默认为不可转让。

除了约定信用证的形式，还需约定信用证的开证时间，以防信用证迟迟不到影响货物的生产采购和运输安排。下面分4种情况对采用信用证的支付条款写法进行举例。

（1）即期付款信用证（sight payment L/C）是指开证行或付款行在收到符合信用证规定的跟单汇票或单据时，立即履行付款义务的信用证。不可撤销的即期付款信用证写法如下。

The buyer shall establish irrevocable letter of credit by sight payment, reaching the seller not later than Apr. 7th, 2018.

（2）延期付款信用证（deferred payment L/C）又称迟期付款信用证、无承兑远期信用证，是指开证行保证在受益人交单一定时期后付款的信用证，无需汇票。因此，卖方无法通过汇票转让来融资。远期日期的确定有从运输单据出单日期起算或从单据到达开证行的日期起算两种方法。不可撤销的保兑延期付款信用证，从提单日期起算远期60天的写法如下。

The buyer shall establish irrevocable, confirmed letter of credit by deferred payment at 60 days after B/L date, reaching the seller not later than Apr. 7th, 2018.

（3）承兑信用证（acceptance L/C）是指付款行在收到符合信用证规定的远期汇票和单据时，先在汇票上履行承兑手续，待汇票到期日再行付款的信用证。其中的"汇票"即为银行承兑汇票。这种信用证业务，除了要遵循有关信用证的国际惯例外，还要遵守有关国家票据法的各项规定。不可撤销的远期30天承兑信用证写法如下。

The buyer shall establish irrevocable letter of credit by acceptance at 30 days after sight, reaching the seller not later than Apr. 7th, 2018.

（4）议付信用证（negotiation L/C）是指开证行在开立信用证时指定该信用证可由另一家银行或由出口地任何银行议付的信用证。按是否限定议付银行，又可分为自由议付信用证和限制议付信用证两种。前者是指任何银行均可办理议付，后者是指仅由被指定的银行办理议付。不可撤销、即期付款、自由议付信用证的写法如下。

The buyer shall establish irrevocable letter of credit at sight, reaching the seller not later than Apr. 7th, 2018 and remaining valid for negotiation in China for further 15 days after the effected shipment.

（二）托收常见条款内容与写法

托收是出口方在货物装运后，开具以进口方为付款人的汇票(随附或不随付货运单据)，委托出口地银行（托收行）通过它在进口地的分行或代理行（代收行）代出口人收取货款一种结算方式。托收可以分为即期付款交单、远期付款交单和承兑交单3种。

付款交单（documents against payment，D/P），是出口方的交单以进口方的付款为条件，即出口方将汇票连同货运单据交给银行托收时，指示银行只有在进口方付清货款时，才能交出货运单据。按支付时间的不同，付款交单又分为即期付款交单（D/P at sight）和远期付款交单（D/P after sight）。

即期付款交单是指出口方发货后开具即期汇票连同货运单据通过银行向进口方提示，进口方见票后立即付款，在付清货款后向银行领取货运单据。即期付款交单写法如下。

Upon first presentation, the buyer shall pay against documentary draft drawn by the sellers at sight. The shipping documents are to be delivered against payment only.

远期付款交单是指出口方发货后开具远期汇票连同货运单据，通过银行向进口方提示，进口方审核无误后即在汇票上进行承兑，于汇票到期日付清货款后再领取货运单据。远期付款交单写法如下。

The buyer shall duly accept the documentary draft drawn by the seller at 60 days after sight upon first presentation and make due payment on its maturity. The shipping documents are to be delivered against payment only.

承兑交单（documents against acceptance, D/A）是指出口方的交单以进口方在汇票上承兑为条件，即出口方在装运货物后开具远期汇票，连同商业单据，通过银行向进口方提示，进口方承兑汇票后，代收银行即将商业单据交给进口方，在汇票到期时，进口方再履行付款义务。承兑交单写法如下。

The buyer shall duly accept the documentary draft drawn by the seller at 60 days after sight upon first presentation and make due payment on its maturity. The shipping documents are to be delivered against acceptance.

（三）汇付常见条款内容与写法

按照使用的支付工具不同，汇付可分为电汇、信汇和票汇3种。其中，最为常见的是电汇。电汇（telegraphic transfer，T/T）是指汇出行应汇款人的申请，采用电传、SWIFT（环球银行间金融通信协会）等电信手段将电汇付款委托书给汇入行，指示解付一定金额给收款人的一种汇款方式。电汇经进出口双方协商，一般有装运前 T/T、装运后 T/T 和"前 T/T+ 后 T/T" 3 种形式。

装运前 T/T 要求进口方在出口方发货之前就将 100% 的货款用电汇的方式支付，因此风险主要在进口方一边。装运前 T/T 的写法如下。

The buyer shall pay 100% of the sales proceeds to the seller in advance by T/T not later than Mar. 15th, 2018.

装运后 T/T 要求出口方先发货，待进口方收到货物后再将 100% 的货款用电汇的方式支付给出口方，因此风险主要在出口方一边。装运后 T/T 的写法如下。

The buyer shall pay 100% of the sales proceeds to the seller by T/T within 30 days after the arrival of the goods.

为了平衡进出口双方所承担的风险，经双方协商，可以在出口方发货前，由进口方先用电汇的方式支付一定比例的货款（定金），待收到货物后，再用电汇的方式支付余款。前后两部分货款比例如何划分，也由双方协商决定。"前 T/T+ 后 T/T" 的写法如下。

The buyer shall pay 20% of the sales proceeds to the seller in advance by T/T before Feb. 8th, 2018, and pay the balance by T/T against the fax of B/L.

实训操作示范

▶ 实训说明

（1）学会什么？

正确拟定外贸合同中品名条款、质量条款、数量条款、包装条款、价格条款、装运条款、保险条款、支付条款等 8 个基本条款的内容。

（2）如何完成？

提取交易磋商中相关条款内容的最终结果，在外贸合同的模板中，逐条采用正确的英文词组和词汇，拟定 8 个基本条款。

▶ 操作步骤

（1）提取交易磋商的最终结果。

商品信息：男士衬衫（MEN'S SHIRT），商品编号为 S123（Art. No.S123），每箱装 20 件，共 1000 件，每件 8.2 美元（USD8.2/pc），贸易术语为 CIF New York。

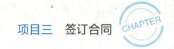

装运信息：5月30日前装运，从宁波到纽约，海运。

保险信息：PICC一切险加战争险，加成10%。

结算信息：即期议付信用证。

（2）在合同模板中拟定各项基本条款，如表3-2所示。

表3-2 基本条款拟定范例

Sales Contract

Contract No.:123456

Date:Apr. 12th, 2018

The Buyer: Simaco Fashion Co., Ltd

111 Ave, New York, USA

The Seller: Yiwu Shangyuan Im&Ex Co., Ltd

No.2 Xueyuan Road, Yiwu, Zhejiang, China

The buyer agrees to buy and the seller agrees to sell the following goods on terms and conditions as set forth below:

Name of Commodity&Specifications	Quantity	Unit Price	Total Value
MEN'S SHIRT Art. No.S123 20pcs Packed in One Carton Each	1000pcs	CIF New York	
		USD8.2	USD8200

Total Value: Say US Dollar Eight Thousand Two Hundred Only.

Time of Shipment: May: 30th

Port of Loading: Ningbo

Port of Destination: New York

Insurance: To be covered by the seller for 110% of the invoice value against All Risks and War Risk subject to relevant ocean marine cargo clauses of the People's Insurance of China dated 1/1/1981.

Terms of Payment: By confirmed irrevocable letter of credit at sight opened by the buyer through a bank acceptable to the seller not later than 30 days before the month of shipment and remaining valid for negotiation in Yiwu until 15 days after the date of shipment.

实训题目

提取项目二实训题目中的商品信息和贸易磋商最终结果，拟定品名条款、质量条款、数量条款、包装条款、价格条款、装运条款、保险条款、支付条款等8个基本条款。

贸易磋商最终结果的提取

项目三 签订合同

任务三　合同一般条款的拟定

出口业务员小张在拟定了各项基本条款后，接着拟定合同的一般条款。一般条款包括商检、索赔、仲裁及不可抗力等 4 个条款。一般条款的内容比较固定，通常与出口商公司名称和联系方式一样，已在合同的模板中事先印好。小张填入一些可选内容即可。一般条款的拟定虽然比较简单，但是其内容与基本条款一样，具有法律效力，对交易往往产生重大的影响。

任务目标

拟定出口销售合同中的一般条款，要求内容完整、条款合理、表达准确。

知识要点学习

1. 商检条款：商检项目和商检机构
2. 索赔条款：不同类型争议的索赔期限、索赔地点、索赔条件以及索赔办法
3. 仲裁条款：仲裁的机构和仲裁结果对买卖双方的约束力
4. 不可抗力条款：不可抗力的适用范围

一、商检条款

商品检验（commodity inspection），简称商检，是指商品检验机构对卖方拟交付货物或已交付货物的品质、规格、数量、重量、包装、卫生、安全等项目所进行的检验、鉴定和管理工作。

拟定商品检验条款应主要包含检验的内容、检验的时间和地点、检验机构和检验效力等。

商品检验的内容包括商品品质检验、商品数量和重量检验、商品包装检验、商品残损检验、商品卫生检验等。不常见的检验内容还包括船舱检验、监视装载、鉴封样品、签发产地证书和价值证书、委托检验等。先对所需的检验内容进行申请，相关内容通过检验后，检验机构将出具相应的检验证书。商品检验证书（inspection certificate）是商检机构对进出口商品实施检验或鉴定后出具的证明文件。与检验内容对应，常用的检验证书有品质检验证书、重量检验证书、数量检验证书、兽医检验证书、卫生检验证书、消毒检验证书、

植物检疫证书、价值检验证书、产地检验证书等。商品检验证书是证明卖方所交货物的品质、数量、包装以及卫生条件等方面符合合同规定的依据、海关验关放行的依据、卖方办理货款结算的依据、办理索赔和理赔的依据。检验证书写法如下。

The inspection certificate of quality（质量检验）/quantity（数量检验）/weight（重量检验）/packing（包装检验）/sanitation（卫生检验）issued by_____of China shall be regarded as evidence of the sellers' delivery.

在商品检验的地点的约定下，通常是在出口国（地区）检验，在进口国（地区）复验。在装运地的检验书是收货付款的依据，货到收货地后买方有权复验。显然，这种做法对买卖双方都比较方便且公平合理，因而为国际贸易界广泛使用。条款写法如下。

It is mutually agreed that the certificate of quality and quantity (weight) issued by the CCIC at the port of shipment shall be part of the documents to be presented for negotiation under the relevant L/C（装运港检验证书是信用证下的议付单据之一）. The buyers shall have the right to re-inspect the quality and quantity of the cargo. The re-inspection fee shall be borne by the buyers（买方对货物具有复验权，费用由买方承担）.

同时，关于检验效力也约定为以装运港检验证书为依据，对买卖双方都具有约束力，但若买方复验发现有问题，索赔时需提供经卖方同意的公证机构出具的检验报告。

It is mutually agreed that the certificate of quality/quantity issued by the CCIC at the port of shipment shall be regarded as final and binding upon both parties. Should the quality and/or quantity be found not in conformity with that of the contract, the buyers are entitled to lodge with the sellers a claim which should be supported by survey reports issued by a recognized surveyor approved by the sellers.

检验机构在国际贸易中可分为3类：由国家设立的检验机构，如美国的粮谷检验署、美国食品药物管理局、法国国家实验室检测中心等；由同业公会、协会开设的公证行或公证人检验，如英国劳氏公证行、瑞士日内瓦通用鉴定公司、美国保险人实验室、日本海事鉴定协会、香港天详公证化验所；由生产制造厂商、买方、用货单位充当的检验机构。商检机构的选择由买卖双方协商，并订立于合同中。在条款写法上，商检机构应与检验地点和时间联系在一起。我国进出口货物，买卖合同中一般规定"卖方在装运时提供运港CCIC检验机构出具的对所装运货物的检测证明"。如上述举例的检验时间和地点的条款写法中提到"issued by the CCIC at the port of shipment"，CCIC即中国检验认证（集团）有限公司，是经国务院批准成立，在国家工商总局登记注册，迄今为止唯一带"中国"字头的以"检验、鉴定、认证、测试"为主业的跨国检验认证机构。

二、索赔条款

索赔（claim）是指买卖双方的一方违反贸易合同的规定，给另一方造成直接或间接损失，受损方向违约方提出赔偿要求。理赔（settlement）则是指违反合同的一方受理受损方提出的赔偿要求。索赔产生的原因主要有以下几点。

（1）卖方履行合同规定义务不完全或根本不履行。如不交货，不按合同时间、数量、品质交货，等等。

（2）买方不执行或不完全执行合同规定的义务。如不按规定接船、不付款等。

（3）双方对合同中的条款有理解的分歧，各自为自己的利益找借口。如立即装运等。

为使索赔和理赔有据可循，买卖双方一般在合同中都订有异议（discrepancy）和索赔条款。其主要内容为：

（1）索赔依据。规定索赔所应具有的证据和出证的机构。

（2）索赔期限。在有效的提赔时间内，违约方必须受理，逾期则违约方可以拒绝索赔。有下列的几种规定方式：货到目的港后××天起算；货到目的港卸离海轮后××天起算；货到买方营业处所或用户所在地后××天起算；货物检验后××天起算。

（3）索赔的处理办法。通常在合同中只做一般笼统规定。

索赔条款的写法如下。

In case of quality discrepancy, a claim should be lodged by the buyers within 30 days after the arrival of the goods at the port of destination, while for quantity discrepancy, a claim should be lodged by the buyers within 15 days after the arrival of the goods at the port of destination.（索赔期限，质量问题的索赔期限为货到目的港后 30 天内；数量问题的索赔期限为货到目的港后 15 天） In all cases, claims must be accompanied by survey reports of recognized public surveyors agreed to by the sellers（索赔依据为卖方认可的公共检验机构出具的检验报告）. Should the responsibility of the subject under the claim be found to rest on the part of the sellers, the sellers shall, within 20 days after receipt of the claim, send their reply to the buyers together with suggestion for settlement（索赔的处理办法为卖方应在收到索赔后 20 天内，将理赔建议回复给买方）.

三、仲裁条款

仲裁（arbitration），又称公断，是指买卖双方在争议发生前或发生后，达成协议，自愿将双方经过协商或调解后未能解决的争议，交由双方同意的仲裁机构进行裁决。仲裁机构的裁决具有法律效力，双方都不得违反。仲裁是国际贸易中解决争议的普遍方式。国际贸易中的争议解决办法类同于一般民事争议的解决办法，一般有协商（consultation）、调解（intermediation）、仲裁和诉讼（litigation）4 种。当发生争议时，应首选协商方式，如不成功，再寻求调解；再不成功，则提交仲裁，不得已情况下才诉诸法律。选择仲裁即约束了双方当事人只能以仲裁方式解决争议，不得向法院起诉；仲裁机构取得对争议案件的管辖权，同时也排除了法院对有关案件的管辖权。

仲裁协议必须为书面形式，其形式有两种：一种是争议之前，买卖双方在合同中订立仲裁条款；另一种是在争议发生之后，双方订立"提交仲裁协议"，该协议独立于合同之外。合同中的仲裁条款通常包含仲裁地点、仲裁机构、仲裁效力和仲裁费负担等内容。仲裁地点一般选择在当事人的所在国（地区），或双方认可的第三国（地区）。我国对外订立合同时，应争取仲裁地点在我国；仲裁机构可以为常设和临时两种；仲裁效力约定仲裁程序具有法律效力，双方当事人必须遵守，仲裁的裁决是终局性的，如败诉方不执行裁决，可向法院申请强制执行；仲裁费用一般由败诉方承担。仲裁条款的写法如下。

All disputes arising out of the performance of, or relating to this contract, shall be settled amicably through friendly negotiation. In case no settlement can be reached through negotiation, the case shall then be submitted to China International Economic and Trade Arbitration Commission, Beijing, China（仲裁机构为中国国际经济贸易仲裁委员会） for arbitration in accordance with its rules of arbitration. The arbitral award is final and binding upon both parties（仲裁裁决是终局的，对双方都有约束力）.

四、不可抗力条款

不可抗力（force majeure）又称人力不可抗拒，是指买卖合同签订后，不是由于合同当事人的过失或疏忽，而是由于发生了合同当事人无法预见、无法预防、无法避免和无法控制的事件，以致不能履行或不能如期履行合同；发生意外事件的一方可以免除履行合同的责任或推迟履行合同。不可抗力是一项免责条款。构成不可抗力事件的条件包括以下几点。

（1）意外事件是在有关合同成立以后发生的。

（2）事件不是由于任何一方当事人的故意或过失所造成的，而必须是偶发的和异常的。

（3）事件的发生是当事人无法预见、无法控制、无法避免和不可克服的。

不可抗力的事故范围包括由于"自然灾害"（acts of God）引起的，如水灾、火灾、暴风、大雪、暴风雨、地震等，以及由于"社会力量"引起的，如战争、罢工、政府禁令等。如果不可抗力事故只是部分地或暂时地阻碍了合同的履行，则发生事故的一方只能变更合同，包括替代履行、减少履行或延迟履行；如果不可抗力事故的发生完全排除了继续履行合同的可能性，则可解除合同。

外贸合同对于不可抗力条款的写法主要有 3 种。

（1）概括式规定，该方式只表示不可抗力的免责和处理办法，不具体规定不可抗力的范围，写法如下。

　　If the shipment of the contracted goods is prevented or delayed in whole or in part due to force majeure（没有规定不可抗力的范围）, the seller shall not be liable for non-shipment or late shipment of the goods of this contract（卖方因不可抗力免责）. However, the seller shall notify the buyer by cable or telex and furnish the latter within... days by registered airmail with a certificate issued by China Council for the Promotion of International Trade (China Chamber of International Commerce) attesting such event or events.（当事人必须用电报或电传及时通知对方，并在事故发生后××天内，以航空挂号信件向买方提交由当地商会或其他合法的权威公证机构出具的证明此类事件的证明书）.

　　（2）列举式规定，即在合同中详细列明不可抗力事故的原因，写法如下。

　　If the shipment of the contracted goods is prevented or delayed in whole or in part by reason of war, earthquake, flood, fire, storm, heavy snow（举例说明不可抗力范围是战争、地震、水灾、火灾、暴风雨、雪灾）, the seller shall not be liable for non-shipment or late shipment of the goods of this contract（卖方因不可抗力免责）. However, the seller shall notify the buyer by cable or telex and furnish the latter within... days by registered airmail with a certificate issued by China Council for the Promotion of International Trade (China Chamber of International Commerce) attesting such event or events（当事人必须用电报或电传及时通知对方，并在事故发生后××天内，以航空挂号信件向买方提交由当地商会或其他合法的权威公证机构出具的证明此类事件的证明书）.

　　（3）综合式规定，即列明买卖双方都同意的不可抗力事故，再加上"以及双方当事人所同意的其他意外事故"等字句，写法如下。

　　If the shipment of the contracted goods is prevented or delayed in whole or in part by reason of war, earthquake, flood, fire, storm, heavy snow or other causes of force majeure（先举例说明不可抗力范围是战争、地震、水灾、火灾、暴风雨、雪灾，然后在后面加入"其他原因"）, the seller shall not be liable for non-shipment or late shipment of the goods of this contract（卖方因不可抗力免责）. However, the seller shall notify the buyer by cable or telex and furnish the latter within... days by registered airmail with a certificate issued by China Council for the Promotion of International Trade (China Chamber of International Commerce) attesting such event or events（当事人必须用电报或电传及时通知对方，并在事故发生后××天内，以航空挂号信件向买方提交由当地商会或其他合法的权威公证机构出具的证明此类事件的证明书）。

实训操作示范

▶ 实训说明

（1）学会什么？

正确拟定外贸合同中商检、索赔、仲裁及不可抗力等 4 个一般条款的内容。

（2）如何完成？

按照法律法规与本公司外贸业务的习惯做法，为本公司拟定商检、索赔、仲裁及不可抗力等 4 个一般条款，作为合同模板中相对固定的条款内容。

▶ 实训步骤

（1）了解法律法规与本公司外贸业务的习惯做法。

商品检验以中国海关签发的品质、数量、重量、包装、卫生检验合格证书作为卖方的交货依据。

品质异议须于货到目的口岸之日起 30 天内提出，数量异议须于货到目的口岸之日起 15 天内提出，但均须提供经卖方同意的公证行的检验证明。如责任属于卖方，卖方于收到异议 20 天内答复买方并提出处理意见。

因人力不可抗拒事故使卖方不能在本售货合约规定期限内交货或不能交货，卖方不负责任，但是卖方必须立即以电报通知买方。如果买方提出要求，卖方应以挂号函向买方提供由中国国际贸易促进委员会或有关机构出具的证明，证明事故的存在。买方不能领到进口许可证，不能被认为属于人力不可抗拒范围。

凡因执行本合约或有关本合约所发生的一切争执，双方应以友好方式协商解决；如果协商不能解决，应提交中国国际经济贸易仲裁委员会，根据该仲裁委员会的仲裁规则进行仲裁。仲裁裁决是终局的，对双方都有约束力。

（2）拟定外贸合同中商检、索赔、仲裁及不可抗力等 4 个一般条款的内容，如表 3-3 所示。

表 3-3 一般条款拟定范例

Sales Contract

Contract No.: 123456

Date:Apr. 12, 2018

The Buyer: Simaco Fashion Co., Ltd

111 Ave, New York, USA

The Seller: Yiwu Shangyuan Im&Ex Co., Ltd

No.2 Xueyuan Road, Yiwu, Zhejiang, China

The buyer agrees to buy and the seller agrees to sell the following goods on terms and conditions as set forth below:

Inspection: The Inspection Certificate of Quality/Quantity/Weight/Packing/Sanitation issued by Yiwu Inspection and Quarantine Bureau shall be regarded as evidence of the seller's delivery.

Discrepancy: In case of quality discrepancy, a claim should be lodged by the buyer within 30 days after the arrival of the goods at the port of destination, while for quantity discrepancy, a claim should be lodged by the buyer within 15 days after the arrival of the goods at the port of destination. In all cases, claims must be accompanied by Survey Reports of Recognized Public Surveyors agreed to by the seller. Should the responsibility of the subject under the claim be found to rest on the part of the seller, the seller shall, within 20 days after receipt of the claim, send their reply to the buyer together with suggestion for settlement.

Force Majeure: The seller shall not be held responsible if they fail, owing to Force Majeure cause or causes, to make delivery within the time stipulated in this Sales Contract or cannot deliver the goods. However, the seller shall inform immediately the buyer by cable. The seller shall deliver to the buyer by registered letter, if it is requested by the buyer, a certificate issued by the China Council for the Promotion of International Trade or by any competent authorities, attesting the existence of the said cause or causes. The buyer's failure to obtain the relative Import Licence is not to be treated as Force Majeure.

Arbitration: All disputes arising in connection with this Sales Contract or the execution thereof shall be settled by way of amicable negotiation. In case no settlement can be reached, the case at issue shall then be submitted for arbitration to the China International Economic and Trade Arbitration Commission in accordance with the provisions of the said Commission. The award by the said Commission shall be deemed as final and binding upon both parties.

Supplementary Condition(s): [Should the articles stipulated in this Contract be in conflict with the following supplementary condition(s), the supplementary condition(s) should be taken as valid and binding.]

(Seller):

(Buyer)：

实训题目

按自己认为合适的做法，为合同拟定商检、索赔、仲裁及不可抗力等4个一般条款，结合任务二中的基本条款内容，使之成为一个完整的外贸合同。

表 3-3 中一般条款
的中文版

任务四　跨境电商 B2B 平台中的合同签订

任务导入

小金在阿里巴巴国际站的询盘磋商有了可喜的成果，已与几家客户达成了订单意向。为了今后双方更好地履行业务，并能利用阿里巴巴国际站的相关规则和资源，小金与客户商定在阿里巴巴国际站签订信用保障交易合同。信用保障交易合同也可以看作是外贸合同的一种形式，由卖方与买方通过登录阿里巴巴国际站在线签署，并与深圳市一达通企业服务有限公司（简称一达通）共同缔结。该合同形式能较好地保障买方的权益，因此在阿里巴巴国际站比较多地被采用。

任务目标

熟悉阿里巴巴国际站信用保障交易合同的含义和规则，能够在线正确起草信用保障交易合同，完成跨境电商平台订单合同的签订。

知识要点学习

1. 阿里巴巴国际站信用保障交易合同的含义和规则
2. 信用保障交易合同各项条款内容

跨境电商平台的合同签订

一、信用保障交易合同

信用保障交易合同，是阿里巴巴国际站的卖方与买方通过登录国际站平台在线签署的，包含出口贸易条款（含品名、数量、价格等交易信息）和保障条款等内容的国际贸易（买卖）合同。签订信用保障交易合同后的业务将适用信用保障服务。

信用保障服务是卖方根据与买方达成的信用保障交易合同，承诺向买方履行交货义务，且当发生违约行为（未按约定时间发货或交付产品的质量与约定不符）时，承诺向买方退还全额预付款的服务。信用保障服务可以为卖方提供信用背书，担保交易安全，从而快速促成交易。买方在搜索结果的页面，可以看到所有潜在卖方的信用保障额度，额度高的卖方更容易达成交易。信用保障服务作为阿里巴巴国际站搜索排序的核心因子之一，能使卖方被搜索到的排名靠前，获得更多的交易机会。信用保障服务（见图3-1）也是采购节、"双十一"等各行业活动的准入门槛，能免费享受更多流量资源。

图3-1 信用保障服务标识

信用保障交易合同中的"保障条款"，即卖方在交易合同中向买方承诺履行交货义务，包括按约定质量标准及／或约定时间向买方交付交易合同项下的产品，否则应按约定退还预付款。当发生争议，阿里巴巴国际站在收到买方有效投诉后，根据相关证据独立做出纠纷判责。如阿里巴巴国际站判断卖方违约成立，则负责代理出口的一达通有权以交易合同约定的信用保障额度为限，代理卖方向买方进行垫付退款，以保障买方权益。信用保障额度：简称保障额度，指卖方与阿里巴巴国际站签署信用保障协议并通过相关评估及审核后获得的，可用于保障服务的保障金数额，是一达通在特定条件下代卖方向买方垫付退款的资金限额。

二、在线起草合同

信用保障交易合同是卖方与买方之间达成保障交易的唯一凭证，在起草合同时应确保交易合同的内容真实、完整、准确。交易内容有任何变动，应当立即更新交易合同；如修改内容影响一达通服务的，应同时修改一达通服务相关订单并取得一达通同意。

起草信用保障合同，从"信用保障服务"菜单进入"起草信用保障订单"（见图3-2）。在线起草信用保障订单有两种方式：在线起草和信用证起草。"信用证起草"是阿里巴巴国

图3-2 起草信用保障订单功能界面

际站将"超级信用证"融入信用保障合同后的功能，从而将超级信用证订单变成信用保障订单的一种类型。关于超级信用证的内容，我们将在后面章节中通过与传统外贸的信用证进行对比等方式学习。本章节我们先学习"在线起草"的功能。

在选择"在线起草"后（见图3-3）首先填入买方信息，买方的邮箱必须是海外邮箱，

国内的邮箱比如 QQ 邮箱无法作为买家邮箱起草订单。订单起草后，买家信息无法修改。接着填入"产品信息"，或者直接上传形式发票（PI）。

图 3-3　在线起草信用保障订单界面

信用保障订单与常见合同的主要区别在于运输条款和支付条款。运输条款包含运输方式、发货日期、收货地址、出口方式等内容。其中，出口方式是区别的要点。订单总金额在 3000 美元以下的信用保障订单，起草时可以自主选择"使用一达通报关出口"或者"不使用一达通报关出口"两种方式（见图 3-4）。选择"不使用一达通报关出口"的订单，称为非一达通订单，非一达通订单发货可选择阿里物流或第三方物流（需上传凭证，且收取 3% 交易服务费）。订单总金额 3000 美元以上的，必须选择"使用一达通报关出口"，使用一达通报关出口的，发货需关联一达通委托单。

图 3-4　出口方式选择界面

支付条款需采用带预付货款的方式，预付款和尾款的比例由买卖双方协商决定，起草订单合同时，统一用美元核算（见图 3-5）。如果出现纠纷，预付款可根据信用保障订单协议，由阿里巴巴先行垫付退还给买方。

图 3-5　拟定在线合同支付条款界面

实训操作示范

▶ 实训说明

（1）学会什么？

在跨境电商 B2B 平台提供的合同模板中，草拟出一份各项条款内容完整、合理的信用保障交易合同。

（2）如何完成？

按照任务三中线下签订合同的条款内容，在阿里巴巴国际站、教学软件或由指导教师提供的相同模板中，草拟一份信用保障交易合同。

▶ **操作步骤**

（1）打开阿里巴巴国际站信用保障交易合同起草界面。

（2）在线拟定阿里巴巴国际站信用保障交易合同的各项条款。

实训题目

信用保障交易合同
及各条款说明

按照任务三实训题目中线下签订合同的条款内容，在阿里巴巴国际站、教学软件或由指导教师提供的相同模板中，草拟一份信用保障交易合同。

项目四 落实信用证

教学目标

　　使进出口双方业务员能根据之前签订的合同所约定的内容，在出口商备货之前的合理时间内，落实好信用证。具体包括：进口方业务员根据合同内容填写开证申请书，并向开证行申请开立信用证；出口方在收到信用证后，对信用证内容进行审核，及时地发现需要修改的全部地方，并按程序提出修改，经信用证所有当事方确认，最终落实信用证。

主要工作任务

　　本实训项目分解为 4 个工作任务，分别是开立信用证、审核信用证、修改信用证、超级信用证。

项目说明与任务导入

任务一　开立信用证

任务导入

　　在进出口双方业务员 Sam 与小张签订的合同中，支付条款采用了信用证结算方式，并约定最晚在装运期前一个月将信用证开给出口方。因此，进口方的 Sam 在合同签订后迅速开始开立信用证的工作。Sam 以合同约定的内容为基础填制一份开证申请书，然后向开证行申请开立信用证。开证行依据开证申请书开出全电本形式的信用证，经进口方同意后，传递给出口方的通知行。

任务目标

　　以合同为依据，正确填制开证申请书，向开证行申请开立全电本形式的信用证。

知识要点学习

开立信用证

1. 开证申请书的含义和作用
2. 开证申请书的填制要点
3. 开立信用证的规则和流程

一、开证申请书

进出口双方在签订合同并在合同中约定以信用证为结算方式后，即由进口方向开证行申请开立信用证。开证申请是落实信用证的第一个环节。进口方应根据合同规定的时间或在规定的装船日期前一定时间内申请开证，要让出口方在收到信用证以后能在合同规定的装运期内装运货物。

在办理申请开证手续前，进口方需先填制开证申请书。开证申请书一般一式三份，一份留存业务部门，一份留存财务部门，一份交开证行。开证申请书是开证申请人（进口方）与开证行之间的一种书面契约，它规定了开证申请人与开证行的责任。开证申请书一般都由开证银行事先印就，以便申请人直接填制。开证申请人除填写正面内容外，还须签具背面的开证申请人承诺书。

开证申请书是开证行开立信用证的依据，也是进口方凭以审查收到的货运单据并向开证行付款赎单的依据。信用证的一个特点是"信用证来自于合同，又独立于合同"。进口方以合同为依据填制开证申请书，开证行又以开证申请书为依据开立信用证。因此，信用证"来自于合同"。从理论上来说，合同、开证申请书、信用证的相关内容应该是一致的。

二、填制开证申请书

开证申请书需要填制的项目中，绝大多数都是选项的形式，只需在所选内容前的方框内打叉（×）即可。这与我国国内通常用打钩（√）来表示所选内容刚好相反。开证申请书的正面内容可以分为 5 个部分。

第一部分主要包括开证行、申请日期和信用证号码，这部分在表格的上方。

（1）开证行（to）：开证申请书的抬头，填写开证行名称。

（2）申请日期（date）：填写开证申请日期，必须符合日期格式，且在合同日期之后。

（3）信用证号码（credit No.）：此处由开证行填写，开证申请书填制时留空。

第二部分是表格的上半部分，主要包括以下内容。

（1）开立信用证的方式：通常有三个选项，分别是信开本（issued by mail）、全电本（issued by teletransmission）和简电本（with brief advice by teletransmission）。

信开本是指开证行将信函形式的信用证通过邮寄方式送给出口行或通知行，分为平邮、航空挂号和特快专递等。电开本即以电报、电传或 SWIFT 等电信方式开证，分全电本和简电本。其中，全电本最为常见，开证行将信用证的全部内容通过 SWIFT 系统或电报电传等电讯方式加注密押后发出，该电讯文本为有效的信用证正本。以简电本的形式开立信用证，开证行将信用证主要内容通过电报或电传预先通知受益人，并附有"详情后告"等词语，银行承担必须使其生效的责任。但简电本本身并非信用证的有效文本，不能凭以议付或付款，银行随后寄出的"证实书"才是正式的信用证。

（2）信用证有效期及地点（expiry date and place）：规定信用证的有效期，因国家间可能存在时差，必须写明到期地点。信用证的到期地点通常有两个选项：一是可以规定在出口地，即在受益人所在国或地区（in the country or region of the beneficiary），二是进口地，即在开证行柜台（at issuing bank's counter）。常见的选择是第一种。

（3）开证申请人（applicant）：一般为合同中的进口方，填写进口方的英文公司名称及地址。

（4）受益人（beneficiary）：指信用证上所指定的有权使用该信用证的人，一般为合同中的出口方，填写出口方的英文公司全称和详细地址。

（5）通知行（advising bank）：填写通知行名称和地址。若出口方没有提供，则由开证行指定。

（6）信用证金额（amount）：按照合同金额填写币别和大小写金额。

（7）分批装运（partial shipments）：选择信用证项下是否允许分批装运，选项一般为允许（allowed）或不允许（not allowed）。

（8）转运（transshipment）：选择信用证项下是否允许转运，选项一般为允许（allowed）或不允许（not allowed）。

（9）运输信息：这部分包括运输路线和装运期。shipment from 后面填写装运港，for transportation to 后面填写目的港，not later than 后面填写最晚装运日。

（10）贸易术语（trade terms）：选择合同中约定的贸易术语，如果不在选项中，则选择 other terms，然后写上具体的贸易术语。

（11）指定银行、付款方式、汇票条款：在 credit available with 后面填写指定银行名称，by 后面选择信用证的付款方式。例如：自由议付信用证时，with 后面用 any bank，by 后面选择 negotiation。若信用证的付款方式中需要用到汇票，则下面还需填写汇票金额、期限和付款人信息。汇票金额在 for 与 of invoice value 中间填写 100%，即按 100% 发票金额；汇票期限分即期和远期填写，即期在付款期限处填写"***"，远期填写天数；付款人在 drawn on 后面填写，一般以开证行为付款人。

第三部分在申请书下方的一个大方框内，是信用证需要提交的单据（document

required），也用"×"来标明所选内容（marked with "×"）。信用证是纯单据业务，与实际货物无关，所以信用证申请书上应按合同要求明确写出应出具的单据，包括单据的种类，每种单据所表示的内容，正、副本的份数，出单人，等等。

（1）商业发票是必须选择的项目，即信用证项下的必备单据。需说明经签字的商业发票（commercial invoice）一式几份，可进一步说明正本（original）和副本（copy）各几份，并标明信用证号和合同号。

（2）按运输方式选择海运提单或是空运单。全套清洁已装船海运提单（clean on board bills），做成空白抬头、空白背书，注明运费已付还是到付，标明运费金额，并写明通知人；空运单（air waybill）需写明收货人，注明运费预付还是到付，标明运费金额和通知人。

（3）保险单/保险凭证（insurance policy/certificate）：需说明一式几份，说明保险加成是按发票金额的____%投保，注明赔付地，以汇票同种货币支付，空白背书以及投保的险别。

（4）装箱单（packing list）：这个也是必需项目，说明一式几份，要求注明每一包装的数量、毛重和净重。

（5）数量/重量证书（certificate of quantity/weight）、一般原产地证书（certificate of origin）以及其他单据。这些单据需要说明一式几份，并说明出具单据的单位。

第四部分是全套单据后面的货物描述和附加条款。

（1）货物描述（description of goods）：通常包括商品编号、商品英文名称、商品英文描述、商品销售数量、商品单价等信息。

（2）附加条款：是对以上各条款未描述情况的补充和说明，且包括对银行的要求等。通常设置的选项内容有：①开证行以外的所有银行费用由受益人担保；②交单期；③数量及信用证金额允许的增减幅度；等等。

第五部分是开证申请人的签署。

开证申请书的反面内容是开证申请人对开证行的声明，用以明确双方责任。

开证申请书模板见表4-1、表4-2。

表 4-1 开证申请书模板（正面）

中国农业银行
AGRICULTURE BANK OF CHINA
IRREVOCABLE DOCUMENTARY CREDIT APPLICATION
开立不可撤销跟单信用证申请书

Date 日期：Nov.1st, 2017

To: Agriculture Bank of China Yiwu Branch
致：中国农业银行义乌分行

Credit No. 信用证号码：

□ Issued by mail 信开本 □ With brief advice by teletransmission 简电本 × Issued by teletransmission(which shall be the operative instrument) 全电本	Expiry date and place 有效期及地点 × In the country or region of Beneficiary 在受益人所在国家或地区 □ At issuing bank's counter 在开证行柜台
Applicant 申请人 Zhejiang Yiwu PengDa Economy Development Co., Ltd Agricultural Market, Yiwu, Zhejiang, China.	Beneficiary(with full name and address) 受益人（全称和详细地址） Siam Inter Sweet Co., Ltd. 128/563 PST Tower3, Nonsi Road, Yannawa, Bangkok 10120, Thailand
Advising bank(if blank, at your option) 通知行	Amount(in figures & words) 金额（数字和文字形式） USD72, 000.00（Say US Dollars Seventy-Two Thousand Only）
Partial shipments 分批装运 □ allowed 允许 × not allowed 不允许 Transshipment 转运 □ allowed 允许 × not allowed 不允许	Credit available with _____ bank 此证可由 _____ 银行 By 凭□ sight payment 即期付款 □ acceptance 承兑 × negotiation 议付 □ deferred payment 迟期付款 Against the documents detailed herein 连同下列数据 × and Beneficiary's draft(s) at *** day(s) sight drawn on _____ for 100 % of invoice value 受益人按发票金额 100% 做成以 _____ 为付款人，期限为 *** 天的汇票
Shipment from 装运从 Bangkok, Thailand For transportation to 运至 Longwu, Shanghai Not later than 不得迟于 Dec. 31st, 2017	
Trade terms 价格条款 □ FOB □ CFR × CIF Shanghai Longwu □ FCA □ CPT □ CIP □ other terms 其他价格条款 _____	

Document required (marked with"×"): 所需单据（用"×"标明）：
× Signed Commercial Invoice in _3_ copies indicating L/C No. and Contract No. SC070819.
经签字的商业发票一式 3 份，标明信用证号和合同号 SC070819。
× Full set of Clean on board Ocean Bills of Lading made out to order and blank endorsed, marked "freight [×]prepaid/[ ]to collect" showing freight amount and notifying
全套清洁已装船海运提单做成空白抬头、空白背书，注明"运费 [×] 已付 / [ ] 待付"，标明运费金额，并通知 _____。
□ Clean Air Waybill consigned to _____ marked "freight [ ] prepaid /[ ]to collect" showing freight amount and notifying _____.
清洁空运提单收货人为 _____，注明"运费 [ ] 已付 / [ ] 待付"，标明运费金额，并通知 _____。
× Insurance Policy/Certificate in duplicate for _110_ % of the invoice value, blank endorsed, showing claims payable at _Yiwu_, in the currency of the draft, covering All Risks, War Risk and _____
保险单 / 保险凭证一式两份，按发票金额的 110% 投保，空白背书，注明赔付地在义乌，以汇票同种货币支付，投保一切险、战争险和 _____
× Packing List/Weight Memo in _3_ copies indicating quantity, gross and net weight of each package.
装运单 / 重量证明一式 3 份，注明每一包装的数量、毛重和净重。
□ Certificate of Quantity/Weight in _____ copies issued by _____.
数量 / 重量证明一式 _____ 份，由 _____ 出具。
□ Certificate of Quality in _____ copies issued by _____.
品质证一式 _____ 份，由 _____ 出具。
× Certificate of Origin in _____ copies issued by _____.
产地证一式 _____ 份，由 _____ 出具。
□ Beneficiary's certified copy of fax/telex dispatched to the applicant within _____ day(s) after shipment advising L/C No., name of the vessel, date of shipment, name of goods, quantity, weight and value of goods.
受益人传真 / 电传方式通知申请人装船证明副本。该证明须在装船后 _____ 天内发出，并通知该信用证号、船名、装运日以及货物的名称、数量、重量和金额。
× Other documents, if any 其他单据
Official Quarantine Certificate of Plants signed by exporting country or region in duplicate
Description of goods 货物描述
"Golden Eagle Brand" Thailand Fresh Longan as per S/C No. SC070819, USD18 per basket CIF Shanghai Longwu, 4,000 baskets 5% more or less, packed in plastic basket, by Reefer container 40' full load.
Additional instructions 附加条款
□ All banking charges outside the issuing bank including reimbursing charges are for account of Beneficiary.
开证行以外的所有银行费用（包括可能产生的偿付费用）由受益人承担。
□ Documents must be presented within _____ days after the date of the transport document but within the validity of the L/C.
所需单据须在运输单据出具日后 _____ 天内提交，但不得超过信用证有效期。
× Both quantity and L/C amount _5_ % more or less are allowed.
数量及信用证金额允许有 5% 的增减。
□ Other terms and conditions, if any 其他条款

申请人盖章： Zhejiang Yiwu PengDa Economy Development Co., Ltd
张庆

表4-2 开证申请书模板（背面）

开证申请人承诺书

致：中国农业银行 _____

我公司已依法办妥一切必要的进口手续，兹谨请贵行直接或通过贵行上级行为我公司依照本申请书所列条款开立第 _____ 号国际货物买卖合同项下不可撤销跟单信用证，并承诺如下：

一、同意贵行依照国际商会第600号出版物《跟单信用证统一惯例》办理该信用证项下的一切事宜，并同意承担由此产生的一切责任。

二、及时提供贵行要求我公司提供的真实、有效的文件及资料，接受贵行的审查监督。

三、在贵行规定期限内支付该信用证项下的各种款项，包括货款及贵行和有关银行的各项手续费、杂费、利息以及国外受益人拒绝承担的有关银行费用等。

四、在贵行到单通知书规定的期限内，书面通知贵行办理对外付款/承兑/确认迟期付款/拒付手续。否则，贵行有权自行确定对外付款/承兑/确认迟期付款/拒付，并由我公司承担全部责任。

五、我公司如因单证有不符之处而拟拒绝付款/承兑/确认迟期付款时，将在贵行到单通知书规定期限内提出拒付请求，并附拒付理由书一式两份，一次列明所有不符点。对单据存在的不符点，贵行有独立的终结认定权和处理权。经贵行根据国际惯例审核认为不属可据以拒付的不符点，贵行有权主动对外付款/承兑/确认迟期付款，我公司对此放弃抗辩权。

六、该信用证如需修改，由我公司向贵行提出书面申请，贵行可根据具体情况确定能否办理修改。我公司确认所有修改当受益人接受时才能生效。

七、经贵行承兑的远期汇票或确认的迟期付款，我公司无权以任何理由要求贵行停止付款。

八、按上述承诺，贵行在对外付款时，有权主动借记我公司在贵行的账户款项。若发生任何形式的垫付，我公司将无条件承担由此而产生的债务、利息和费用等，并按贵行要求及时清偿。

九、在收到贵行开出信用证、修改书的副本之后，及时核对，如有不符之处，将在收到副本后的两个工作日内书面通知贵行。否则，视为正确无误。

十、该信用证如因邮寄、电信传递发生遗失、延误、错漏，贵行概不负责。

十一、本申请书一律用英文填写。如用中文填写引发的歧义，贵行概不负责。

十二、因信用证申请书字迹不清或词义含混而引起的一切后果均由我公司负责。

十三、如发生争议需要诉讼的，同意由贵行住所地法院管辖。

十四、我公司已对开证申请书及承诺书各印就条款进行审慎研阅，对各条款含义与贵行理解一致。

申请人（盖章）

法定代理人

或授权代理人

年　月　日

同意受理

银行（盖章）

负责人

或授权代理人

　年　月　日

三、开立信用证的操作步骤

进口商填写好开证申请书的正反面内容后，在合同规定的时间向中国银行或其他经营外汇业务的银行办理申请开立信用证，其操作步骤如下：

（1）递交有关合同的副本及附件。进口商在向银行申请开证时，要向银行递交进口合同的副本以及所需附件，如进口许可证等。

（2）支付开证保证金。开证行对申请人的经营状况、资金实力、信誉等情况以及开证申请书和提交的材料进行审核，审核通过后，要求进口商提供保证金。按照国际贸易的习惯做法，除非开证行对开证申请人有授信额度，进口商向银行申请开立信用证时，应向银行缴付一定比例的保证金，其金额一般为信用证金额的百分之几到百分之几十不等，通常根据进口商的资信情况而定。在我国的进口业务中，开证行根据不同企业和交易的情况，要求开证申请人缴付一定比例的人民币保证金，然后银行才会开证。银行也往往根据资信调查情况对申请人规定一个授信额度，此额度即免保开证的最高限额，在限额范围内开证可不收保证金。

（3）支付开证手续费。进口商在申请开证时，必须按规定支付一定金额的开证手续费，一般为开证金额的 1.5‰。

实训操作示范

▶ 实训说明

（1）学会什么？

能够完整、正确地按照合同约定制作开证申请书。

（2）如何完成？

以项目三中签订的合同为依据，在开证申请书模板中完整、正确地填制内容。填好后，对开证申请书进行审查，重点审查：开证申请书内容与合同是否有出入；有无违反国际惯例的条款；单据条款是否合理，有无前后矛盾之处；企业公章、法人代表签字（章）和财务专用章等是否齐全。

▶ 操作步骤

（1）以签订的合同为依据。

在项目三里签订的合同中：贸易术语为 CIF New York；结算方式为即期议付信用证；装运路线为从宁波到纽约，装运期为 5 月 30 日；合同中没有约定则默认为允许分批和转运；保险为加成 10% 投 PICC 一切险和战争险。

（2）完整、正确地制作开证申请书如表 4-3 所示。

（3）审查开证申请书。

表4-3 开证申请书范例

花旗银行
CITIGROUP INC
IRREVOCABLE DOCUMENTARY CREDIT APPLICATION
开立不可撤销跟单信用证申请书

Date 日期：Apr.15th, 2018

To：Citigroup Inc
致：花旗银行

Credit No. 信用证号码：

□ Issued by mail 信开本 □ With brief advice by teletransmission 简电本 × Issued by teletransmission(which shall be the operative instrument) 全电本	Expiry date and place 有效期及地点 × In the country or region of Beneficiary 在受益人所在国家或地区 □ At issuing bank's counter 在开证行柜台
Applicant 申请人 Simaco Fashion Co., Ltd 111 Ave, New York, USA	Beneficiary(with full name and address) 受益人（全称和详细地址） Yiwu Shangyuan Im&Ex Co., Ltd No.2 Xueyuan Road, Yiwu, Zhejiang, China
Advising bank(if blank, at your option) 通知行	Amount(in figures & words) 金额（数字和文字形式） USD8,200.00(Say US Dollars Eight Thousand Two Hundred Only)

Partial shipments 分批装运 × allowed 允许 □ not allowed 不允许	Transshipment 转运 □ allowed 允许 × not allowed 不允许	Credit available with_____ bank 此证可由 _____ 银行 By 凭 □ sight payment　即期付款 　　　□ acceptance　　承兑 　　　× negotiation　　议付 　　　□ deferred payment　迟期付款
Shipment from 装运从 Ningbo, China For transportation to 运至 New York, USA Not later than 不得迟于 May 30th, 2018		Against the documents detailed herein 连同下列数据 × and Beneficiary's draft(s) at *** day(s) sight drawn on _____ for 100 % of invoice value 受益人按发票金额100% 做成以 _____ 为付款人，期限为 *** 天的汇票
Trade terms 价格条款 □ FOB　□ CFR　× CIF New York □ FCA　□ CPT　□ CIP_____ □ other terms 其他价格条款 _____		

Document required(marked with"×")：所需单据（用"×"标明）：

× Signed Commercial Invoice in _3_ copies indicating L/C No. and Contract No. 123456.
经签字的商业发票一式 3 份，标明信用证号和合同号 123456。

× Full set of Clean on board Ocean Bills of Lading made out to order and blank endorsed, marked "freight [ ]prepaid/[ ]to collect" showing freight amount and notifying
全套清洁已装船海运提单做成空白抬头、空白背书，注明"运费 [ ]已付 /[ ]待付"，标明运费金额，并通知_____。

□Clean Air Waybill consigned to _____ marked "freight[ ]prepaid /[ ]to collect" showing freight amount and notifying_____
清洁空运提单收货人为_____，注明"运费 [ ]已付 /[ ]待付"，标明运费金额，并通知_____。

× Insurance Policy/Certificate in duplicate for _110_ % of the invoice value, blank endorsed, showing claims payable at _Yiwu_, in the currency of the draft, covering All Risks and War Risk.
保险单 / 保险凭证一式两份，按发票金额的110%投保，空白背书，注明赔付地在义乌，以汇票同种货币支付，投保一切险和战争险。

× Packing List/Weight Memo in _3_ copies indicating quantity, gross and net weight of each package.
装运单 / 重量证明一式 3 份，注明每一包装的数量、毛重和净重。

□Certificate of Quantity/Weight in _____copies issued by_____.
数量 / 重量证明一式 _____ 份，由_____ 出具。

□Certificate of Quality in _____copies issued by_____.
品质证一式 _____ 份，由_____ 出具。

× Certificate of Origin in_____copies issued by_____.
产地证一式 _____ 份，由_____ 出具。

□ Beneficiary's certified copy of fax/telex dispatched to the applicant within_____day(s) after shipment advising L/C No., name of the vessel, date of shipment, name of goods, quantity, weight and value of goods.
受益人传真 / 电传方式通知申请人装船证明副本。该证明须在装船后 _____ 天内发出，并通知该信用证号、船名、装运日以及货物的名称、数量、重量和金额。

× Other documents, if any 其他单据
Official Quarantine Certificate of Plants signed by exporting country or region in duplicate

Description of goods 货物描述
MEN'S SHIRT Art. No.S123 as per S/C No. 123456, USD 8.2 per pc CIF New York, 1,000 pcs 5% more or less, packed in carton.

Additional instructions 附加条款
□ All banking charges outside the issuing bank including reimbursing charges are for account of Beneficiary.
开证行以外的所有银行费用（包括可能产生的偿付费用）由受益人承担。

□Documents must be presented within _____days after the date of the transport document but within the validity of L/C Credit.
所需单据须在运输单据出具日后 _____ 天内提交，但不得超过信用证有效期。

× Both quantity and L/C amount _5_ % more or less are allowed.
数量及信用证金额允许有 5% 的增减。

□ Other terms and conditions, if any 其他条款

申请人盖章：Simaco Fashion Co., Ltd
Sam

实训题目

以项目三实训题目中签订的合同为依据，在空白开证申请书（见表 4-4）中完整、正确地填制内容，并进行审查。

表 4-4　空白开证申请书

花旗银行
CITIGROUP INC
IRREVOCABLE DOCUMENTARY CREDIT APPLICATION
开立不可撤销跟单信用证申请书

To：Citigroup Inc
致：花旗银行

Date 日期：
Credit No. 信用证号码：

□ Issued by mail 信开本 □ With brief advice by teletransmission 简电本 □ Issued by teletransmission(which shall be the operative instrument) 全电本	Expiry date and place 有效期及地点 □ in the country or region of Beneficiary 在受益人所在国家或地区 □ at issuing bank's counter 在开证行柜台
Applicant　申请人	Beneficiary(with full name and address) 受益人（全称和详细地址）
Advising bank (if blank, at your option) 通知行	Amount(in figures & words) 金额（数字和文字形式）
Partial shipments 分批装运 □ allowed 允许 □ not allowed 不允许　　Transshipment 转运 　　□ allowed 允许 　　□ not allowed 不允许	Credit available with _____ bank 此证可由 _____ 银行 By 凭□ sight payment　　即期付款 　　□ acceptance　　　承兑 　　□ negotiation　　　议付 　　□ deferred payment　迟期付款 Against the documents detailed herein 连同下列数据
Shipment from 装运从 For transportation to 运至 Not later than 不得迟于	□ and Beneficiary's draft(s) at ____ day(s) sight drawn on _____ for 100 % of invoice value 受益人按发票金额 100% 做成以 _____ 为付款人，期限为 ____ 天的汇票
Trade terms 价格条款 □ FOB　　□ CFR　　□ CIF □ FCA　　□ CPT　　□ CIP_____ □ other terms 其他价格条款 _____	

Document required (marked with "×"): 所需单据，（用"×"标明）：
□ Signed Commercial Invoice in_____copies indicating L/C No. and Contract No.
经签字的商业发票一式 _____ 份，标明信用证号和合同号 _____
□ Full set of Clean on board Ocean Bills of Lading made out to order and blank endorsed, marked "freight [ ]prepaid/[ ]to collect" showing freight amount and notifying_____
全套清洁已装船海运提单做成空白抬头、空白背书，注明"运费[ ]已付/[ ] 待付"，标明运费金额，并通知 _____ 。
□ Clean Air Waybill consigned to_____marked "freight [ ]prepaid/[ ]to collect" showing freight amount and notifying_____
清洁空运提单收货人为 _____ ，注明"运费[ ]已付/[ ] 待付"，标明运费金额，并通知 _____
□ Insurance Policy/Certificate in duplicate for __% of the invoice value, blank endorsed, showing claims payable at__, in the currency of the draft, covering All Risks, and War Risk. 保险单/保险凭证一式两份，按发票金额的 __% 投保，空白背书，注明赔付地在 ____ ，以汇票同种货币支付，投保一切险和战争险。
□ Packing List/Weight Memo in_____copies indicating quantity, gross and net weight of each package.
装运单/重量证明一式 _____ 份，注明每一包装的数量、毛重和净重。
□ Certificate of Quantity /Weight in_____copies issued by_____.
数量/重量证明一式 _____ 份，由 _____ 出具。
□ Certificate of Quality in_____copies issued by_____.
品质证一式 _____ 份，由 _____ 出具。
□ Certificate of Origin in____copies issued by_____.
产地证一式 _____ 份，由 _____ 出具。
□ Beneficiary's certified copy of fax/telex dispatched to the applicant within_____day(s) after shipment advising L/C No., name of the vessel, the date of shipment, name of goods, quantity, weight and value of goods.
受益人传真/电传方式通知申请人装船证明副本。该证明须在装船后 _____ 天内发出，并通知该信用证号、船名、装运日以及货物的名称、数量、重量和金额。
□ Other documents, if any 其他单据

Additional instructions 附加条款
□ All banking charges outside the Issuing Bank including reimbursing charges are for account of Beneficiary.
开证行以外的所有银行费用（包括可能产生的偿付费用）由受益人承担。
□ Documents must be presented within _____days after the date of the transport document but within the validity of the L/C.
所需单据须在运输单据出具日后 _____ 天内提交，但不得超过信用证有效期。
□ Both quantity and L/C amount__% more or less are allowed.
数量及信用证金额允许有 __% 的增减。
□ Other terms and conditions, if any 其他条款

申请人盖章：

任务二 审核信用证

任务导入

进口方 Sam 在开证申请提出后不久，出口方小张即从中国银行义乌分行收到了信用证通知函。此时，小张需要根据合同审核信用证，找出其中的问题条款：第一步是审核开证行的资信状况；第二步是对照合同条款，按照可操作性原则，逐条审核信用证各条款；第三步是核对信用证中有无漏开合同中的重要条款；最后，列出信用证中所有的问题条款。信用证审核的要点有当事人名称、金额、货物描述、有效期、装运条款、保险条款、单据条款、银行费用条款等。小张按照步骤，抓住要点，完美地审核出了信用证中所有的问题。

任务目标

能对照外贸合同，一次性审核出信用证中的全部问题。

知识要点学习

审核与修改信用证

1. 信用证通知书
2. 信用证格式与内容
3. 信用证审核要点

一、信用证通知书

通知行受理国外来证后，在 1～2 个工作日内将信用证审核完毕并通知出口商，以利于出口商提前备货，在信用证有效期内完成规定工作。

信用证的通知方式，因开证形式而异。如果是信开本信用证，通知行一般以正本通知出口商，将副本存档；对于全电本，通知行将其复制后以复制本通知出口商，原件存档。如果信用证的受益人不同意接受信用证，则应在收到信用证通知书的 3 日内以书面形式告知通知行，并说明拒受理由。信用证通知书模板见表 4-5。

表 4-5 信用证通知书模板

中国银行
BANK OF CHINA
信用证通知书
NOTIFICATION OF DOCUMENTARY CREDIT

ADDRESS:50 HUQIU ROAD
CABLE: CHUNGKUO
TELEX:33062 BOCSH E CN
SWIFT:BKCHCMBJ300
FAX:3232071

YEAR - MONTH - DAY

To 致 Shanghai Minhua Im&Ex Co., Ltd RM 9021 Union Building, 1202 Zhongshan Road(N), Shanghai, China	When corresponding please quote our ref. No. 通信时请注明我行存档备案号
Issuing Bank 开证行 The Fukuoka City Bank, Ltd International Division, Japan	Transmitted to us through 转递行
L/C No. 信用证号　　　　　Date 开证日期 FJD–MHLC07	Amount 金额　　　USD43,770.00

Dear sirs, 敬启者

We have the pleasure in advising you that we have received from the aforementioned bank a letter of credit, contents of which are as per attached sheet(s).
兹通知贵司, 我行收自上述银行信用证一份, 现随附通知。

（　）pre-advising of	预先通知	（　）mail confirmation of	证实书
（　）telex issuing	电传开立	（　）ineffective	未生效
（×）original	正本	（　）duplicate	副本

This advice and the attached sheet(s) must accompany the relative documents when presented for negotiation.
贵司交单时, 请将本通知书及信用证一并提示。
（×）Please not that this advice does not constitute our confirmation of the above L/C nor does it convey any engagement or obligation on our part.
本通知书不构成我行对此信用证之保兑及其他任何责任。
（　）Please note that we have added our confirmation to the above L/C, negotiation is restricted to ourselves only.
上述信用证已由我行加具保兑, 并限向我行交单。
Remarks: 备注

This L/C consists of ___THREE___ sheet(s), including the covering letter and attachment(s).
本信用证连同面函及附件共　3　页纸。

中行上海分行
信用证
通知章

Yours faithfully,

BANK OF CHINA

二、信用证

（一）信用证的定义和特点

由进口方银行（开证行）依照进口商（开证申请人）的要求和指示, 在符合信用证条款的条件下, 凭规定单据向出口商（受益人）或其指定方进行付款的书面文件。即信用证是一种银行开立的有条件的承诺付款的书面文件。信用证有如下特点。

信用证操作流程及信用证的特点

1. 开证行负有第一性的付款责任

在信用证结算方式下，只要受益人提交的单据完全符合信用证的规定要求，开证行必须对其或其指定人付款，而不是等进口商付款后再转交款项。可见，与汇款、托收方式不同，信用证方式依靠的是银行信用，是由开证行而不是进口商负第一性的付款责任。

2. 信用证是一项独立于贸易合同的文件

信用证虽然是以贸易合同为依据开立，相应的内容也与贸易合同相一致，但不受贸易合同的约束。UCP600（国际商会丛刊第 600 号出版物《跟单信用证统一惯例解释规则》）第四条 a 款规定：就性质而言，信用证与可能作为其依据的销售合同或其他合同。是相互独立的两种交易。即使信用证中提及该合同，银行亦与该合同完全无关，且不受其约束。因此，一家银行做出兑付、议付或履行信用证下其他义务的承诺，并不受申请人与开证行之间或受益人在已有关系下产生的索偿或抗辩的制约。

3. 银行处理的是单据而不是货物

在信用证方式下，银行付款的依据是单证一致、单单一致，而不管货物是否与单证一致。信用证交易把国际货物交易转变成了单据交易。UCP600 第五条规定：银行处理的是单据，而不是单据所涉及的货物、服务或其他行为。

（二）信用证业务流程

信用证业务流程（以议付信用证为例，见图 4-1）大体要经过以下几个环节。

（1）进口商申请开证。

进口商在与出口商签订贸易合同后，应根据合同条款向银行申请开立信用证。开证申请人申请开证时，开证行可根据开证人的资信状况，要求提供一定的担保品或一定比例的押金，并收取手续费。

（2）进口方银行开立信用证。

开证行开立信用证时，必须严格按照开证申请书的要求开立，否则，开证行的权益不能得到可靠保障。开立信用证的方法有信开本、全电本和简电本 3 种。信开本和全电本信用证都是有效的信用证，简电本必须补寄证实书方为有效信用证。

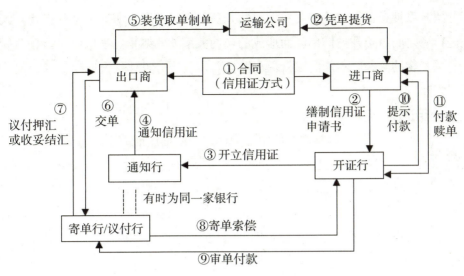

图 4-1 信用证业务流程

（3）出口方银行通知信用证。

出口方银行收到开证行开来的信用证时，经核对密押和印鉴相符，确认其表面真实性后，应及时将信用证通知受益人。如信用证金额大，开证行在开立信用证时可以指定另一家银行加具保兑，此时，保兑行通常由通知行兼任。受益人收到信用证后，应仔细审核信用证。如发现其内容有与合同条款不符或不能接受之处，应及时要求开证人通过开证行对信用证进行修改或拒绝接受信用证。如接受信用证，应立即备货，并在信用证规定的装运期限内，按照信用证规定的条件装运发货。然后，缮制并取得信用证所规定的全部单据，开立汇票，连同信用证正本和修改通知书，在规定的期限内送交信用证规定的议付行或付款行，或保兑信用证的保兑行，或任何愿意议付该信用证下单据的银行。

（4）出口方银行议付信用证。

议付行对出口商提交的单据进行仔细的审核后，确认单证相符、单单相符后，即可进行议付。议付是指议付行以自有资金按照汇票金额扣除各项费用和利息后，垫付款项给受益人，并获得受益人提交的汇票及单据的所有权的行为。议付表面上是银行的购票行为，实际上是银行为受益人融通资金的一种方式。银行议付单据后，有权向开证行或其指定的付款行索偿，如遭拒付，可向受益人追索议付款项。

（5）进口方银行接受单据。

开证行或其指定的付款行收到议付行寄来的汇票和单据后，如审单后发现单证或单单不符，有权拒付，但必须及时将拒付事实通知议付行。如未发现单据中的不符点，应无条件付款给议付行，并取得汇票和单据的所有权。

（6）进口商赎单提货。

开证行接受单据后，应立即通知进口商付款赎单。进口商核验单据无误后，将全部票款（或部分票款以押金抵补）及有关费用付给开证行，即可取得所有单据并提货。此时，开证行和进口商之间由于开立信用证而形成的契约关系就此终止。进口商付款赎单后，如发现任何有关货物的问题，不能向银行提出赔偿要求，应分具体情况向出口商、保险公司或运输部门索赔。

（三）信用证的内容

环球银行间金融通信协会

下面以 SWIFT 信用证为例，介绍信用证的主要内容。

SWIFT 是 环 球 银 行 间 金 融 通 信 协 会（Society for Worldwide Interbank Financial Telecommunication）的简称。该组织是一个国际银行同业间非营利性的国际合作组织，专门从事于各国之间非公开性的国际金融业电信业务。SWIFT 具有安全可靠、高速度、低费用、自动加核密押等特点。

依据国际商会所制定的电信信用证格式设计，利用 SWIFT 网络系统设计的特殊格式，通过 SWIFT 网络系统传递的信用证的信息，即通过 SWIFT 开立或通知的信用证，称为 SWIFT 信用证，也称为"环球电协信用证"。凡采用 SWIFT 信用证，必须遵守 SWIFT 使用手册的规定，使用 SWIFT 手册规定的代码（tag）。目前开立 SWIFT 信用证的格式代号为 MT700 和 MT701，以下对两种格式做简单介绍，见表 4-6、表 4-7。

表 4-6 MT700 格式 SWIFT 信用证主要内容

M/O	Tag 代码	Field Name 栏位名称	Content/Options 内容
M	27	Sequence of Total 合计次序	1n/1n 1 个数字 /1 个数字
M	40A	Form of Documentary Credit 跟单信用证类别	24x 24 个字
M	20	Documentary Credit Number 信用证号码	16x 16 个字
O	23	Reference to Pre-Advice 预通知的编号	16x 16 个字
O	31C	Date of Issue 开证日期	6n 6 个数字
M	31D	Date and Place of Expiry 到期日及地点	6n/29x 6 个数字 /29 个字
O	51A	Applicant Bank 申请人的银行	A or D A 或 D
M	50	Applicant 申请人	4*35x 4 行 × 35 个字

续 表

M/O	Tag 代码	Field Name 栏位名称	Content/Options 内容
M	59	Beneficiary 受益人	[34x]4*35x [34 个字] 4 行 × 35 个字
M	32B	Currency Code, Amount 币别代号、金额	3a/15 3 个字母 /15 个数字
O	39A	Percentage Credit Amount Tolerance 信用证金额加减百分比	2n/2n 2 个数字 /2 个数字
O	39B	Maximum Credit Amount 最高信用证金额	13x 13 个字
O	39C	Additional Amounts Covered 可附加金额	4*35x 4 行 × 35 个字
M	41A	Available with...by... 向……银行押汇，押汇方式为……	A or D A 或 D
O	42C	Drafts at... 汇票期限	3*35x 3 行 × 35 个字
O	42A	Drawee 付款人	A or D A 或 D
O	42M	Mixed Payment Details 混合付款指示	4*35x 4 行 × 35 个字
O	42P	Deferred Payment Details 延迟付款指示	4*35x 4 行 × 35 个字
O	43P	Partial Shipments 分批装运	1*35x 1 行 × 35 个字
O	43T	Transshipment 转运	1*35x 1 行 × 35 个字
O	44A	Loading on Board/Dispatch/Taking in Charge at/from... 由……装船 / 发运 / 接管地点	1*65x 1 行 × 65 个字
O	44B	For Transportation to... 装运至……	1*65x 1 行 × 65 个字
O	44C	Latest Date of Shipment 最后装运日	6n 6 个数字
O	44D	Shipment Period 装运期间	6*65x 6 行 × 65 个字
O	45A	Description of Goods and/or Services 货物描述及 / 或交易条件	50*65x 50 行 × 65 个字
O	46A	Documents Required 应具备单据	50*65x 50 行 × 65 个字
O	47A	Additional Conditions 附加条件	50*65x 50 行 × 65 个字

续 表

M/O	Tag 代码	Field Name 栏位名称	Content/Options 内容
O	71B	Charges 费用	6*35x 6 行 × 35 个字
O	48	Period for Presentation 提示期间	4*35x 4 行 × 35 个字
M	49	Confirmation Instructions 保兑指示	7x 7 个字
O	53A	Reimbursement Bank 清算银行	A or D A 或 D
O	78	Instructions to the Paying/Accepting/Negotiation Bank 对付款 / 承兑 / 议付银行之指示	12*65x 12 行 × 65 个字
O	57A	"Advise Through" Bank 收讯银行以外的通知银行	A，B or D A、B 或 D
O	72	Sender to Receiver Information 银行间的通知	6*35x 6 行 × 35 个字

注：① M/O 为 mandatory 与 optional 的缩写，前者是指必要项目，后者为任意项目。
②合计次序是指本证的页次，共两个数字，前后各一，如 "1/2"，其中 "2" 指本证共 2 页，"1" 指本页为第 1 页。

表 4-7 MT701 格式 SWIFT 信用证主要内容

M/O	Tag 代号	Field Name 栏位名称	Content/Options 内容
M	27	Sequence of Total 合计次序	1n/1n 1 个数字 /1 个数字
M	20	Documentary Credit Number 信用证编号	16x 16 个字
O	45B	Description Goods and/or Services 货物及 / 或劳务描述	50*65x 50 行 × 65 个字
O	46B	Documents Required 应具备单据	50*65x 50 行 × 65 个字
O	47B	Additional Conditions 附加条件	50*65x 50 行 × 65 个字

注：① M/O 为 mandatory 与 optional 的缩写，前者是指必要项目，后者为任意项目。
②合计次序是指本证的页次，共两个数字，前后各一，如 "1/2"，其中 "2" 指本证共 2 页，"1" 指本页为第 1 页。

三、信用证审核的要点

信用证的审核要抓住如下一些要点。

（1）受益人和开证人的名称和地址是否完整和准确。受益人应特别注意信用证上的受益人名称和地址应与其印就的文件上的名称和地址内容相一致。在填写发货票时照抄信用证上写错了的买方公司名称和地址是有可能的，如果受益人的名称不正确，将会给今后的收汇带来不便。

（2）装运期、交单期和有效期。首先，检查能否在信用证规定的装运期内备妥有关货物并按期出运。如来证收到时装运期太近，无法按期装运，应及时与客户联系修改。其次，检查实际装运期与交单期相距的时间是否太短。再次，检查信用证有效期是否合理。

（3）货物运输信息。检查信用证中是否规定了禁止分批和转运，以及分批装运的时间和数量能否办到。否则，任何一批货物未按期出运，以后各期即告失效。

（4）信用证金额、币种。主要检查信用证金额是否正确，单价与总值都要准确。如数量上可以有一定幅度的变化，信用证金额也应该相应增加一定的幅度。

（5）贸易术语。贸易术语涉及具体的租船订舱、投保等责任划分，以及运费、保险费等费用由谁承担。

（6）有关的费用条款。信用证中规定的有关费用如运费或检验费等应事先协商一致，否则，对于额外的费用原则上不应承担；银行费用如事先未商定，应以双方共同承担为宜。

（7）信用证规定的文件能否提供或及时提供。主要有：一些需要认证的单据特别是使馆认证等能否及时办理和提供；由其他机构或部门出具的有关文件如出口许可证、运费收据、检验证明等能否提供或及时提供；信用证中指定船龄、船籍、船公司或不准在某港口转船等条款能否办到；等等。

（8）信用证中有无陷阱条款。特别注意下列信用证条款是有很大陷阱的条款，具有很大的风险：1/3正本提单直接寄送客人的条款，如果接受此条款，将随时面临货款两空的危险；将客检证作为议付文件的条款，如果接受此条款，受益人正常处理信用证业务的主动权很大程度上掌握在对方手里，影响安全收汇。

（9）信用证中有无矛盾之处。如明明是空运，却要求提供海运提单；明明价格条款是FOB，保险应由买方办理，而信用证中却要求提供保险单。

（10）信用证是否受UCP600的约束。明确信用证受UCP600的约束可以使我们在具体处理信用证业务中，对于信用证的有关规定有一个公认的理解，避免因对某一规定的不同理解产生的争议。

实训操作示范

▶ **实训说明**

（1）学会什么？

能对照合同，审核出信用证中条款与合同条款的不符之处，并能审核出信用证条款中的重要遗漏条款、陷阱条款及其他不合理之处。

（2）如何完成？

首先，根据之前实训题目中完成的合同与开证申请书，模拟开证行拟出信用证；然后，将信用证交给另一位学生进行审核；最后，将审核出的所有问题一一列出。

▶ 操作步骤

（1）根据合同与开证申请书，拟出信用证（见表4-8）。

表4-8 信用证范例

Sequence of Total	*27	1 / 1
Form of Doc. Credit	*40A	Revocable
Doc. Credit Number	*20	LC123456
Date of Issue	31C	180418
Date/Place Exp.	*31D	180630/USA
Applicant	*50	Simaoo Fashion Co.,Ltd 111 Ave, New York, USA
Beneficiary	*59	Yiwu Shangyuan Im&Ex Co., Ltd No.2 Xueyuan Road, Yiwu, Zhejiang, China
Amount	*32B	Currency CNY 8,200
Available with/by	*41D	Any bank in China, by negotiation
Drafts at ...	42C	30 days' after sight
Drawee	42A	Citigroup Inc
Partial Shipment	43P	Allowed
Transshipment	43T	Not allowed
Loading on Brd	44A	Ningbo, China
For Transportation to	44B	New York, USA
Latest Shipment	44C	180530
Goods Descript.	45A	MEN'S SHIRT Art. No.S123 as per S/C No. 123456, USD 8.2 per pc CIF New York, 1000 pcs 5% more or less, packed in carton
Docs Required	46A	Documents Required:
+ Original signed commercial invoice in 3 fold certifying the contents in this invoice are true and correct		
+ Full set clean on board bills of lading made out to order, marked freight to collect and notify the applicant		
+ Packing list in one original plus 3 copies, all of which must be manually signed		
+ Insurance policy or certificate in 2 fold endorsed in blank plus 110pct of the invoice value covering All Risks , insurance claims to be payable in USA in the currency of the drafts		
Additional Condition	47A	A discrepancy fee of USD50.00 will be imposed on each set of documents presented for negotiation under this L/C with discrepancy. The fee will be deducted from the bill amount. Payment under the goods were approved by Saudi government lab
Charges	71B	All charges and commissions are on beneficiaries' account
Period for Presentation	48	Documents to be presented within 15 days after the date of shipment, but within the validity of the L/C
Send Rec Info.	72	Reimbureement is subject to ICC URR 525

（2）对照合同审核信用证，并列出所有的问题。

① 40 A：Revocable 应改为 Irrevocable。

② 50：Simaoo Fashion Co., Ltd 111 Ave, New York, USA 应改为 Simaco Fashion Co.,

Ltd 111 Ave, New York, USA。

③ 32B：Currency CNY 应改为 Currency USD。

④ 42C：30 days' after sight 应改为 30 days' at sight。

⑤ 43 T：Not allowed 应改为 Allowed。

⑥ marked freight to collect 应为 marked freight prepaid。

⑦ plus 110 pct 应改为 plus 10 pct。

实训题目

　　根据之前实训题目中制作的合同以及开证申请书，模拟开证行拟出信用证；然后，将信用证交给另一位学生进行审核；对所有列出的问题进行整理，准备在任务三实训题目中进行修改练习。

对照合同审核信用证

任务三　修改信用证

任务导入

　　出口方业务员小张在仔细地审核了信用证后，清楚地列出了所有的修改意见。然后，小张撰写了一封改证函，并发送给进口方的 Sam，以协商修改信用证事宜。在双方协商一致后，Sam 填写改证申请书，向开证行提出改证申请。开证行花旗银行同意了 Sam 的申请，向信用证的原通知行发信用证修改书，该通知行再将信用证修改通知书和信用证修改书通知给了小张所在的公司。

任务目标

　　熟悉信用证修改的原则、规则和业务流程，能撰写改证函和改证申请书。

知识要点学习

　　1.修改信用证的原则

　　2.修改信用证的业务流程

　　3.修改信用证的有关规则

一、修改信用证的原则

在对信用证进行全面细致的审核之后，如果发现信用证上的条款与合同条款不符或者有其他修改意见，受益人（出口商）应按照"非改不可的坚决要改，可改可不改的根据实际情况酌情处理"的原则处理。"酌情处理"的原则是"利己不损人"，即受益人提出的修改意见既不影响开证申请人的正常利益，又能维护自己的合法利益。常见的处理原则如下。

（1）对我方不利但在不增加或基本不增加成本的情况下可以完成的问题条款，可以不改。如合同中规定可以"分批装运"，但信用证中却规定"不许分批装运"，若实际业务中可以不分批装运，则不需修改该条款。

（2）对我方不利且又要增加较大成本的情况下才可以完成的问题条款，若对方愿意承担成本，则可以不改，否则必须改。

（3）对我方不利，若不改会严重影响安全收汇的问题条款，则坚决要改。如信用证金额不足。

二、修改信用证的业务流程

修改信用证的业务流程如图 4-2 所示。

（1）受益人撰写改证函，并发给开证申请人协商改证事宜。

（2）双方协商一致后，开证申请人填写改证申请书，向开证行申请改证。

（3）开证行同意修改信用证后，向信用证的原通知行发信用证修改书。

（4）原通知行将信用证修改通知书和信用证修改书通知给受益人。

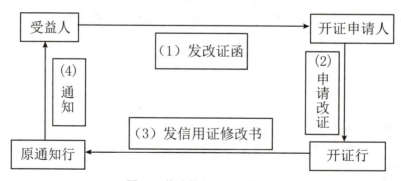

图 4-2 修改信用证的业务流程

三、修改信用证的相关规则

（1）信用证的修改可以由开证申请人提出，也可以由受益人提出。由于修改信用证的条款涉及各当事人的权利和义务，因而不可撤销的信用证在其有效期内的任何修改，都必须征得各有关当事人的同意。

（2）不可撤销信用证的修改必须被各有关当事人全部同意后，方能有效。开证行发出修改通知后不能撤回。

（3）保兑行有权对修改不保兑，但它必须不延误地将该情况通知开证行及受益人。

（4）受益人应对开证申请人提出的修改发出接受或拒绝的通知。根据UCP600的规定，受益人对不可撤销的信用证的修改表示拒绝的方法有两种：一是向通知行提交一份拒绝修改的声明书；二是在交单时表示拒绝修改，同时提交仅符合未经修改的原证条款的单据。

（5）在同一信用证上，如有多处需要修改的，原则上应一次提出。一份修改通知书包括两项或多项内容，要么全部接受，要么全部拒绝，不能只接受一部分而拒绝另一部分（UCP600第十条e款）。

（6）受益人提出修改信用证，应及时通知开证申请人，同时规定一个修改通知书到达的时限。

（7）收到信用证修改书后，应及时检查修改内容是否符合要求，并分情况表示接受或重新提出修改。

（8）对于修改内容要么全部接受，要么全部拒绝，部分接受修改中的内容是无效的。

（9）有关信用证修改必须通过原信用证通知行才真实有效，通过客人直接寄送的修改申请书或修改书复印件不是有效的修改（UCP600第九条d款）。

（10）明确修改费用由谁承担，一般按照责任归属来确定修改费用由谁承担。

UCP600 修改信
用证相关条款原文

实训操作示范

▶ 实训说明

（1）学会什么？

能将信用证的修改意见撰写成改证函，且符合UCP600的相关规定。

（2）如何完成？

汇总任务二中审核出来的所有修改意见，撰写发送给开证申请人的改证函。

▶ 操作步骤

参考小张给 Simaco Fashion Co., Ltd 的 Sam 发送的改证函，撰写一封改证函。

Dear Sir,

We are pleased to receive your L/C No. LC123456 issued by Citigroup Inc. But we find that it contains some discrepancies with S/C No. 123456. Please instruct the issuing bank to amend the L/C. The L/C should be amended as follows:

① Under field 40A, the form of doc. credit amended to "irrevocable".

② Under field 50, the correct name of applicant amended to "Simaco Fashion Co., Ltd 111 Ave. New York, USA".

③ Under field 32B, the amount amended to "Currency USD".

④ Under field 42C, the drafts at... amended to "at sight".

⑤ Under field 43T, the transshipment amended to "allowed".

⑥ Under field 46A, the bill of lading amended to "freight prepaid".

⑦ Under field 46A, the amount insured in insurance policy amended to "plus 10 pct".

Thank you for your kind cooperation. Please see to it that the L/C amendment reach us not later than Apr. 30th, 2018, failing which we shall not be able to effect shipment.

Waiting for your reply soon.

Yours truly,

Zhang

YIWU SHANGYUAN IM&EX CO., LTD

NO.2 XUEYUAN ROAD, YIWU, ZHEJIANG, CHINA

Tel：0086-0579-××××××××

Fax：0086-0579-××××××××

实训题目

汇总任务二实训题目中审核出来的信用证修改信息，撰写一封改证函。要求做到信息不遗漏，信函用语专业、简洁。

任务四 超级信用证

任务导入

小金在阿里巴巴国际站达成的订单中，有一家客户要求使用信用证结算方式。小金决定尝试一下一达通的"信融保"（超级信用证）增值服务。比较信用证基础服务中的"信用证非代理交单"和"信用证代理交单"两种服务，小金选择了前者。非代理交单以一达通为受益人，并由一达通来完成信用证审核工作。信用证落实后，小金公司即可按照信用证内容生产备货。另外，由于资金紧张，小金在超级信用证业务中使用了融资服务。

任务目标

熟悉阿里巴巴国际站超级信用证的含义和规则，了解超级信用证的融资服务。

知识要点学习

1. 超级信用证的含义
2. 超级信用证基础服务
3. 超级信用证融资服务

超级信用证

一、超级信用证的含义

超级信用证是依托阿里巴巴外贸综合服务平台，为外贸中小企业量身定制的管家式信用证综合服务。它帮助出口企业解决在信用证交易中面临的风险和资金问题，适用于对信用证操作不熟悉、资金周转有困难的出口企业。

虽然，信用证是国际贸易中一种主要的结算方式，也是我们国际结算等课程中的重点教学内容，但实际业务中我国很多中小外贸企业由于担心信用证的操作烦琐、资金回笼慢而不敢接以信用证为结算方式的大订单。信用证对外贸公司的人才要求也相应更高。超级信用证相当于由阿里巴巴提供专业的人才团队，与外贸企业直接对接，在信用证起草、正本审核、单据准备、银行对接等多重环节提供基础服务和融资增值服务。超级信用证解决了中小企业开展信用证业务的痛点，促进了外贸行业的发展。

二、超级信用证基础服务

超级信用证基础服务包括代理交单和非代理交单两种。

如果类型为可转让信用证，且第一受益人是出口企业的信用证，可以由阿里巴巴一达通操作代理交单。信用证代理交单是面向对信用证收汇方式非常了解，且本身有较强的制单能力的一达通签约客户推出的。信用证受益人是一达通签约客户自己，且保留代交单操作模式。该模式提供专业正本审核、专业审单、代交单收汇等服务。

信用证非代理交单是面向满足一达通平台操作条件的客户，以收到受益人为一达通的信用证且信用证约定货物在一达通平台报关出口为前提，提供一站式信用证专业代操作服务。该模式提供专业审证（包括草稿审核）、专业制单审单、交单收汇等服务。该模式对出口商的要求较低。

在非代理交单模式下，出口商通过自助操作平台（MO 系统）约定以一达通为信用证受益人后，联系进口方向开证行索取信用证草稿。收到信用证草稿后，在自助操作平台将草稿上传。一达通信用证组收到系统提交的信用证草稿，1 个工作日内给出审核意见，审核意见包括开证行资信和条款提示，若有需要则与进口方沟通更改或调整。草稿审核完成后，出口商联系开证行，在自助操作平台登记信用证号码和金额，等待正本匹配。正本匹配成功后 2 个工作日，信用证组发出正本操作提示。出口商按信用证内容生产备货完毕，在平台上下基础委托单，选择信用证收汇，关联信用证号码。之后进行全套单据的制作及确认，向银行交单结汇。操作流程如图 4-3 所示。

简要流程　全线上流程，提交后专人跟进

图 4-3　超级信用证非代理交单操作流程

全套单据制作主要包括：报关放行后，自助操作平台（MO 系统）提交此单的物流信息表、发票和装柜信息，信用证组收到后会发邮件与货代联系核对提单；提单确认后，信用证组在系统上传一次性产地证，保单（如有）的模板，由拍档下载补充内容，协助确认正本；其他单据制作及确认；全套正本单据收齐后，单据审核，如有不符点，签回不符确认出单函；最后向银行交单。

三、超级信用证融资服务

由于生产备货的成本投入，出口商可能在出货后出现资金紧张的问题。出口商在出货后，可以向一达通申请融资服务。超级信用证的融资服务可以分为信用证融资和信用证买断两种，两者都属于出口商发货后的融资服务。在一达通自助操作平台"金融服务"选择信用证号码和交单批次号，系统自动给出可融资类型及融资比例，提交后当天就可得到融资款。

信用证买断融资服务由一达通承担了信用证的收款风险，无论开证行是否付款，一达通不再向客户追偿相应的交单金额。虽然信用证是银行信用，但国际收支也会受到政治法规、国家政策、制裁风险的影响，同时银行信用本身也有高低。为了稳妥起见，出口商可以选择信用证买断融资申请。信用证融资服务是指，对在一达通出货的信用证订单，在其出货后提供信用证贸易融资借款，但不买断收汇风险的服务。信用证融资不买断属于借款性质，有还款的到期日，按日计息收费。

实训操作示范

▶实训说明

（1）学会什么？

在阿里巴巴国际站中，熟悉超级信用证的含义与操作流程。

（2）如何完成？

在实训软件中开展实训，或者由指导老师根据阿里巴巴超级信用证开展模拟仿真实训。

阿里巴巴与一达通

▶操作步骤

（1）在阿里巴巴国际站服务中心熟悉超级信用证。

（2）在阿里巴巴国际站服务中心熟悉超级信用证的操作流程。

实训题目

完整地描述超级信用证的操作流程。

项目五　货物的生产与采购

教学目标

使出口方的跟单员根据合同及信用证的要求，做好出口货物的生产与采购，具体实训内容包括根据合同及信用证选择合适的工厂并与之签订国内购销合同；生产进度跟单，确保能按期如数交出货物；产品质量跟单，做好品质监控，确保货物符合合同质量要求；包装跟单，确保包装材料符合环保要求，包装标志中的图形和文字完整、正确；最终使货物完成全部的生产过程，进入流通领域。

主要工作任务

本实训项目分解为 4 个工作任务，分别是签订国内购销合同、生产进度跟单、产品质量跟单和产品包装跟单。

项目说明与任务导入

任务一　签订国内购销合同

任务导入

在落实了信用证后，公司跟单员小李即着手准备货物。小李的工作任务是选择合适的国内货源供应商，草拟并与之签订国内购销合同。挑选适合的供应商再下订单非常重要，这将直接影响到该笔订单能否按时、按质、按量地完成，也影响到跟单员对该笔订单的工作量。国内购销合同必须按外销合同和信用证条款来草拟，做好"证"与"货"的衔接。国内购销合同应尽早签订，以便给生产货物留下充足的时间。

任务目标

选择合适的国内供应商，根据外销合同和信用证草拟并签订国内购销合同。

知识要点学习

1. 国内供应商的选择
2. 制作国内购销合同
3. 签订国内购销合同的注意事项

签订国内供销合同

一、国内供应商的选择

落实信用证之后的第一步就是根据外贸合同和信用证的规定按时、按质、按量地准备好应交的货物。对于工贸一体的外贸公司，通常由出口部向生产加工及仓储部门下达联系单，而无实体的出口公司则需要选择国内的供应商并与之签订国内购销合同。

要能选择出合适的国内供应商，首先必须扩大供应商的来源。外贸公司要在全国范围内了解货源的行业情况，对供应商进行调查。选择供应商时需要考虑的因素就是调查的主要内容，通常有如下几点：①技术水平，供应商的技术水平高低决定了其能否不断改进产品，能否长远发展持续合作；②产品质量，企业应该要求供应商提供的产品质量稳定，以保证生产经营的稳定性；③生产能力，供应商的制造设备应与企业相配套，在数量上达到一定规模，能保证供应所需产品的数量；④价格，在其他条件与其他供应商相同的情况下，选择低价格的供应商；⑤服务水平，企业采购的对象不仅是产品，同时还包括服务，应选择能提供售后配套服务的供应商；⑥信誉，企业采购应选择有良好声誉、经营稳定、财务状况良好的供应商，守合同、讲信誉、能准时交货是供应商选择时需考虑的因素；⑦快速响应能力，市场竞争越来越激烈，客户对企业的要求越来越高，交货期越来越短，供应商应有较好的响应能力，能及时满足企业的需要；⑧其他因素，如地理位置、交货准确率、提供产品的规格种类是否齐全、同行企业对供应商的评价、供应商的管理水平等。

外贸公司应利用多种渠道去寻找潜在的供应商，这些渠道主要有：①出版物，国际、国内都有大量的出版物随时随地为采购商提供供应商信息；②参加产品展示会，采购人员应参加有关行业的产品展示会，亲自收集适合本企业的供应商资料甚至进行当面洽谈；③行业协会，行业协会也是收集潜在供应商信息的重要渠道，采购方可以通过这些组织取得大量实用的有关供应商的资料；④利用互联网信息，如利用采购网络或采购专业网站来寻找供应商，例如阿里巴巴集团下的 1688 网站（见图 5-1）等。

1688 源头好货
hao.1688.com
⊙ 共15000家工厂为您服务　　　　搜产地

图 5-1　阿里巴巴 1688 网站

二、制作国内购销合同

国内购销合同是供应商交货和外贸公司查验货物的依据，是体现出口外贸公司与国内供应商厂家之间权利和义务的法律文件。制作内容时要与外贸合同和信用证相符，并且做到清楚、完整。国内购销合同用中文填写，主要列明货物的品质、规格、数量，货物的包装和唛头，及其备货时间，如表 5-1 所示。

表 5-1 购销合同模板

产品购销合同						
					合同编号	
					签订日期	
供方						
地址						
需方						
地址						
一、产品名称、产地、规格型号、包装、数量、价款						
产品名称	产地	规格型号	包装	数量	单价	总金额
总金额合计（大写）：人民币						
二、质量标准						
三、交（提）货方式						
四、交货时间和地点						
五、付款方式及时间						
六、合同履行地						
七、本合同适用《合同法》关于买卖合同的有关规定						
八、本合同一式两份，双方各执一份，自双方签字盖章后生效						
九、本合同手写或有任何修改均无效						
供方： 代表：			需方： 代表：			

国内购销合同的模板多种多样，主要内容的填写如下。

（1）在供方栏目填写供应商工厂的中文名称和地址，在需方栏目填写出口商公司的中文名称和地址。

（2）合同编号由卖方或买方自行编设，以便存储归档管理之用，并填写合同签订的日期。

（3）在产品信息部分填写产品名称、产地、规格型号、包装、数量、单价、大小写总金额等内容。

（4）说明产品质量应符合的技术标准，卖方对产品质量负责的条件和期限。

（5）说明交货的时间和地点，如：买方指定某地点以及交货的期限。

（6）说明付款方式及时间，如：需方凭供方提供的增值税发票及相应的税收（出口货物专用）缴款书在供方工厂交货后 7 个工作日内付款，如果供方未将有关票证备齐，需方扣除 17% 税款支付给供方，等有关票证齐全后结清余款。

（7）规定违约责任和解决合同纠纷的方式，如：本合同适用《合同法》关于买卖合同的有关规定。

（8）供需双方公司的签名盖章。

三、签订国内购销合同的注意事项

外贸公司根据国外客户的订单要求，选择国内供应商完成生产加工。双方签订的国内购销合同是国外客户需求的体现，更是出口企业下达给生产企业的生产要求的体现。所以，能否妥善地签订国内购销合同，能否将国外客户的需求准确地反映在国内购销合同中，成为外贸公司能否顺利完成出口贸易的基本保障。签订国内购销合同的注意事项有以下几点。

（1）出口企业应根据国外客户需求，结合国内外市场行情签订国内购销合同。出口企业签订国内购销合同，有关商品的要求，如品质、数量、包装等应以出口合同为依据；有关商品价格或费用方面的要求，应受出口合同制约；出口企业签订国内购销合同，还要考虑到国内外市场行情的影响。

（2）国内购销合同要求内容完整。出口企业应在国内购销合同中完整表述采购商品的名称、质量、规格、花色、型号、品种、包装、需求量、交货时间、交货地点、运输方式、结算方式等内容。

（3）国内购销合同要求文字规范、用词准确，充分利用合同条款保障购销双方的利益。出口企业可以要求生产厂商按时、按质、按量交付货物，按照合同规定把货物送往码头仓库或配合装箱公司装货，并按要求开好发票。这些要求均应在国内购销合同中准确体现。

实训操作示范

▶ 实训说明

（1）学会什么？

能够完整、正确地按照合同和信用证内容制作国内购销合同。

（2）如何完成？

以签订的合同和项目四中落实的信用证为依据，在国内购销合同模板中完整、正确地填制内容。

▶ 操作步骤

（1）在合同和信用证中，重点提取以下信息：产品名称、规格型号、包装、数量、单价和总金额。

（2）根据装运期预计合理的供应商交货时间，明确与供应商的成交价格。

（3）制作国内购销合同（中文），如表 5-2 所示。

表 5-2　购销合同范例

产品购销合同						
					合同编号	CG180420
					签订日期	20180420
供方	义乌大成制衣有限公司					
地址	浙江省义乌市大陈镇经济开发区 10 号					
需方	义乌商远进出口有限公司					
地址	浙江省义乌市学院路 2 号					

一、产品名称、产地、规格型号、包装、数量、价款

产品名称	产地	规格型号	包装	数量	单价	总金额
男士衬衫	义乌	S123	每箱装 20 件	1000 件	50 元	50000 元

总金额合计（大写）：人民币 伍萬圆整

二、质量标准	GB/T 2660—2008
三、交（提）货方式	卖方送货，卖方承担运输费用，实际交付前的一切风险由卖方承担
四、交货时间和地点	2018 年 4 月 30 日前，送货到买方指定仓库
五、付款方式及时间	交货后凭供方提供的增值税发票及相应的税收（出口货物专用）缴款书在供方工厂交货后 7 个工作日内转账付款
六、合同履行地	义乌

七、本合同适用《合同法》关于买卖合同的有关规定

八、本合同一式两份，双方各执一份，自双方签字盖章后生效

九、本合同手写或有任何修改均无效

供方：义乌大成制衣有限公司 代表：小陈	需方：义乌商远进出口有限公司 代表：小金

实训题目

　　提取之前合同和信用证中的相关产品信息，明确与供应商的成交价格，预计合理的交货时间，在表 5-3 中制作一份中文的国内购销合同。

表 5-3 空白购销合同

产品购销合同						
				合同编号		
				签订日期		
供方						
地址						
需方						
地址						

一、产品名称、产地、规格型号、包装、数量、价款

产品名称	产地	规格型号	包装	数量	单价	总金额

总金额合计（大写）：人民币	
二、质量标准	
三、交（提）货方式	
四、交货时间和地点	
五、付款方式及时间	
六、合同履行地	

七、本合同适用《合同法》关于买卖合同的有关规定

八、本合同一式两份，双方各执一份，自双方签字盖章后生效

九、本合同手写或有任何修改均无效

供方： 代表：	需方： 代表：

任务二　生产进度跟单

在与国内供应商签订了出口产品的国内购销合同后，公司跟单员小李对供应商的生产进度进行跟踪，以确保能按时交货，顺利完成合同。小李的工作任务是协助生产管理人员将订单转化为生产计划，之后及时了解并处理生产执行时遇到的各种情况，适时深入企业车间，检查实际的产品生产进度。

任务目标

开展生产进度跟单工作，确保供应商能及时交货，从而保证在装运期前安排运输。

知识要点学习

1. 生产进度跟单的工作程序
2. 常见的异常情况与处理

一、生产进度跟单的工作程序

生产进度跟单的基本要求是使生产企业能按订单及时交货。及时交货就必须使生产进度与国内购销合同中的交货期相吻合，尽量做到合理安排，不延迟交货。生产进度跟单的主要工作程序是：下达生产通知单—制订生产计划—跟踪生产进度。

（一）下达生产通知单

生产进度跟单

外贸跟单员应将货物生产进度转化为供应商下达生产任务的生产通知单，在转化时应明确产品的名称、规格型号、数量、包装、出货时间等要求。外贸跟单员需与生产管理者或本企业有关负责人对订单内容逐一进行分解，转化为生产企业的生产通知单内容。在交货时间不变的前提下，对本通知单内涉及的料号、规格、标准、耗材等逐一与生产部门衔接，不能出现一方或双方含糊不清或任务下达不明确的问题。生产通知单模板如表5-4所示。

表 5-4 生产通知单模板

款号:		合同号:			数量:	
面料:		商品名称:			制单日期:	
交货日期:		工厂:				
	颜色　尺码　数量				包装方案:	
颜色	尺码			合计		
	M	L	XL			
总计						
要求:				图样:		

备注: 主料、辅料均由定做方提供(已全部进库),具体装箱、工艺要求等详见附件。如有任何疑问,请与跟单部联系,谢谢合作!

外贸跟单员不应有生产通知单下达后就完成任务的想法,还必须及时了解掌握生产通知单具体下达到车间后在生产执行时遇到的各种情况,比如在具体生产操作上的技术、物料供应等问题。外贸跟单员需要及时与车间或有关部门衔接协调解决具体问题;对于生产车间不能解决的技术问题或生产出来的产品无法达到客户要求的情况,跟单员应及时与有关部门衔接,在技术问题无法解决前不能安排生产。如遇意外事件导致订单无法按时、按质、按量完成,跟单员需要反复核实,并做好多种应急事件处理准备工作,或及时调整生产通知单个别内容,或及时调整生产厂家并另行下达生产通知。

(二)制订生产计划

外贸跟单员应协助生产管理人员将订单及时转化为生产计划,以便产品的顺利生产。生产计划主要是依据订单要求、前期生产记录、计划调度以及产能分析而制订的。生产计划制订原则为:①交货期先后原则。交货期越短,交货时间越紧急,正常来说应当优先安排生产。②客户分类原则。客户有重点客户、一般客户之分,重点客户的排程应该优先。③产能平衡原则。各生产线生产应该顺畅,半成品生产线与产成品生产线的生产速度相同,考虑机器负荷,不能出现生产瓶颈,不能出现停工待料事件;④工艺流程原则。工序越多的产品,制造时间越长,应该重点关注。

生产计划的内容主要有各月份、规格、设备及销售类别的生产数量,并且每月应进行修订一次。月份计划的内容包括当月各批号、产品名称、生产数量、生产日期、生产单位的产量等。一周生产计划是由月份生产计划或紧急订单转换而制订的,是生产的具体执行计划,其准确性应该非常高,否则就没有充裕的时间进行修正和调整。它也是具体生产安排及物料供给的依据。周生产计划应该在月生产计划和出货计期的基础上进行充分协调,应该考虑以下因素：人力负荷是否可以充分支持，若不能，加班是否可以解决；机器设备是否准备好，能否达到预定产能，如人力或机器无法达到，发外包是否可以解决；物料是否已到位，未到位是否完全有把握在规定的时间到位；工艺流程是否有问题，有问题能否在规定时间内解决；生产环境是否符合生产该产品的环境要求。

（三）跟踪生产进度

跟单员通过生产管理部门每日的生产日报表，统计调查每天的成品数量及累计完成数量，以了解生产进度并加以跟踪控制，以确保能按订单要求准时交货。跟单员还可利用每日实际生产的数字同预定生产数字加以比较，看是否有差异，以追踪记录每日的生产量。若跟单员发现实际进度与计划进度产生差异，应及时查找原因。如属进度发生延误导致影响交货期，应要求生产企业尽快采取各种补救措施，如外包或加班等。当生产企业采取补救措施后，跟单员应调查其结果是否有效，如效果不佳，跟单员应要求生产企业再采取其他补救措施，一直到问题得到解决。由于补救措施无效，仍无法如期交货时，跟单员应及时联络，争取取得客户谅解并征求延迟交货日期。

二、常见的异常情况与处理

发生各种生产异常，其影响最终体现于生产进度无法按计划进行。跟单员在生产过程中要掌握生产异常情况，及时进行跟踪工作。若实际进度与计划进度发生差异，就要找原因。通常有下列原因及处理方法。

（1）问题发生在计划阶段，未对订单产品安排生产。原因可能是供应商内部管理不当，如有其他紧急订单插入，生产计划安排仓促导致漏掉该产品，等等。跟单员应通知供应商尽快将该订单列入生产计划，并提醒和强调国内购销合同中交货期的有关约定。

（2）订单产品已列入生产计划，但因机器设备有故障或材料没跟上等原因迟迟未开始生产，使生产进度落后。原因可能是供应商对原材料供应计划不周全、不及时，造成停工待料的情况，或者设备维护保养欠缺，设备故障多，影响生产进度。跟单员应向供应商发出异常通知，明确生产日期，并催查落实情况。

（3）订单产品已开始生产，但生产进程明显延迟，难以按时交货。原因可能是供应商的临时工作或特急订单的影响；员工工作情绪低落、缺勤或流动率高，使得产能不足；或在产品生产加工各工序转移过程中衔接不顺畅，生产断断续续。跟单员应通知供应商加紧生产，查清进程延迟的原因并采取应对措施，每天催查进度情况。

（4）产品按进度生产，但次品或不合格产品较多，造成返工将影响整体交货期。原因可能是机器设备的性能变弱，模具或工艺不符合要求，生产原材料或辅料出现问题，等等。跟单员应通知供应商及时排查问题，补足因次品或不合格产品造成的数量短缺，按时进行成品质量的抽查。

实训操作示范

▶ 实训说明

（1）学会什么？

能够根据签订的国内购销合同，制作详细的生产通知单，确保将订单要求完整、准确地转化为生产通知单的内容。

（2）如何完成？

以签订的国内购销合同为依据，在生产通知单模板中完整、正确地填制内容。

▶ 操作步骤

（1）在国内购销合同中，提取完整的产品信息和交货日期。

（2）明确产品生产的具体要求。

（3）制作生产通知单（中文）如表5-5所示。

表5-5　生产通知单范例

款号：S123	合同号：CG180420			数量：1000件	
面料：棉	商品名称：男士衬衫			制单日期：2018年4月21日	
交货日期：2018年4月30日	工厂：义乌大成制衣有限公司				
	颜色　　尺码　　数量				包装方案：1件1个塑料袋再装小纸箱包装，20个小纸箱放1个大纸箱包装。
颜色	尺码			合计	
	M	L	XL		
蓝色	500件	250件	250件	1000件	
总计	500件	250件	250件	1000件	
要求： 1.明线宽窄一致，衣片不起链，无漏针。 2.领面部位不允许跳针、跳线，其他部位30 cm内不得有两处单跳针。 3.压衬注意温度、牢度，粘衬不反胶。 4.领子两端对称等长，有窝势，翻领不反吐。 5.不允许烫极光，不能有污迹线头，钉钮牢固。 6.规格正确。	图样： 				

备注：主料、辅料均由定做方提供（已全部进库），具体装箱、工艺要求等详见附件。如有任何疑问，请与跟单部联系，谢谢合作！

提取任务一实训题目中制作的国内购销合同中的产品信息和交货日期，按实训操作示范中的生产通知单范例或搜索并下载适合自己的业务的模板，完整、正确地填制内容，确保将订单要求完整、准确地转化为生产通知单的内容。

任务三　产品质量跟单

任务导入

除了产品数量的生产进度，产品质量也是很重要的跟单内容。质量不符合合同要求也将造成违约，如进行返工则必将给按时交货形成压力。跟单员小李在产品质量跟单方面的工作内容是检查供应商是否拥有出口产品所需的国际认证；开展生产过程的质量控制，严格贯彻产品质量要求；协同公司验货员，对已生产好的出口产品成品进行质量检验，认真鉴别可疑的产品或批次，对不合格品进行相应的处置。

任务目标

开展产品质量跟单，确保供应商交货时的产品符合合同各方面的质量要求。

知识要点学习

1. 出口产品质量的国际认证
2. 生产过程的质量控制
3. 出口产品的质量检验

产品质量跟单

一、出口产品质量的国际认证

（一）产品质量认证

出口产品质量的国际认证按认证的对象分为质量管理体系认证和产品质量认证两大类。产品质量认证是指依据产品标准和相应技术要求，经认证机构确认并通过颁发认证证书和认证标志来证明某一产品符合相应标准和相应技术要求的活动，对象是特定产品包括服务。实行产品质量认证的目的是保证产品质量，提高产品信誉，保护用户和消费者的利益，促进国际贸易和发展国际质量认证合作。商品在获得质量认证证书和认证标志并通过注册加以公布后，就可以在激烈的国际国内市场竞争中提高自己产品质量的可信度，有利于占领市场，提高企业经济效益。同时，对于已取得质量认证的产品，还可以减少重复检验和评定的费用。世界上主要的认证如下。

（1）中国。

①CCC认证（也叫3C认证）。CCC是英文China Compulsory Certification的缩写，意思是"中国强制认证"。如果是列入《实施强制性产品认证的产品目录》里的产品，没获得指定机构认证的，没进行按规定标贴认证的，就不可以销售、进口和出厂。3C标志并不是质量标志，而只是一种最基础的安全认证。②CQC认证。它是中国质量认证中心开展的自愿性产品认证业务之一，以加施CQC标志的方式表明产品符合相关的质量、安全、性能、电磁兼容等认证要求，重点关注安全、电磁兼容、性能、有害物质限量（ROHS）等直接反映产品质量和影响消费者人身和财产安全的指标。

（2）欧洲。

①CE（Conformite Europeenne）认证，即欧盟强制标准认证。它只限于产品不危及人类、动物和货品的安全方面的基本安全要求而不是一般质量要求，是一种安全认证标志，被视为制造商打开并进入欧洲市场的护照。不论是欧盟内部企业生产的产品，还是其他国家（地区）生产的产品，要想在欧盟市场上自由流通，就必须加贴该标志。CE下面有很多EN（European Norm），即欧盟协调标准，产品通过了这些EN认证，就说明通过了CE认证。如电动车做EN15194认证，而充电器做EN61000认证。②GS（Germany Safety）认证。它是以德国产品安全法（SGS）为依据，按照EN或德国工业标准（DIN，Deutsches Institut fur Normung）进行检测的一种自愿性认证，是欧洲市场公认的德国安全认证标志。③NF服务认证。它是证实一项服务的质量和可靠性符合法国、欧洲和国际标准所规定的质量性能的自愿性认证，涉及搬场、家具贮存单位、旅行社、抢修和拖曳、客运、个人安全和终身教育。

（3）美国。

①UL认证。UL是美国保险商试验所（Underwriter Laboratories Inc.）的简写。它是美国最具权威的，也是世界上从事安全试验和鉴定的较大的民间机构。它采取科学的测试方法来研究确定各种材料、装置、产品、设备、建筑等对生命、财产有无危害及危害的程度；进行确定、编写、发行相应的标准和有利于减少及防止造成生命财产损失的资料，同时开展实情调研业务，其最终目的是为市场得到具有相当安全水准的商品，为人身健康和财产安全得到保证做出贡献。②ETL认证。ETL是美国电子测试实验室（Electrical Testing Laboratories）的简称，它是由美国发明家爱迪生在1896年一手创立的，在美国及世界范围内享有极高的声誉。ETL可根据UL标准或美国国家标准测试核发ETL认证标志，也可同时按照UL标准或美国国家标准和加拿大标准协会标准或加拿大标准测试核发复合认证标志。该标志右下方的"US"表示适用于美国，左下方的"C"表示适用于加拿大，同时具有"US"和"C"则在两个国家都适用。③FCC认证。FCC是美国联邦通信委员会（Federal

Communications Commission）的简写，它是美国政府的一个独立机构，直接对国会负责。许多无线电应用产品、通信产品和数字产品要进入美国市场，都要求得到 FCC 的认可。

（4）加拿大。

CSA 是加拿大标准协会（Canadian Standards Association）的简写。它是加拿大最大的认证机构，也是世界上最著名的安全认证机构之一。北美市场的电子电器等都要取得 CSA 的认证。机械、建材、电器、电脑上的一切设备和办公设备，以及环保、医疗、防火、安全、运动、娱乐等各方面，CSA 都可以进行检测和提供产品安全认证。

（5）日本。

日本的 DENTORL 法（电器装置和材料控制法）规定，498 种产品进入日本市场必须通过安全认证。其中，165 种 A 类产品应取得菱形的 PSE 标志，333 种 B 类产品应取得圆形的 PSE 标志。

（6）国际。

CB 认证体系（Certification Bodies' Scheme），是 IECEE（国际电工委员会电工产品合格测试与认证组织）各成员国（地区）认证机构以 IEC（国际电工委员会）标准为基础对电工产品安全性能进行测试，其测试结果即 CB 测试报告和 CB 测试证书在 IECEE 各成员国（地区）得到相互认可。CB 认证目的是减少由于必须满足不同国家（地区）认证或批准准则而产生的国际贸易壁垒。

世界各国或地区的产品质量认证的认可标志如图 5-2 所示。

国家/地区 Contry/Area	认可标志 Mark	国家/地区 Contry/Area	认可标志 Mark
中　国 China	ⒸⒸⒸ CB	法　国 France	NF
欧　洲 Europe	CE En/en	荷　兰 Holland	KEMA KEUR
德　国 Germany	OVE GS	瑞　士 Switzerland	+S
美　国 USA	UL FC ETL	奥地利 Austria	ÖVE
日　本 Japan	PSE PSE	意大利 Italy	
加拿大 Canada	CSA	俄罗斯 Russia	PCT
巴　西 Brazil	UC	澳大利亚 Australia	
挪　威 Norway	N	韩　国 Republic of Korea	MIC K
丹　麦 Denmark	D	新加坡 Singapore	SAFETY MARK 123456-00
芬　兰 Finland	FI	以色列 Israel	
瑞　典 Sweden	S	南　非 South Africa	SABS
英　国 Britain		阿根廷 Argentina	
比利时 Belgium	CEBDC		

图 5-2 世界各国或地区产品质量认证

（二）质量管理体系认证

质量管理体系认证是指组织的质量管理体系满足指定质量管理体系标准要求（如 ISO9001 标准的要求），通过认证机构的审核，由审核组提出审核报告，若批准通过认证，则认证机构予以注册并颁发认证证书。

ISO 标准是目前国际上最重要的质量管理体系标准，是由国际标准化组织（International Organization for Standardization）制定的标准，包括 ISO9000、ISO10000 及 ISO14000 3 个系列。ISO9000 标准明确了质量管理和质量保证体系，适用于生产型企业及服务型企业；

ISO10000 标准为从事和审核质量管理和质量保证体系提供了指导方针；ISO14000 标准明确了环境质量管理体系。

ISO9000 标准是由 ISO/TC176（国际标准化组织/质量管理和质量保证技术委员会）编写的国际化通用质量管理准则，旨在完善单位内部质量管理、稳定产品和服务质量、提高顾客的信任度和单位的信誉度。近年来，我们经常会看到某产品的包装盒上印有"×××公司已通过 ISO9001 质量管理体系认证"的字样，或者看见某市场、超市在购物袋上印着"×××商场已通过 ISO9001 质量管理体系认证"的类似字样。按照 ISO9000 族标准实施质量管理，通过 ISO9000 质量管理体系认证后的单位，可以理直气壮地对顾客发出这样的承诺："我们的管理体系是国际上一致认可的，我们的产品和服务质量是一流的！"

实施 ISO9000 质量管理体系至少有如下一些好处：可以预防不合格产品或服务的产生，提高单位信誉程序；一次性把工作做好，以最少的成本赚取最大的利润；可以减少临时救急的情况，有利于把管理者从日常的琐事中解脱出来，多考虑单位的发展前景；可以系统化管理，将本单位或其他单位的经验纳入一套文件化的质量体系之中，用于培训员工，规范员工的工作程序，减少工作失误，提高工作效率；可以有效地发现和解决质量问题，防止相同的错误重复发生；能够方便、快捷地向顾客提供用来证实产品和服务质量的客观证据；为质量管理体系评价者、顾客代表和发生法律诉讼时的律师提供事实证据。

如果你常常关注一些单位的招聘信息，就会发现许多用人单位将"懂 ISO9000 标准知识""具有 ISO9000 内审员资格"这一类的要求作为招聘人员的条件。根据 ISO9000 标准的要求，任何单位要取得 ISO9000 认证证书，必须由本单位内部定期进行内部质量审核（简称内审），而实施内审的人员必须是经过培训的有资格的内审员，只有取得了内审员资格证书，才能在单位中承担内审的任务。因此，任何单位要取得 ISO9000 认证证书，必须至少拥有 2 ~ 3 名内审员。

二、生产过程的质量控制

出口产品生产往往是一个多环节的复杂过程，工人、机器设备、原材料、生产技术、生产环境等任何一种因素的变化，都很可能引起产品质量的波动，甚至出现不合格的产品。等到产品生产完毕，再因检测出质量问题而返工，将增加成本并延误货期。因此，产品质量应该在生产过程中进行控制。

生产过程的质量控制是指从材料进厂到形成最终产品的整个过程对产品质量的控制，即根据产品设计和工艺文件的规定以及生产质量控制计划的要求，对各种影响生产质量的因素实施控制，以确保生产制造出符合设计意图和规范质量并满足用户或消费者要求的产品。工艺文件是产品生产过程中用以指导工人操作的技术文件，是企业安排生产计划，实施生产调度、劳动组织、材料供应、设备管理、质量检查、工序控制等的重要依据。通常工艺文件除工艺规程外，还有检验规程、工装图样、工时图样、工时定额表、物料消耗定额表等。此外，根据质量要求，为了进行重点控制，应有工序质量控制点明细表、工序质量分析表、作业指导书、检验计划、检验指导书等。

生产过程质量控制的基本任务是严格贯彻设计意图和执行技术标准，使产品达到质量标准；实施生产过程中各个环节的质量保证，以确保工序质量水平；建立能够稳定地生产符合质量水平要求的产品的生产制造系统。其职能活动主要包括：明确质量责任合理组织生产；加强岗位培训；提供设备保障；提供工装保障；做好物资供应；严抓工艺纪律；执行"三自一控"（自检、自分、自做标记，控制自检正确率）控制关键工序；加强在制品管理；加强质量信息管理；组织文明生产；做好技术文件与资料的管理；严格工艺更改控制；加强检查考核。

生产过程质量控制的跟单要求如下。

（1）严格贯彻执行生产质量控制计划。根据具体要求及生产质量控制计划，建立责任制，对影响工序质量的因素 5M1E（即人、机、料、法、环境与检测）进行有效的控制。

（2）保证工序质量处于控制状态。运用控制手段，及时发现质量异常，找出原因，及时采取正确措施，使工序恢复到受控状态，以确保产品质量稳定，符合生产质量控制计划规定的要求。

（3）有效地控制生产节奏，及时处理质量问题，确保均衡生产。严格按时、按量、按质的标准组织生产，有效地控制生产节奏，维持正常的生产秩序。适时开展预防、协调活动，及时处理质量问题，均衡地完成生产任务。

三、出口产品的质量检验

出口产品质量检验可以分为生产前检验、生产过程中检验和产成品交付前检验。生产前，验货人员通过随机抽样对生产的原材料、初加工产品、零部件进行检验；生产过程中，验货人员对生产线上的半成品或刚下线的产成品进行检验，检查纰漏和偏差，报告厂方，并提出纠正错误和偏差的有效方法；产成品交付前，验货人员在产品生产及包装完成待交运前，对货物的数量、工艺、功能、颜色、尺寸规格和包装等细节进行检查。工厂的质量管理人员通常称为 QC（quality controller），工作以生产过程中质量控制为主；外贸公司和第三方验货公司的质量管理人员则通常称为 inspector，即验货员，工作以最终成品检验为主，在出货前进行把关，严谨、仔细地检查产品质量，客观、公正地反映产品质量情况，并如实填写验货报告。

验货员的具体工作内容有：查验供货方所供货物是否符合国家法律法规或国家有关标准规定的质量要求；及时避免交货上的延误和产品的缺陷，在第一时间采取应急和补救措施；减少或避免由于收到劣质产品而引起的消费者投诉、退换货及商业信誉的损失；降低因销售劣质产品而引发赔偿、行政处罚的风险；核实货物的质量和数量，避免合同纠纷；比较和选择最佳的供货商并获得相关的信息和建议；减少为监控和检验产品所支出的高额管理费和人工费。

抽样检验是验货员在外贸出口商品质量检验中使用最多的一种检验形式。抽样检验是按照数理统计原理预先设计的抽样方案，从待检总体（一批产品、一个生产过程等）中取得一个随机样本，对样本中的个体逐一进行检查，获得质量特性值的统计值，并和相应标准比较，从而对总体质量做出判断（接受或拒绝、受控或失控等）。以 GB 2828 标准的一次抽样方案为例。方案中，"批"指的是相同条件下制造出来的一定数量的产品，在基本相同的生产过程中连续生产的一系列批则被称为"连续批"。为实施抽样检查的需要而划分的基本单位称为"单位产品"，如"一件衣服"。判定批合格时，样本中所含不合格产品（d）的最大数称为合格判定数（Ac），即当 $d \leqslant$ Ac 时被判定为合格。Re 为不合格判定数，即当 $d \geqslant$ Re 时被判定为不合格，Re=Ac+1。

服装的质量检验采用的就是一次抽样方案，服装批量的合格质量水平（acceptable quality level, AQL）为 2.5，检查水平为一般检查水平，检查的严格度为正常检查。AQL 1.0—6.5 标准用于服装、纺织品等检验。在 AQL 抽样时，抽取的数量相同，而 AQL 后面跟的数值越小，允许的瑕疵数量就越少，说明品质要求越高，检验就相对越严。参照 AQL 服装国际检验标准，有一批服装的订单数是 3000 件，按照 AQL 2.5 标准（见表 5-6）抽查 125 件，次品数 $\leqslant$ 7 就通过（pass），次品数 $\geqslant$ 8 就不合格（fail）。

表 5-6 AQL 2.5 标准

Order Size 定单数	Sample Size 抽样数	Acceptable Major Number 合格品数	Rejected Major Number 次品数
1 ~ 8	2	0	1
9 ~ 15	3	0	1
16 ~ 25	5	0	1
26 ~ 50	8	0	1
51 ~ 90	13	1	2
91 ~ 150	20	1	2
151 ~ 280	32	2	3

Order Size 定单数	Sample Size 抽样数	Acceptable Major Number 合格品数	Rejected Major Number 次品数
281 ~ 500	50	3	4
501 ~ 1200	80	5	6
1201 ~ 3200	125	7	8
3201 ~ 10000	200	10	11
10001 ~ 35000	315	14	15
35001 ~ 150000	500	21	22
150001 ~ 500000	800	21	22

实训操作示范

▶ 实训说明

（1）学会什么？

熟悉抽样检验的基本术语、方法和标准，掌握 AQL 标准的应用。

（2）如何完成？

根据签订的国内购销合同中的产品种类与订单数量，确定相应抽样检验方案及 AQL 标准，明确抽检合格允许的范围。

▶ 操作步骤

（1）从国内购销合同中查询，得到产品为服装，订单数量为 1000 件。

（2）出口服装的国际检验标准为 AQL 2.5。

（3）按 AQL 2.5 标准，明确 1000 件服装订单的抽检样本数量为 80 件。次品数小于等于 5 件视为抽检通过，次品数大于等于 6 件视为抽检不通过。

实训题目

提取之前实训题目中制作的国内购销合同中的产品种类和订单数量，按实训操作示范中的步骤选择相应的抽检方案和 AQL 标准，明确该批产品抽检的样品数量和合格质量水平。

AQL 标准

任务四　产品包装跟单

　　对于大多数出口产品，只有经过包装，才算完成出口产品的全部生产过程，进入流通和消费领域。包装不足、包装不当、包装过度都会影响出口产品价值和使用价值的实现。跟单员小李在产品包装跟单方面的工作内容是明确产品包装材料、方式，使出口包装合理化；核对吊牌、外包装上的标志和印刷内容。最后，小李终于在交货期内完成了产品的进度、质量和包装跟单，出具了验货报告，货物生产和采购完毕，处于装运前的状态。

　　开展产品包装跟单工作，使包装合理化，核对包装上的标志和印刷内容；出具验货报告，完成货物生产与采购。

1. 出口包装材料
2. 包装标志和印刷内容
3. 各国对包装的要求

产品包装跟单

一、出口包装材料

　　合理化的出口包装具有以下几个特点：包装所选用的材料和技术要合适，符合产品的特性；包装适应运输条件，可以保护出口产品不受损失；包装符合进口国（地区）的安全和环保等要求。

　　包装材料是用于制造包装容器以及与包装运输、包装装潢、包装印刷、包装辅助材料等同包装有关的材料的总称。能用做出口包装的材料种类有很多，如木材、纸、塑料、金属、玻璃、陶瓷、天然纤维、化学纤维、复合材料、缓冲材料等。这些不同种类材料的成分、结构、性质、来源、用量及价格，决定着包装的性质、质量和用途，并对包装的生产成本和用后处理有重要影响。

　　（1）木材作为包装材料具有悠久的历史。它具有很多优点：木材分布广，可以就地取材；质轻且强度高，有一定的弹性，能承受冲击和振动；容易加工，具有很高的耐久性，价格低廉；等等。尽管木质包装正在被塑料制品包装、纸制品包装、金属包装等所取代，但在出口包装行业中仍然举足轻重。出口常用的木制品包装有木箱、木桶、夹板等。较笨重的五金、机械和怕压、怕摔的仪器、仪表以及纸张等出口产品大都使用这类包装，木制品包装的木材根据出口产品包装的内容物不同，也有不同的要求。因此，木材的密度、相应的硬度等性能及木材的价格是决定包装用材等级的重要依据。

（2）纸质包装材料是当前国际流行的"绿色包装"所使用的材料。由于纸质包装材料的主成分是天然植物纤维素，易被生物分解，减少了处理包装废弃物的成本，而且纸质包装的物料丰富易得，在包装材料中占据主导地位。与其他包装材料相比，纸质包装材料具有较高的性价比、良好的弹性、优良的成型性和折叠性，对被包装物有良好的密封保护作用，符合环保要求，可回收利用，因而被广泛利用。

（3）塑料包装是指以人工合成树脂为主要原料的各种高分子材料制成的包装。目前主要的塑料包装材料有 PE（聚乙烯塑料）、PVC（聚氯乙烯塑料）、PP（聚丙烯塑料）、PS（聚苯乙烯塑料）、PET（聚酯塑料）、PA（聚酰胺塑料）等。玻璃最突出的优点是化学稳定性好，透明性好，无毒、无味、卫生、安全，密封性良好，不透气、不透湿，易于加工成型，原料来源丰富，制作成本低，易回收，能重复使用和利于环保。玻璃难以克服的缺点是耐冲击强度低、热稳定性不好、笨重，这些都给运输、装卸、储存出口产品带来困难，所以很少以玻璃制成运输包装。

（4）陶瓷与玻璃有许多共同之处，而且成本更低廉，具有很好的遮光性。所以经常被制成缸、罐、坛等运输包装容器，广泛用于包装运输各种化工产品、特色传统食品等。

二、包装标志和印刷内容

出口产品包装标志主要是指出口产品运输包装标志，即按规定在包装上印刷、粘贴、书写的文字、数字、图形以及特定记号和说明事项等，是出口产品运输、装卸和储存过程中不可缺少的辅助措施。包装标志便于识别出口产品，便于运输、仓储等部门的工作和收货人收货，对保证安全储运、减少运转差错、加速出口产品流通具有重要作用。包装标志按表现形式，可分为文字标志和图形标志两种；按内容和作用，又可分为收发货标志、包装储运图示标志、危险货物包装标志以及国际海运标志等。

（一）收发货标志（识别标志）

出口产品运输的收发货标志是指在运输过程中识别货物的标志。发货标志，又称唛头，通常由一个简单的几何图形和一些数字及简单的字母组成，它不仅是运输过程中辨认货物的根据，而且是一般贸易合同、发货单据和运输保险文件中，记载有关标志的基本部分。

（二）包装储运图示标志

包装储运图示标志是根据不同出口产品对物流环境的适应能力，用醒目简洁的图形和文字标明在装卸运输及储存过程中应注意的事项。按国家标准《包装储运图示标志》（GB/T191—2008）规定，标志共分为 17 种。

（三）危险货物标志

危险货物标志是为起警示作用，对易燃、易爆、易腐、有毒、有放射性等具危险性的出口产品，在运输包装上加印的特殊标记，也是以文字与图形构成的。国家标准《危险货物包装标志》（GB 190—2009）对危险货物包装标志的图形、适用范围、颜色、尺寸、使用方法均有明确规定。

（四）国际海运标志

国际海运标志包括联合国海运协商组织对国际海运货物规定的"国际海运指示标志"和"国际海运危险品标志"两套标志。我国出口产品同时使用这两套标志。在出口产品运输包装上除上述标志外，有时也印有其他标志，如质量认证标志、商检标志、出口产品条码等。

各类标志及其含义

三、进口国（地区）的包装要求

世界各国（地区）对进口商品的包装都有自己的规定，包括包装材料、包装结构、图案及文字标识等。例如美国对包装的要求：加利福尼亚、弗吉尼亚等 11 个州禁止销售可拉离的拉环式易拉罐；禁止使用稻草做包装材料，如被海关发现，必须当场销毁，并支付由此产生的一切费用；木制包装必须经过熏蒸、防腐等处理才能入境，否则按要求进行销毁处理；出口到美国的所有外国（地区）原产地的商品（或其包装）均须在一个显著的位置上用清楚易读、不可消除和持久的形式用英文把原产地加以标出；食品营养成分标签的内容包括包装规格、食用量、热量、脂肪来源热量、总脂肪、饱和脂肪、胆固醇、钠、总碳水化合物、膳食纤维、糖、蛋白质、维生素、矿物质和日需要量占比（以日摄入 2000 卡热量为准）等内容，必须注明反式脂肪酸的含量。出口加拿大的商品包装则必须英法文对照。

德国禁用类似纳粹和军团符号标志；规定中国出口到德国的食品包装用瓦楞纸箱，要求纸箱表面不能上蜡、上油，也不能涂塑料，纸箱上的印刷必须用水溶性颜料，不能用油溶性油墨。法国规定所有商品的标签说明书、广告传单、使用手册、保修单及其他情报材料都要强制性地使用法文，否则不许销售；销往法国的产品装箱单及商业发票须用法文，包括标志说明，不以法文书写的应附译文；果汁包装上应有果浆的比例，在标签上还必须标明实质物的含量；食品的成分说明包括在生产和配制过程中使用并存在于最终产品中的添加剂，成分标明的顺序是按原料的使用量由高到低列出，也就是说最主要的成分要放在首位；包装食品必须注明食品的最佳食用期限。

新西兰严禁使用干草、稻草、麦草、谷壳或糠、生苔物、土壤、泥灰、用过的旧麻袋及其他材料作为包装；阿拉伯地区禁用六角星图案，销往阿拉伯地区的食品、饮料必须用阿拉伯文说明；丹麦以保护环境为名，要求所有进口的啤酒、矿泉水、软性饮料一律使用可回收利用的容器，否则拒绝进口；埃及禁止棉花类包装进入本国境内；日本拒绝竹片类包装入境；俄罗斯规定食品标签上必须注明原产地、厂家名称及地址、产品名称、产品成分、容量、食用价值、使用和储存条件、适用期、储存期、生产和包装日期、代码及食品配料，消费说明应使用俄文标注，食品和食品名称须符合俄罗斯联邦国家标准的规定。

实训操作示范

▶ 实训说明

（1）学会什么？

出具产成品验货报告，完成出口货物的生产与采购工作。

（2）如何完成？

根据签订的国内购销合同中的信息，以及产品质量和包装检验的结果，填写验货报告。

▶ 操作步骤

（1）从国内购销合同中查询订单号、产品名称、订单数量、供应商、款号、交货期等信息。

（2）将产品质量检验、包装检验等结果填入验货报告。

（3）得出报告结果。

（4）组织装箱。

组织装箱

实训题目

　　提取之前实训题目中制作的国内购销合同中的产品种类、订单数量和供应商等信息，按实训操作示范中的操作步骤在空白验货报告（见表5-7）中填入产品质量检验、包装检验等结果，得出报告结果。验货通过则完成货物生产与采购工作，使货物处于备运状态。

验货报告范本

表 5-7 空白验货报告

×××公司验货报告						
订单号		产品名称				
订单数量		供应商				
款号		交货期				
验货日期						
抽样标准	依据 单次抽样表共抽样 套			MA=1.5		Ac/Re
				MI=2.5		Ac/Re
要求检验步骤		严重缺陷	大缺陷	小缺陷	缺陷说明	判定 OK	判定 NG
1	**包装**						
	纸箱规格						
	主唛/侧唛						
	包装袋印刷						
2	**服装组**						
	面料						
	里料						
	辅料						
	领标						
	水洗标						
	挂卡						
	印刷图案						
	尺寸						
3	**做工**						
	裁剪						
	车缝						
	压合						
	钉扣						
	拉链及魔术贴						
	防水胶条						
	线头						
	污渍						
	缺陷合计						
	处理结果	□通过		□需改善		□通不过	
	验货员			工厂负责人			

项目六 货物托运与通关

教学目标

使出口业务员能根据之前签订的合同所约定的内容，比较和选择一家国际海运货运代理公司，制作订舱委托书并指示其代理向船公司办理托运业务；制作出境货物报检单，办理出境报检手续；制作出境货物报关单，办理出境报关手续；以上述内容为基础，掌握关检融合改革下的通关知识和技能。

主要工作任务

本实训项目分解为3个工作任务，分别是海运出口托运、出境货物报检、出境货物报关（关检融合）。

项目说明与任务导入

任务一　海运出口托运

任务导入

在完成了货物的生产与采购之后，出口方跟单员小李上网查找装运期内的船期并比较运费价格，综合其他因素选择了一家国际货运代理公司。与该国际货运代理公司取得业务联系后，小李制作了符合要求的订舱委托书，并把委托书传真给货代公司，指示其代理向某船公司进行订舱。在收到国际货运代理公司的装箱通知后，小李马上通知国内的货物供应商做好装箱准备。在约定时间，小李到仓库监督货物的装箱。

任务目标

选择国际货运代理公司，制作订舱委托书，完成海运出口订舱和货物装箱工作。

知识要点学习

国际运输办理

1. 选择国际货运代理
2. 制作订舱委托书
3. 海运货物出口操作
4. 集装箱的货物装箱

一、选择国际货运代理

（一）国际货运代理

随着国际贸易、国际货物运输方式的发展，国际货运代理已渗透到国际贸易的每一个领域，成为国际贸易中不可缺少的重要组成部分。市场经济的迅速发展，使社会分工越加趋于明确，单一的贸易经营者或者单一的运输经营者都没有足够的力量亲自处理每项具体业务，他们需要委托代理人为其办理一系列商务手续，从而实现各自的目的。国际货运代理的基本业务范围是受委托人委托或授权，代办各种国际贸易、运输所需要服务的业务，并收取一定报酬，或作为独立的经营人组织并完成货物运输、保管等业务，因而被认为是国际运输的组织者，也被誉为"国际贸易的桥梁"和"国际货物运输的设计师"。

国际货运代理通常是接受客户的委托完成货物运输的某一个环节或与此有关的各个环节，可直接或通过货运代理雇佣的其他代理机构为客户服务，也可以利用它的海外代理人提供服务。其主要服务内容包括：

（1）揽货、订舱（含租船、包机、包舱）、托运、仓储、包装。

（2）货物的监装、监卸、集装箱装拆箱、分拨、中转及相关的短途运输服务。

（3）进出口报关、报检、保险。

（4）缮制签发有关单证，交付运费，结算及交付杂费。

（5）国际展品、私人物品及过境货物运输代理。

（6）国际多式联运、集运（含集装箱拼箱）。

（7）国际快递（不含私人信函）。

（8）咨询及其他国际货物代理业务。

但是，这些并不是每个国际货运代理企业都具有的经营范围。各个国际货运代理企业实际经营的国际货运代理业务范围，应当以经对外经济贸易主管部门及其他相关部门批准后登记、注册的经营范围为准。

（二）如何选择国际货运代理

登录中国国际海运网（http://www.shippingchina.com），可以通过对整箱或拼箱的船期、运价的查询，找到匹配的若干家国际货运代理公司。然后，查看这几家公司的网站，或者直接电话联系，获得具体的开船日期、船名、航次和报价等信息（见图 6-1、图 6-2）。

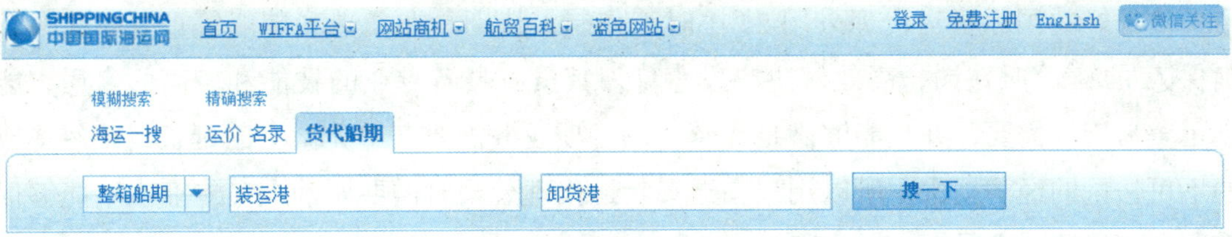

图 6-1　网络中查询货运信息

装运港	卸货港	20'GP/40'GP/40'HQ(USD)	发布时间
NINGBO	SALALAH	960/1520/1520	2018-07-20
NINGBO	DUBAI	660/1020/1020	2018-07-20
NINGBO	SHARJAH	760/1220/1220	2018-07-20
NINGBO	DAMMAN	710/1120/1120	2018-07-20
NINGBO	UMM QASR	1060/1620/1620	2018-07-20
NINGBO	KUWAIT	760/1170/1170	2018-07-20
NINGBO	AJMAN	810/1320/1320	2018-07-20
NINGBO	HAMAD	910/1520/1520	2018-07-20

图 6-2　寻找合适的货运路线

除了考虑必须满足的船期和比较价格等因素外，选择一家国际货运代理还应考虑以下几个方面。

（1）公司规模。

具有品牌影响力的国际货运代理公司都是通过多年的经营，公司规模覆盖各行业和地区，才能在业界内享有极高的信誉。选择合适的国际货运代理首先需要考察其公司规模是否能够支持用户的贸易量级，是否具备丰富的国际货运代理经验，代理行业范围是否包含用户贸易需求。

（2）货运网络。

货运网络的完善和发达程度能够体现国际货运代理公司的规模和实力。信誉好的国际货运代理公司在世界各重要贸易港口和货运中转站都设立总部，货运网络不仅涉及空运和海运，同时深入内陆地区。选择时需要注意代理公司货运网络是否覆盖用户贸易区域。

（3）服务项目。

国际货运代理接受委托人委托或授权，代办各种国际贸易、运输所需要服务的业务，涉及货物生产、包装、分拨、中转、进出关申请、仓储运输等多个环节，选择货代时应该考虑其能否提供特色化服务来满足用户贸易需求。

（4）人员技能。

信誉好的国际货运代理采用 24 小时工作制，特别是在集港和装船等重要时间段，确保人员 24 小时在岗，高效解决突发事件。其员工具备专业的技能和较高的素质，能满足贸易流程需要，并且能够满足经营者的各项业务需要，避免微小的延长或疏忽造成的不可估量的经济损失。所以用户在选择货运代理公司时需要明确人员专业水平能够保障贸易流程顺利进展。

二、制作订舱委托书

联系到合适的国际货运代理公司后，首先要制作订舱委托书。出口企业委托国际货运代理公司向承运人或其代理办理出口货物运输业务时，需向其提供订舱委托书，委托其代为订舱。订舱委托书是出口企业和国际货代之间委托代理关系的证明文件。订舱委托书的模板多种多样，但一般都包含收发货人、运费、产品信息、运输信息、是否允许中转，以及正本或电放等内容。完整的订舱委托书能提高后续运输工作的效率，委托书上的内容基本都要在提单中体现出来。订舱委托书模板如表 6-1 所示，填制规范如下。

（1）发货人（托运人）：填写出口商名称及详细地址（如信用证无特别规定，一般为信用证受益人）。

收货人与被通知人

（2）收货人：根据信用证中对提单收货人的规定填写。大致分为 3 种：①记名式，填写信用证中指定收货人名称；②空白抬头式，本栏目留空或仅填入"to bearer"；③指示性抬头式，填写"to order of shipper"或者"to order of（开证行名字）"。

（3）被通知人：按信用证中对提单通知人的规定填写。

（4）运费：根据信用证中规定，填写"预付"或"到付"。

（5）提单份数：一般为 3 份。

（6）放单方式：选择"正本"，则凭正本提单放货，即收货人凭正本背书提单向提单签发人提货，这种方式的风险较小；选择"电放"则不需要正本提单，只需要凭背书的电放提单传真件和电放保函向提单签发人提货。

（7）起运港：信用证规定的货物装货港、收货地或接受监管地。

（8）目的港：信用证规定的货物卸货港、交货地或最终目的地。

（9）可否转船：按信用证规定，"allowed"即为"可"，"not allowed"或"no"即为"否"。

（10）可否分批：按信用证规定，"allowed"即为"可"，"not allowed"或"no"即为"否"。

（11）装运期限：按信用证的装运期填写。

（12）商品信息：填写标记唛头、件数及包装式样、商品描述、尺码、重量、贸易术语等。

（13）随附单据：一般有商业发票、装箱单和其他必要的单据。

表 6-1　订舱委托书模板

×××订舱委托书				托运单号：		
				委托日期	年　月　日	
委托单位名称						
提单项目要求		发货人 Shipper：				
		收货人 Consignee：				
		被通知人 Notify Party：				
海洋运费：预付（　）或到付（　）Ocean Freight: Prepaid(　) or to Collect(　)		提单份数		放单方式	电放 正本	
起运港		目的港		可否转船	可否分批	
集装箱预配数		20GPx（　）　　40'GPx（　）40HQx（　）		装运期限	预定船期	
标记唛头	件数及包装式样	商品描述（中英文）Description of Goods(in Chinese&English)	毛重（千克）	尺码（立方米）	成交条件（总价）	
			特种货物 □冷藏品 □危险品	重件：（每件重量）		
				大件：（长×宽×高）		
内装箱（CFS）地址			是否委托我司报关：是　否			
门对门装箱点	地址		是否委托我司安排拖车：是　否			
	电话	联系人	是否需要转关：是　否			
随附单据	出口货物报关单	份　商业发票　份	委托方信息	委托人		
	出口收汇核销单	份　装箱清单　份		电话		
	进来料加工手册	份　出口许可证　份		传真		
	原产地说明书	份　出口配额证　份		地址		
	危险货物说明书	份　商检证　份	委托单位盖章			
	危险货物包装证	份　动植物检疫证　份				
	危险货物装声明	份				
备注						

（14）要求货代公司的其他服务：如选择是否要求货代公司提供代为报关、代为安排拖车等服务。

（15）备注：如有其他事项可填入该栏中。

三、海运货物出口操作

（一）整箱货物出口操作

托运人与货代业务员洽价并订舱，货代业务员收到托运人的订舱委托书后，注明客户联系资料、运价、预配的船公司、船期等详细资料及客户其他特别要求等，转交给操作跟进，向指定的船公司或船代订舱。

船公司/船代收到货代的订舱后，相应发放订舱确认书（S/O），确认所订船的舱位可以满足要求。船公司/船代通知码头或驳船（控箱）公司发放 S/O 所指类型的集装箱并确认好集装箱号。货代操作收到船公司/船代的 S/O 后，认真检查 S/O 上出船期及配舱资料是否和要求一致，如果不一致须和船公司/船代再次确认并修改。然后，相应制作本公司的 S/O（或直接将船公司的 S/O）并传送给托运人，上面须详细注明船的船期、船名航次、起运港、目的港、集装箱型、集装箱号、驳船公司或车队的联系资料等必要信息供客户参考。如托运人要求提前装箱报关出口，须与船公司/船代或码头/驳船（控箱）公司确认是否可以满足其要求，因为船公司最多只允许集装箱在船结关前 7 天安排报关出口，以免集装箱在码头产生任何额外的堆存费用。

托运人按 S/O 规定的时间提箱装货，并准备好报关资料（或委托货代）向海关申报出口。如托运人需委托货代代为提箱，货代需提前与码头或驳船（控箱）公司及托运人确认好提箱时间及到厂装货时间，以免产生空跑、货等箱、箱等货等问题。集装箱报关出口后，托运人即可与货代操作/单证进行核对货运提单（HBL）、付费、领单等动作。一般来说，近洋航线最迟需在开船当天确认好 HBL；远洋航线最初需在船开 3 天后确认 HBL。货代操作/单证与托运人确认好 HBL 后，需立即着手与船公司/船代核对船东单（MBL），并按协议运价及时支付船公司/船代运杂费以便电放或领取正本 MBL。托运人领取正本 MBL 后，备齐其他所需单证如装箱单、发票、产地证等，一起递交银行议付或寄予收货人办理清关提货手续。

集装箱装船出运后，货代操作需及时将所有单证资料（HBL、MBL、账单、舱单等）以电子邮件的形式发给国外分公司或代理，HBL 或 MBL 上需注明正本还是电放，如运费到付则需要列明到付费用金额及明细。单证资料近洋线一般是开船当天发送，远洋线一般是船开 3 天内发送。如果托运人要求直出 MBL，则无须做此动作，由船公司直接做放货动作即可。船公司/船代与货代操作人员确认好 MBL 后，也须及时将货物装船资料（MBL 及舱单）等发送给目的港船公司或代理，指示其办理相关放货事宜。

目的港船公司或代理于货物到港前通知目的港货代分公司或代理提交进口舱单、正本 MBL（如 MBL 已电放则无须做此动作）结清进口运杂费等。目的港货代分公司或代理向目的港船公司缴费并换取小提单（DO）。如果货代目的港代理有权自发 DO，船公司则于收费后直接放货给货代目的港代理即可。货代目的港分公司或代理进而通知收货人或其清关行提交全套正本 HBL（如 HBL 做电放则无须做此动作）、缴付进口杂费并发放 DO 予其清关提货。收货人或其清关行向货代目的港分公司或代理提交 HBL、缴费并领取 DO，向海关申报进口后提货。

（二）拼箱货物出口操作

托运人与货代业务员洽价并订舱，货代业务员收到托运人的订舱委托书后，注明客户联系资料、运价、出货时间、欲配船期等详细资料及客户其他特别要求等，转交给操作人员跟进。货代操作收到订舱委托书后，先发放 S/O 予托运人安排送货入其指定仓库，S/O 上须注明 S/O 号码、拼箱货结关日期、货物最迟入仓时间及船期资料等基本信息供托运人参考。

货代操作根据手上的拼箱货量情况于结关日前向船公司/船代订舱，注明箱型及所需之船期。船公司/船代按货代操作的订舱要求及船舱位状况相应发放 S/O。托运人按货代 S/O 要求在规定时间送货入仓，并提供全套报关单证给货代的报关组或指定报关行（如托运人可以自己报关则无须做此动作）。货代操作通知仓库或运输行凭船公司/船代的 S/O 提箱，并制作拼箱作业单指示仓库将相关货物拼装在指定的集装箱里，然后统一向海关报关出口。

拼箱出运后，贷代操作/单证须立即着手和拼箱内所有托运人进行对单、收款等动作，因为拼箱货一般票数较多，相对来说留给贷代操作/单证制单的时间较为有限。特别是近洋线的拼箱，贷代操作/单证往往需要在结关当天就开始核对提单。货代操作/单证与拼箱内所有托运人确认好所有 HBL 后，即可开始与船公司核对 MBL 并按协议运价及时支付船公司/船代运杂费以便电放或领取 MBL。拼箱货虽然票数多、内容杂，但补料过程并不复杂。因为大多数专业做拼箱服务的货代公司操作系统都有直接汇总 MBL 文件补料的功能。如一个拼箱柜里有 10 票货，系统可以自动汇总 MBL 所需 10 票货的资料，并另存为其他文档，货代操作只需将其文档发送给船公司缮制 MBL，并核对船公司 MBL 资料是否正确即可。托运人领取正本 HBL 后，备齐其他所需单证如装箱单、发票、产地证等，一起递交银行议付或寄予收货人办理清关提货手续。

拼箱货装船出运后，货代操作须及时将所有单证资料（所有 MBL、HBL、舱单、账单等）等一起以邮件方式传送给国外代理，HBL 或 MBL 须注明是正本还是电放，如运费到付，需注明到付费用及明细。单证资料近洋线一般是开船当天发送，远洋线一般是船开 3 天内发送。船公司/船代与货代操作确认好 MBL 后，也须及时将货物装船资料（MBL 及舱单等）发送给目的港船公司或代理，指示其办理相关放货事宜。目的港船公司或代理于到货前通知目的港货代分公司或代理提交进口舱单、正本 MBL（如 MBL 已做电放则无须做此动作），结清进口运杂费，等等。

目的港货代分公司或代理向目的港船公司缴费并领取 DO（如货代目的港代理有权自发 DO，船公司则于收费后直接放货给货代目的港代理即可）。目的港货代分公司或代理自行提箱回自用仓库，并进行拆箱、分货、计数等理货作业。货代目的港分公司或代理进而通知所有收货人或其清关行提交全套正本 HBL（如 HBL 已做电放则无须做此动作）、缴付进口杂费并发放 DO 予其清关提货。收货人或其清关行向货代目的港分公司或代理提交 HBL，缴费并领取 DO，向海关申报进口。海关放行后收货人自行到仓库或货代仓库提货。

四、集装箱的货物装箱

集装箱整箱运输中货物的装箱方式可以分为门到门、内装箱和自拉自送 3 种方式。

门到门是指货代为客户提供货物运输的门到门服务，即货运代理公司从承运人处提取空箱，送至客户所在地将货物装箱、封铅，再由货运代理公司将重箱自客户所在地运至港区集港，安排货物装船运输至目的地，由货运代理公司在进口地的代理或分支机构负责将货物送至进口商仓库或进口商指定的其他地方，实现货物运输的门到门方式。

内装箱是指货运代理公司将空箱提回自己的货运站，向客户发出发货通知书或进仓通知书，要求客户在指定期限内将指定货物送至指定货运站，在货运站内完成货物装箱并封铅，然后向客户出具货物进仓接受单或入库单，再由货运代理公司安排重箱送至港区的方式。

自拉自送是指货运代理公司完成订舱，并向承运人提出用箱申请后，由客户自己派车队提取空箱，送至客户货物存储地，并在货物装箱后，由客户将货物按港区要求集港。

集装箱在装载货物之前，都必须经过严格检查。一只有缺陷的集装箱，轻则导致货损，重则在运输、装卸过程中造成箱毁人亡事故。所以，对集装箱的检查是货物安全运输的基本条件之一。发货人、承运人、收货人以及其他关系人在相互交接时，除对箱子进行检查外，应以设备交接单等书面形式确认箱子交接时的状态。通常，对集装箱的检查应做到以下几点。

（1）外部检查：对箱子进行六面察看，外部是否有损伤、变形、破口等异样情况。如有，即做出修理部位标志。

（2）内部检查：对箱子的内侧进行六面察看，是否漏水、漏光，有无污点、水迹等。

（3）箱门检查：箱门是否完好，门的四周是否水密，门锁是否完整，箱门能否 270 度开启。

（4）清洁检查：箱子内有无残留物、污染、锈蚀异味、水湿。如不符合要求，应予以清扫，甚至更换。

（5）附属件的检查：对货物的加固环节的状态进行检查。如对板架式集装箱的支桥、平板集装箱和敞篷集装箱上部延伸用加强结构等状态的检查。

随着集装箱运输的不断发展，不同种类、不同性质、不同包装的货物都有可能装入集装箱内进行运输。同时，从事集装箱运输的管理人员以及操作人员不断增多，为确保货运质量的安全，做好箱内货物的积载工作是很重要的。

集装箱货物的现场装箱作业，通常有3种方法：全部用人力装箱，用叉式装卸车（铲车）搬进箱内再用人力堆装，以及全部用机械装箱，如货板（托盘）货用叉式装卸车在箱内堆装。这3种方式中，第3种方法最理想，装卸率最高，发生货损事故最少。但是即使全部采用机械装箱，装载时如果忽视了货物特性和包装状态，或由于操作不当等原因，也往往会发生货损事故。特别是在内陆地区装载的集装箱，由于装箱人不了解海上运输时集装箱的状态，其装载方法通常都不符合海上运输的要求，从而引起货损事故的发生。货物在箱内由于积载、装箱不当不仅会造成货损，还会造成运输及装卸机械等设备的损坏，甚至人身伤亡。货物在装入集装箱内时应注意的事项有以下几点。

（1）在不同件杂货混装在同一个箱内时，应根据货物的性质、重量、外包装的强度、货物的特性等情况，将货区分开：将包装牢固的货物、重件货装在箱子底部；包装不牢的货物、轻货则装在箱子上部。

（2）在进行货物堆码时，则应根据货物的包装强度，决定货物的堆码层数。另外，为使箱内下层货物不致被压坏，应在货物堆码之间垫入缓冲材料。货物与货物之间，也应加隔板或隔垫材料，避免货物相互擦伤、沾湿、污损。货物的装载要严密整齐，货物之间不应有空隙，这样不仅可充分利用箱内容积，也可防止货物相互碰撞而造成损坏。在货物装箱时，任何情况下箱内所装货物的重量不能超过集装箱的最大装载量，集装箱的最大装载量由集装箱的总重减去集装箱的自重求得。总重和自重一般都标在集装箱的箱门上，每个集装箱的单位容重是一定的，因此如内装载一种货物时，只要知道货物密度，就能断定是重货还是轻货。货物密度大于箱的单位容重的是重货，装载的货物以重量计算；反之货物密度小于箱的单位容重的是轻货，装载的货物以容积计算。及时区分这两种不同的情况，对提高装箱效率是很重要的。

（3）货物在箱子内的重量分布应均衡。装载时要使箱底上的负荷平衡，箱内负荷不得偏于一端或一侧，特别是要严格禁止负荷重心偏在一端的情况。如箱子某一部位装载的负荷过重，则有可能使箱子底部结构发生弯曲或脱开的危险，在吊机或其他机械作业时，箱子会发生倾斜，致使作业不能进行。

（4）用人力装货时要注意包装上有无"不可倒置""平放""竖放"等装卸指示标志。要正确使用装货工具，捆包货禁止使用手钩。箱内所装的货物要装载整齐、紧密堆装。容易散和包装脆弱的货物，要使用衬垫，防止货物在箱内移动。使用衬垫时应使用清洁、干燥的垫料（如胶合板、草席、缓冲器材、隔垫板），如使用潮湿的垫料，就容易发生货损事故。

（5）装载货板货时要确切掌握集装箱的内部尺寸和货物包装的外部尺寸，使进行装载件数的计算时，达到尽量减少弃位、多装货物的目的。

（6）用叉式装卸车装箱时，将受到机械的自由提升高度和门架高度的限制。在条件允许的情况下，叉车装箱可一次装载两层，但上下应留有一定的间隙。

实训操作示范

▶ 实训说明

（1）学会什么?

能够完整、正确地按照合同和信用证内容制作订舱委托书，交由国际货运代理完成海运货物出口。

（2）如何完成?

以签订的合同和项目四中落实的信用证为依据，在订舱委托书模板中完整、正确地填制内容。注意订舱委托书应体现提单的内容。

▶ 操作步骤

（1）填写收发货人和被通知人。

（2）填写运输的相关信息。

（3）填写商品的相关信息。

（4）填写货代其他相关服务信息。

（5）填写随附单据信息。

（6）填写委托方信息。

（7）完成订舱委托书如表 6-2 所示。

实训题目

提取之前出口销售合同和信用证中的相关产品信息，明确收发货人、运输、商品等相关信息，按实训操作示范提供的范例制作一份海运订舱委托书（见表 6-3）。

表 6-2 海运订舱委托书范例

×××国际物流海运订舱委托书			托运单号：				
			委托日期			2018 年 5 月 3 日	
委托单位名称			YIWU SHANGYUAN IM&EX CO., LTD				
提单项目要求			发货人 Shipper:YIWU SHANGYUAN IM&EX CO., LTD				
			收货人 Consignee: YIWU SHANGYUAN IM&EX CO., LTD				
			被通知人 Notify Party: SIMACO FASHION CO., LTD				
海洋运费：预付（√）或到付（ ） Ocean Freight: Prepaid( ) or to Collect( )			提单份数	3	放单方式		电放 正本√
起运港	Ningbo	目的港	New York	可否转船	No	可否分批	No
集装箱预配数		20GPx（ ） 40'GPx（ ） 40HQx（ ）		装运期限	May 30th	预定船期	May 20th
标记唛头	件数及包装式样	商品描述（中英文）Description of Goods(in Chinese&English)		毛重（千克）	尺码（立方米）	成交条件（总价）	
SIMACO New York 123456 No.1~50	20pcs Packed in One Carton Each	男士衬衫 MEN'S SHIRT Art. No.S123		300	0.75	CIF New York USD8200	
				特种货物 □冷藏品 □危险品	重件：（每件重量） 大件：（长×宽×高）		
内装箱（CFS）地址				是否委托我司报关：是√ 否			
门对门装箱点	地址	义乌市大陈镇经济开发区 10 号		是否委托我司安排拖车：是√ 否			
	电话	×××× ××××	联系人	小陈	是否需要转关：是√ 否		

随附单据	出口货物报关单	份	商业发票	1 份	委托方信息	委托人	小张
	出口收汇核销单	份	装箱清单	1 份		电话	××××××××
	进来料加工手册	份	出口许可证	份		传真	××××××××××
	原产地说明书	份	出口配额证	份		地址	NO.2 XUEYUAN ROAD, YIWU, ZHEJIANG, CHINA
	危险货物说明书	份	商检证	份	委托单位盖章		
	危险货物包装证	份	动植物检疫证	份			
	危险货物装箱声明	份					
备注							

表 6-3 空白海运订舱委托书

×××海运订舱委托书			托运单号：		
			委托日期		年 月 日
委托单位名称					
提单项目要求		发货人 Shipper：			
		收货人 Consignee：			
		被通知人 Notify Party：			
海洋运费：预付（√）或到付（ ） Ocean Freight: Prepaid( ) or to Collect( )		提单份数		放单方式	电放 正本
起运港		目的港	可否 转船		可否 分批
集装箱预配数		20GPx（ ） 40'GPx（ ） 40HQx（ ）	装运 期限		预定 船期
标 记 唛 头	件 数 及 包装式样	商品描述（中英文） Description of Goods(in Chinese&English)	毛重 （千克）	尺码 （立方米）	成交条件 （总价）
			特种货物 □冷藏品 □危险品	重件：（每件重量）	
				大件：（长×宽×高）	
内装箱（CFS）地址			是否委托我司报关：是 √ 否		
门对门 装箱点	地址		是否委托我司安排拖车：是 √ 否		
	电话	联系人	是否需要转关：是 否		
随 附 单 据	出口货物报关单 份	商业发票 份	委 托 方 信 息	委托人	
	出口收汇核销单 份	装箱清单 份		电话	
	进来料加工手册 份	出口许可证 份		传真	
	原产地说明书 份	出口配额证 份		地址	
	危险货物说明书 份	商检证 份	委托 单位 盖章		
	危险货物包装证 份	动植物 检疫证 份			
	危险货物装箱声明 份				
备注					

任务二 出境货物报检

任务导入

在完成了委托订舱工作后，该公司的报检员小王就开始着手出口货物报检工作。首先，小王需要查询本公司出口产品的监管条件，看看是否需要法定商检，同时查询填制报检单所需的一些信息，准备报检所需单据。然后，小王制作出境货物报检单，在网上进行申报和数据录入。最后，按照监管相关规定，小王完成检验检疫申报、缴费和施检，领取通关单和信用证下所需的检验检疫证书。

任务目标

做好报检所需的准备工作，网上申报和录入报检单，完成出境货物检验检疫，领取通关单和相关检验检疫证书。

知识要点学习

1. 出口报检准备工作
2. 出境货物报检单
3. 出境货物报检申报
4. 关检融合后的报检

出境货物报检

一、出口报检准备工作

（一）商品代码和监管条件

商品代码是商品归类的具体表现，是海关税则及出口退税的基础，海关根据 HS 的分类原则和内容于 1992 年 1 月 1 日起正式实施海关进出口税则和统计商品目录。随着多年的实际应用演变，商品分类日趋成熟，其代码的规则主要遵循：前 2 位数字代表章目，第 3、4 位数字为税目，后 4 位为子目，其中第 7、8 位为我国税则在协调制度编码的基础上增加的两级子目，第 9、10 位为划细商品而增加的两位商品码（从 2001 年起）。

商品归类的基本原则为：有列名归列名，没有列名归用途，没有用途归成分，没有成分归类别，不同成分比多少，相同成分要从后。有列名，即指品目条文及子目条文所组合而成的商品名称，已完整或者基本描绘出我们进行归类的进出口商品的特征。列名优先的原则是进出口商品归类的第一原则，也是首选的归类方法。没有列名，是指所需归类商品的语言不能与《中华人民共和国海关进出口税则》中品目、子目条文所列明的内容相吻合。在这种情况下，我们应将归类方法顺序转为第二种——按用途归类的方法，即按照该商品的主要用途进行归类。当某种商品的归类语言无法与《中华人民共和国海关进出口税则》相吻合，既没有具体列名，用途特征也不明显时，则应按其主要成分归类。

海关监管条件

在海关监管条件中，A 代表实施进境检验检疫，B 代表实施出境检验检疫。在检验检疫监管条件中，M 代表进口商品检验，N 代表出口商品检验，P 代表进境动植物、动植物产品检疫，Q 代表出境动植物、动植物产品检疫，R 代表进口食品卫生监督检验，S 代表出口食品卫生监督检验，L 代表入境民用商品认证。

进入通关网（http://www.hscode.net/IntegrateQueries/QueryYS/），可以对某商品的商品归类、税率、海关监管条件和检验检疫类别进行查询，了解该商品是否需要法定检验。例如，对土豆片进行查询的结果如图 6-3 所示。我们可以了解到该商品的海关监管条件为"AB"，需要出入境通关单；检验检疫类别为"R/S"，需要进出口食品卫生监督检验。

申报海关：上海海关

商品编码	1905900000				
商品名称	其他面包,糕点,饼干及烘焙糕饼(包括装药空囊、封缄、糯米纸及类似制品)				
申报要素	0:品牌类型;1:出口享惠情况;2:成分含量;3:包装规格;4:品牌;5:GTIN;6:CAS;				
法定第一单位	千克	法定第二单位	无		
最惠国进口税率	10%	普通进口税率	80%	暂定进口税率	-
消费税率	-	出口关税率	0%	出口退税率	15%
增值税率	16%	海关监管条件	AB	检验检疫类别	R/S
商品描述	其他面包,糕点,饼干及烘焙糕饼包括装药空囊、封缄、糯米纸及类似制品				

图 6-3 土豆片的海关监管条件

（二）报检所需单据

不同出境货物在报检时所需要的随附单据是不一样的。在报检前，需要做好所有随附单据的准备工作。对于一般的出境货物，报检随附单据为：外贸合同或销售确认书或订单、信用证、发票、装箱单、厂检单、出境货物运输包装性能检验结果单。其他出境货物的情况：危险货物需要出境危险货物运输包装使用鉴定结果单；电池需要进出口电池产品备案书；小家电产品需要型式试验报告，列入强制性产品认证的需强制认证证书和认证标志；化妆品需要进出口化妆品标签审核证书或标签审核受理证明，首次出口的需生产许可证、卫生许可证、安全性评价资料和产品成分表；玩具需要出口玩具质量许可证；等等。市场采购出口货物报检时如不具备厂检单的，可由出口单位提供经该单位检验合格的品质证明。

二、出境货物报检单

在正式报检时，报检数据由报检单位按照检验检疫报检数据规范的要求，通过电子报检系统录入。录入人员应审核报检数据的齐全性、正确性与有效性，遵循如实申报的原则。出境货物报检单所列各栏必须填写完整、准确、清晰，无申报内容的栏目应以"/"或者"*"表示，不得留空。出境货物报检单模板见表6-4，填制规范如下。

表 6-4 出境货物报检单模板

报检单位（加盖公章）：　　　　　　　　　　　　　　　　　　　* 编号：

报检单位登记号：　　　　　联系人：　　　　电话：　　　　报检日期：

发货人	（中文）				
	（外文）				
收货人	（中文）				
	（外文）				
货物名称（中/外文）	HS 编码	产地	数/重量	货物总值	包装种类及数量
运输工具名称号码			贸易方式		货物存放地点
合同号			信用证号		用途
发货日期		输往国家（地区）		许可证/审批号	
启运地		到达口岸		生产单位注册号	
集装箱规格、数量及号码					
合同、信用证订立的检验检疫条款或特殊要求	标记及号码		随附单据（画"√"或补填）		
			□合同　　　　□厂检单 □信用证　　　□包装性能结果单 □发票　　　　□许可/审批文件 □换证凭单　　□ □装箱单　　　□		

需要证单名称（画"√"或补填）		检验检疫费	
□品质证书　正　副 □重量证书　正　副 □数量证书　正　副 □兽医卫生证书　正　副 □健康证书　正　副 □卫生证书　正　副	□动物卫生证书　正　副 □植物检疫证书　正　副 □熏蒸/消毒证书　正　副 □出境货物通关单①或 □出境货物换证凭单② □	总金额 （人民币）	
		计费人	
		收费人	
报检人郑重声明： 1. 本人被授权报检。 2. 上列填写内容正确属实，货物无伪造或冒用他人的厂名、标志、认证标志，并承担货物质量责任。 　　　　　　签名：		领取证单	
		日期	
		签名	

注：有"*"号栏由出入境检验检疫机关填写。　　　　　　　　◆国家出入境检验检疫局制

（1）编号：由检验检疫机构报检受理人员填写，前6位为检验检疫机关代码，第7位为报检类代码，第8、9位为年代码，第10至15位为流水号。

（2）报检单位：填写报检单位的全称。

（3）报检单位登记号：报检单位在检验检疫机构登记的号码。

（4）联系人：报检人员姓名。电话：报检人员的联系电话。

（5）报检日期：检验检疫机构实际受理的日期。

（6）发货人/收货人：指该批货物的贸易关系人，根据不同情况填写。预验报检的，可填写生产单位。出口报检的，发货人按合同/信用证的卖方填写，收货人按合同/信用证的买方填写。对于无合同/信用证的，可按发票的买/卖方填写。若检验检疫证书对发货人/收货人有特殊要求的，应在备注栏声明。

（7）货物名称：按所申报的货物如实填写，货物名称的填写必须完整、规范，并与随附单据一致。

（8）HS编码：根据所申报的货物，按照当年海关公布的《商品分类及编码协调制度》的分类填写。HS编码涉及报检、计收费、检验检疫、报关等环节，因此必须准确无误。

（9）产地：指货物的生产（加工）地，填写省、市、县名。

（10）数/重量：按实际申请检验检疫数/重量填写。重量还应填写毛/净重，填写时应注意计量单位。

（11）货物总值：填写申报货物总值及币种，应与外贸合同、发票所列货物总值一致。

（12）包装种类及数量：填写申报货物实际运输包装材料的种类及数量。

（13）运输工具名称号码：填写装运本批货物的运输工具类型、名称及号码，如船舶填写船名、航次，飞机填写航班号，等等。

（14）贸易方式：填写本批货物的贸易方式，根据实际情况选填一般贸易、来料加工、进料加工、易货贸易、补偿贸易、边境贸易、无偿援助、外商投资、对外承包工程进出口货物、出口加工区进出境货物、出口加工区进出区货物、退运货物、过境货物、保税区进出境仓储、转口货物、保税区进出口货物、暂时进出口货物、暂时进出口留购货物、展览品、样品、其他非贸易品、其他贸易性货物。

（15）货物存放地点：填写申报货物存货地点、厂库、联系人、联系电话。

（16）合同号、信用证号：填写外贸合同、订单或形式发票的号码；用信用证结汇的还应填写本批货物对应的信用证号码。

（17）用途：填写本批货物的用途。根据实际情况选填，如食用、种用、饲用等。

（18）发货日期：填写出口装运日期，预验报检可不填。

（19）输往国家（地区）：指外贸合同中买方（进口方）所在国家或地区，或合同中注明的最终输往国家或地区。

（20）许可证/审批号：申报涉及需许可/审批的货物应填写相应的许可证/审批号。如：出口产品质量许可证，出口生产企业卫生登记、注册证，出口食品标签审核证书，出口化妆品标签审核证书，出口电池产品备案书，出口商品型式试验确认书，以及其他证书的编号。

（21）启运地：填写货物的报关出运口岸，即货物最后离境的口岸及所在地。对本地货物需运往其他口岸报关出境的，应注意申请签发出境货物换证凭单或电子转单。出境活动物的启运地应填写起始运输地点。

（22）到达口岸：填写货物运抵的境外口岸。

（23）生产单位注册号：申报货物涉及许可/审批食品卫生注册登记的，应填写该批货物的生产单位检验检疫登记备案号。

（24）集装箱规格、数量及号码：货物若以集装箱运输应填写集装箱的规格、数量及号码，集装箱号码报检时未确定的，可在号码一栏输入"*"。拼箱的，应在号码栏目注明"拼箱"。

（25）合同订立的检验检疫条款或特殊要求：合同/信用证对检验检疫有相关要求的或输入国家（地区）对检验检疫有特殊要求的，以及其他报检时需特别说明的，应在此栏注明。此栏兼作备注栏使用。

（26）标记及号码：货物的标记号码，即唛头，应与合同、发票等有关外贸单据保持一致。对散装、裸装货物或没有标记号码的货物应填写"N/M"。

（27）随附单据：按实际情况向检验检疫机构提供的单据。在随附的单据种类后画"√"或补填。

（28）需要证单名称：按所需的检验检疫证单名称填写。检验检疫证书一般为一正二副，若对证书的正、副本数或证书的语种有特殊要求的，请在备注栏声明。

（29）检验检疫费：由检验检疫机构计费人员核定费用后填写。

（30）报检人郑重声明：报检人员必须亲笔签名。

（31）领取证单：报检人在领取证单时填写领证日期及领证人姓名。

三、出境货物报检申报

出境货物报检是指报检员根据我国有关法律法规、对外贸易合同的规定，向检验检疫机构申请检验、检疫、鉴定以获得出境合法凭证及某种公证证明所必须履行的法定程序和手续。一般可以分为出境一般报检、出境换证报检和出境货物预检报检。

出境一般报检是指法定检验检疫的出境货物的货主或其代理人，持有关单证向产地检验检疫机构申请检验检疫以取得出境放行证明及其他证单的报检。对于出境一般报检货物，在当地海关报关的，由产地检验检疫机构签发出境货物通关单，货主或其代理人持出境货物通关单向当地海关报关。

出境换证报检是指经产地检验检疫机构检验检疫合格的法定检验检疫出境货物的货主或其代理人，持产地检验检疫机构签发的出境货物换证凭单或换证凭条向报关地检验检疫机构申请换发出境货物通关单的报检。在异地报关的，由产地检验检疫机构签发出境货物换证凭单或换证凭条，货主凭此向报关地检验检疫机构申请换发出境货物通关单。出境货物换证凭单是指货物经产地检验检疫合格后签发的并凭以到出境口岸检验检疫机构申请查验、换取出境货物通关单的一个证明文件。出境货物换证凭条是由产地检验检疫机构实行出境电子转单后产生的一个数据凭条，是实行了电子转单的一个证明文件，该文件的作用也是到出境口岸检验检疫机构申请查验换取出境货物通关单。如果货物符合出口直通放行条件，产地检验检疫机构直接签发出境货物通关单，货主凭此直接向报关地海关办理通关手续，货主无须再凭产地检验检疫机构签发的出境货物换证凭单或"换证凭条"到报关地检验检疫机构换发出境货物通关单。对于出境换证报检的货物，报关地检验检疫机构按照中国海关规定的抽查比例进行查验。

出境货物预检报检是指货主或其代理人持有关单证向产地检验检疫机构对暂时还不能出口的货物预先实施检验检疫的报检。经检验合格的，签发标明"预检"字样的出境货物换证凭单。在货物正式出口时，可凭此证申请办理换证放行手续。申请预报检的货物一般是经常出口的、非易腐烂变质的、非易燃易爆的商品。

出境货物最迟应在出口报关或装运前7天报检，对于个别检验检疫周期较长的货物，应留有相应的检验检疫时间。须隔离检疫的出境动物在出境前60天预报，隔离前7天报检。出境观赏动物应在动物出境前30天到出境口岸检验检疫机构报检。法定检验检疫货物，除活动物须由口岸检验检疫机构检验检疫外，原则上应实施产地检验检疫，在产地检验检疫机构报检。法律法规允许在市场采购的货物应向采购地的检验检疫机构办理报检手续。异地报关的货物，在报关地检验检疫机构办理换证报检（实施出口直通放行制度的货物除外）。

四、关检融合后的报检

为了认真贯彻执行党中央国务院下发的《深化党和国家机构改革方案》，海关总署制定了《全国通关一体化关检业务全面融合框架方案》，明确了关检业务融合的目标、原则和思路。2018年6月海关总署相继发布了第60号公告及第61号公告，修订了《中华人民共和国海关进出口货物报关单填制规范》，修改了进出口货物报关单和进出境货物备案清单格式，

关检融合改革

并于2018年8月1日实施。报关、报检单合并为1张报关单及1套随附单证，实现"一次申报"；将检验、检疫、鉴定、初筛鉴定、抽样送检、合格评定、检疫处理监管、拟证等并入现场海关查验部门负责实施，实现通关监管"查检合一"；海关监管作业场所经营

单位凭海关放行信息，实现"一次放行"，降低进出口环节制度性交易成本。

　　申报企业只能通过国际贸易"单一窗口"或海关"互联网+"完成货物（包含关务、检务）申报。在申报涉及法定检验检疫要求的进出口商品时，企业在报关单随附单证栏中不再填写原通关单代码和编号。企业可以通过"单一窗口"报关报检合一界面、单独报关报检界面或者报关报检企业客户端向海关一次申报。海关放行时统一发送一次放行指令，海关监管作业场所经营单位凭海关放行指令为企业办理货物提离手续。

　　原报关和报检系统中，由于海关和检验检疫局对参数代码设置不一致，关检融合后要实现合并申报需要将两边的相关通关参数进行整合，如国别代码表、币制代码表、港口代码表、包装种类代码表和集装箱规格代码表等关检融合通关参数整合后部分常用代码变化如表 6-5 所示。

表 6-5　关检融合通关参数整合后部分常用代码变化对照

代码	中文名称	原报检代码	原报检中文名称
2	水路运输	1	水路运输
5	航空运输	4	航空运输
7	保税区	9	其他运输
0110	一般贸易	11	一般贸易
0513	补偿贸易	15	补偿贸易
11	普通 2* 标准箱（L）	111	普通 2* 标准箱（L）
00	散装	9993	散装
22	纸制或纤维板制盒/箱	4M	纸箱

实训操作示范

▶ **实训说明**

（1）学会什么？

　　了解公司出口商品的归类，能查询该商品是否需要法定检验；能根据合同和信用证的要求，填制报检单，获得所需类别的检验检疫证书。

关简化归类

（2）如何完成？

到海关网站或其他相关网站查询公司出口产品的监管条件；依据合同和信用证条款，制作报检单，在报检单"需要证单名称"中选择信用证要求的单据。

▶ 操作步骤

（1）在通关网（http://www.hscode.net/IntegrateQueries/QueryYS/）中输入公司出口的商品（男士衬衫），找到符合的商品归类，查看该商品的海关监管条件为"无"，检验检疫类别为"无"，如图6-4所示。因此，该商品不需要申领通关单（关检融合实施后，所有商品均不需要通关单）。

商品编码	6105100090				
商品名称	其他棉制针织或钩编其他男衬衫				
申报要素	0:品牌类型;1:出口享惠情况;2:织造方法(针织或钩编);3:种类(衬衫);4:类别(男式);5:成分含量;6:品牌;7:货号;8:GTIN;9:CAS				
法定第一单位	件	法定第二单位	千克		
最惠国进口税率	6%	普通进口税率	90%	暂定进口税率	—
消费税率	—	出口关税率	0%	出口退税率	16%
增值税率	16%	海关监管条件	无	检验检疫类别	无
商品描述	其他棉制针织或钩编其他男衬衫				

图6-4 男士衬衫的海关监管条件

（2）对照信用证的"documents required"（所需单据）项目中需要"certificate of quality"（品质证书）的单据，按要求填制报检单如表6-6所示。

实训题目

法定检验商品

1. 提取之前出口销售合同和信用证中的相关产品名称和信息，对该产品进行归类，查询明确该产品是否需要法定检验，根据之前实训中制作的合同和信用证要求，按实训示范操作提供的范例制作一份关检融合后的出境货物报检单（见表6-7）。

2. 在简化归类平台操作窗口，如6-8图所示，共有24种小商品报关出口。请得出简化归类结果。

序号	商品名称	HSCODE	金额
1	装饰灯	9405409000	78000
2	货架组件	9403900099	63700
3	储物柜	9403200000	34000
4	瓷砖	6907229000	32600
5	铺地砖	6904900000	26090
6	塑料板	3920999090	25400
7	童装	6111200050	25000
8	床上用品	9404904000	21400
9	床垫	9404100000	15600
10	装饰灯	9405409000	15100
11	灯配件	9405990000	9400
12	休闲裤	6103430090	8600
13	开关	8536500000	8160
14	眼镜盒	4202320000	6000
15	钱包	4202320090	6000
16	裤子	9403200000	3600
17	床	4202129000	2800
18	插座	8536690000	1300
19	床单	6302319100	1000
20	椅子	9401719000	800
21	背包	4202129000	780
22	珍珠棉	6307900000	700
23	购物袋	6307900000	300
24	配电箱	8538109000	110

图 6-8 简化归类平台操作窗口

可根据下面的提示进行操作：

1. 上述 24 种产品，按金额排序，最大的 5 种产品分别是？

2. 金额最大的 5 种产品除外的 19 种产品，按章可分为 39、42、61、63、85、94 五个章，各章种价值最高的商品，名称和税号分别是？

表 6-6 出境货物报检单范例（关检融合后）

中华人民共和国出入境检验检疫出境货物报检单

报检单位（加盖公章）：义乌商远进出口有限公司　　　　　　* 编号：

报检单位登记号：12345Q　　联系人：小王　　电话：×××××××　　报检日期：2018 年 5 月 7 日

发货人	（中文）义乌商远进出口有限公司						
	（外文）YIWU SHANGYUAN IM&EX CO., LTD						
收货人	（中文）						
	（外文）						
货物名称（中 / 外文）	HS 编码	产地	数 / 重量	货物总值	包装种类及数量		
男衬衫 MEN'S SHIRT	6105100090	义乌	1000 件	8200 美元	50 箱		
运输工具名称号码	MU07530SY		贸易方式	一般贸易	货物存放地点	义乌学院路 2 号	
合同号	123456		信用证号	LC123456	用途		
发货日期	2018.05.15	输往国家（地区）	美国	许可证 / 审批号			
启运地	宁波	到达口岸	纽约	生产单位注册号			
集装箱规格、数量及号码	拼箱						

合同、信用证订立的检验检疫条款或特殊要求	标记及号码	随附单据（画"√"或补填）	
按照合同要求检验	SIMACO New York 123456 No.1–50	□合同　□信用证　□发票　□换证凭单　□装箱单	□厂检单　□包装性能结果单　□许可 / 审批文件　□　□

需要证单名称（画"√"或补填）		检验检疫费	
☑品质证书　正　副	□动物卫生证书　正　副	总金额（人民币）	
□重量证书　正　副	□植物检疫证书　正　副		
□数量证书　正　副	□熏蒸 / 消毒证书　正　副	计费人	
□兽医卫生证书　正　副	□出境货物通关单①或		
□健康证书　正　副	□出境货物换证凭单②		
□卫生证书　正　副	□	收费人	

报检人郑重声明： 1. 本人被授权报检。 2. 上列填写内容正确属实，货物无伪造或冒用他人的厂名、标志、认证标志，并承担货物质量责任。 　　　　　　　　　　　　　　签名：小王	领取证单	
	日期	
	签名	

注：有"*"号栏由出入境检验检疫机关填写。　　　　　　◆国家出入境检验检疫局制

表 6-7 空白出境货物报检范例（关检融合后）

中华人民共和国出入境检验检疫出境货物报检单

报检单位（加盖公章）：　　　　　　　　　　　　　　　* 编号：

报检单位登记号：　　　　　　联系人：　　　电话：　　　报检日期：

发货人	（中文）				
	（外文）				
收货人	（中文）				
	（外文）				
货物名称（中/外文）	HS 编码	产地	数/重量	货物总值	包装种类及数量

运输工具名称号码		贸易方式		货物存放地点	
合同号		信用证号		用途	
发货日期		输往国家（地区）		许可证/审批号	
启运地		到达口岸		生产单位注册号	
集装箱规格、数量及号码					

合同、信用证订立的检验检疫条款或特殊要求	标记及号码	随附单据（画"√"）
		□合同　　□厂检单境货物报关
		□信用证　□包装性能结果单
		□发票　　□许可/审批文件
		□换证凭单　□
		□装箱单　　□

需要证单名称（画"√"或补填）		检验检疫费	
□品质证书　正　副	□动物卫生证书　正　副	总金额（人民币）	
□重量证书　正　副	□植物检疫证书　正　副		
□数量证书　正　副	□熏蒸/消毒证书　正　副	计费人	
□兽医卫生证书　正　副	□出境货物通关单①或		
□健康证书　正　副	□出境货物换证凭单②	收费人	
□卫生证书　正　副	□		

报检人郑重声明：	领取证单	
1. 本人被授权报检。	日期	
2. 上列填写内容正确属实，货物无伪造或冒用他人的厂名、标志、认证标志，并承担货物质量责任。　　　　签名：	签名	

注：有"*"号栏由出入境检验检疫机关填写。　　　　◆国家出入境检验检疫局制

任务三　出境货物报关

任务导入

在完成了出境货物的检验检疫之后，出口方将报关手续委托给合作的国际货代公司小郑来办理，为此需要填写一份代理报关委托书。小郑制作了报关单，搜集相关的随附单据，办理报关手续。由于我国马上要实施关检融合申报，小郑对新的通关操作进行了学习，尤其是对新的报关单项目录入进行了深入的学习。因为关检融合对进出口报关单做出了重大的改变，所以从事外贸行业的工作也需要我们具备较强的自我学习能力。

任务目标

委托国际货运代理公司完成报关工作，了解关检融合后的报关单和报关申报工作。

知识要点学习

1. 出口报关准备
2. 出口货物报关单
3. 出口报关操作
4. 关检融合带来的变化

一、出口报关准备

相对于自理报关，出口企业若选择代理报关则不需要专门安排一个报关员的岗位，对于出口量不是很大的企业而言，可以节省大量的成本。如果国际货代公司已经在海关注册并取得专业报关的资质，则这种国际货代公司兼有报关行的性质，属于海关所规定的报关企业的一种。通常，出口企业将订舱、报检、报关等业务都交由一家国际货代公司来完成。

代理报关时，双方签订代理报关委托书（模板见表6-8），约定：委托方及时提供报关报检所需的全部单证，并对单证的真实性、准确性和完整性负责。而被委托方负责对委托方提供的货物情况和单证的真实性、完整性进行合理审查，在接到委托方交付齐备的随附单证后，负责依据委托方提供的单证填制报关单，承担单单相符的责任，在海关规定和委托报关协议（模板见表6-9）中约定的时间内报关，办理海关手续。

委托方提供的单证即报关单的随附单证，根据不同货物的进出口要求可分基本单证和特殊单证两类。基本单证指进出口货物的货运单据和商业单据，包括商业发票、装箱单、进口提货单据、出口装货单据等;特殊单证指特殊进出口货物的身份证明单据,包括进出口许可证、加工贸易手册、特定减免税证明、出口收汇核销单、原产地证明、贸易合同等。

具体准备过程主要是由进出口货物收发货人或其代理人向报关员提供基本单证、特殊单证,由报关员审核这些单证,并据此填报报关单后,向海关系统录入和申报。申报单证必须齐全、合法、有效,报关单必须真实、准确、完整且与随附单据的数据完全一致。

表 6-8 代理报关委托书模板

代理报关委托书

编号:

×××国际货运代理有限公司:

我单位现 (A.逐票 B.长期)委托贵公司代理 等通关事宜(A.报关查验 B.垫缴税款 C.办理海关证明联 D.审批手册 E.核销手册 F.申办减免税手续 G.其他),详见《委托报关协议》。

我单位保证遵守《中华人民共和国海关法》和国家有关法规,保证所提供的情况真实、完整、单货相符。否则,愿承担相关法律责任。

本委托书有效期自签字之日起至 年 月 日止。

委托方(签章):

法定代表人或其授权签署代理报关委托书的人(签字):

年 月 日

表 6-9 委托报关协议模板

委 托 报 关 协 议

为明确委托报关具体事项和各自责任,双方经平等协议商定协议如下:

委托方		被委托人		
主要货物名称		*报关单编号		
HS 编码		收到单证日期		
进出口日期		收到单证情况	合同 □	发票 □
提单号			装箱清单 □	提(运)单 □
贸易方式			加工贸易手册 □	许可证件 □
原产地/货源地			其他	
传真号码		报关收费	人民币:	元
其他要求:		承诺说明:		
背面所列通用条款是本协议不可分割的一部分,对本协议的签署构成了对背面条款的同意。		背面所列通用条款是本协议不可分割的一部分,对本协议的签署构成了对背面条款的同意。		
委托方业务签章 经办人签章: 年 月 日 联系电话:××××××××××		被委方业务签章 经办报关员签章: 年 月 日 联系电话:××××××××××		

表 6-10 出口货物报关单模板

中华人民共和国海关出口货物报关单

预录入编号： 海关编号：

收发货人	出口口岸	出口日期	申报日期
生产销售单位	运输方式	运输工具名称	航次号	提运单号
申报单位	监管方式	征免性质	备案号
贸易国（地区）	运抵国（地区）	指运港	境内货源地
许可证号	成交方式	运费	保费	杂费
合同协议号	件数	包装种类	毛重（千克）	净重（千克）
集装箱号	随附单证代码		
标记唛码及备注	随附单证编号		

项号	商品编号	商品名称	规格型号	数量及单位	原产国（地区）	最终目的国（地区）	单价	总价	币制	征免

特殊关系确认	价格影响确认	支付特许权使用费确认	版本号	货号
录入员　录入单位	兹声明对以上内容承担如实申报、依法纳税之法律责任（签章）	海关批注及签章		

申报单位（签章）
录入员
报关员

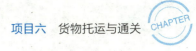

注：白联为海关留存，黄联为被委托方留存，红联为委托方留存。　　　◆中国报关协会监制

二、出口货物报关单

纸质出口货物报关单一式五联，分别是：海关作业联、企业留存联、海关核销联、出口收汇证明联、出口退税证明联。报关员必须按照《中华人民共和国海关法》《中华人民共和国海关进出口货物申报管理规定》《中华人民共和国海关进出口货物报关单填制规范》的有关规定和要求，向海关如实申报。报关单位和报关员对申报信息的真实性有第一位的审查义务，填报时要做到"两个相符"：一是单证相符，即所填报关单各栏目的内容必须与合同、发票、装箱单、提单以及批文等随附单据相符；二是单货相符，即所填报关单各栏目的内容必须与实际进出口货物的情况相符，不得伪报、瞒报、虚报。

报关单填报应该准确、齐全、完整、清楚，报关单各栏目内容要逐项准确填报，字迹清楚、整洁、端正，不得用铅笔或红色复写纸填写。若有更正，还必须在更正项目上加盖校对章。已向海关申报的进出口货物报关单，如原填报内容与实际进出口货物不一致而又有正当理由的，申报人应向海关递交书面更正申请，经海关核准后，对原填报的内容进行更改或撤销。出口货物报关单模板如表 6-10 所示，填制规范如下。

（1）预录入编号：填报预录入报关单的编号，预录入编号规则由接受申报的海关决定。

（2）海关编号：填报海关接受申报时给予报关单的编号，一份报关单对应一个海关编号。

（3）收发货人：填报在海关注册的对外签订并执行进出口贸易合同的中国境内法人、其他组织或个人的名称及编码。

（4）出口口岸：根据货物实际出境的口岸海关，填报海关规定的关区代码表中相应口岸海关的名称及代码。出口转关运输货物应填报货物出境地海关名称及代码。

（5）出口日期：指运载出口货物的运输工具办结出境手续的日期，供海关签发打印报关单证明联用，在申报时免予填报。无实际进出境的报关单填报海关接受申报的日期。

（6）申报日期：指海关接受进出口货物收发货人、受委托的报关企业申报数据的日期。

（7）生产销售单位：填报出口货物在境内的生产或销售单位的名称。

（8）运输方式：包括实际运输方式和海关规定的特殊运输方式，前者指货物实际出境的运输方式，按进出境所使用的运输工具分类；后者指货物无实际出境的运输方式，按货物在境内的流向分类。

（9）运输工具名称：填报载运货物进出境的运输工具名称或编号。

（10）航次号：填报载运货物进出境的运输工具的航次编号。

（11）提运单号：填报进出口货物提单或运单的编号。一份报关单只允许填报一个提单或运单号，一票货物对应多个提单或运单时，应分单填报。

（12）申报单位：自理报关的，本栏目填报进出口企业的名称及编码；委托代理报关的，本栏目填报报关企业名称及编码。

（13）监管方式：监管方式是以国际贸易中进出口货物的交易方式为基础，结合海关对进出口货物的征税、统计及监管条件综合设定的海关对进出口货物的管理方式。一份报关单只允许填报一种监管方式。

（14）征免性质：根据实际情况按海关规定的征免性质代码表选择填报相应的征免性质简称及代码，持有海关核发的征免税证明的，应按照征免税证明中批注的征免性质填报。一份报关单只允许填报一种征免性质。

（15）备案号：填报进出口货物收发货人、消费使用单位、生产销售单位在海关办理加工贸易合同备案或征、减、免税备案审批等手续时，海关核发的加工贸易手册、征免税证明或其他备案审批文件的编号。一份报关单只允许填报一个备案号。

（16）贸易国（地区）：按海关规定的国别（地区）代码表选择填报相应的贸易国（地区）或贸易国（地区）中文名称及代码。

（17）运抵国（地区）：运抵国（地区）填报出口货物离开我国关境直接运抵或者在运输中转国（地区）未发生任何商业性交易的情况下最后运抵的国家（地区）的中文名称及代码。

（18）指运港：填报出口货物运往境外的最终目的港的港口中文名称及代码。

（19）境内货源地：填报出口货物在国内的产地或原始发货地的名称及代码。

（20）许可证号：填报出口许可证、两用物项和技术出口许可证、两用物项和技术出口许可证（定向）、纺织品临时出口许可证等编号。一份报关单只允许填报一个许可证号。

（21）成交方式：根据进出口货物实际成交价格条款，按海关规定的成交方式代码表选择填报相应的成交方式代码。

（22）运费：填报出口货物运至我国境内输出地点装载后的运输费用。按运费单价、总价或运费率三种方式之一填报，注明运费标记（运费标记"1"表示运费率，"2"表示每吨货物的运费单价，"3"表示运费总价），并按海关规定的货币代码表选择填报相应的币种代码。

（23）保费：填报出口货物运至我国境内输出地点装载后的保险费用。可按保险费总价或保险费率两种方式之一填报，注明保险费标记（保险费标记"1"表示保险费率，"3"表示保险费总价），并按海关规定的货币代码表选择填报相应的币种代码。

（24）杂费：填报成交价格以外的，按照《中华人民共和国进出口关税条例》相关规定应计入完税价格或应从完税价格中扣除的费用。可按杂费总价或杂费率两种方式之一填报，注明杂费标记（杂费标记"1"表示杂费率，"3"表示杂费总价），并按海关规定的货币代码表选择填报相应的币种代码。

（25）合同协议号：填报进出口货物合同（包括协议或订单）编号。未发生商业性交易的免予填报。

（26）件数：填报有外包装的进出口货物的实际件数。

（27）包装种类：根据进出口货物的实际外包装种类，按海关规定的包装种类代码表选择填报相应的包装种类代码。

（28）毛重（千克）：填报进出口货物及其包装材料的重量之和，计量单位为千克，不足1千克的填报"1"。

（29）净重（千克）：填报进出口货物的毛重减去外包装材料后的重量，即货物本身的实际重量，计量单位为千克，不足一千克的填报"1"。

（30）集装箱号：填报装载出口货物（包括拼箱货物）集装箱的箱体信息。一个集装箱填一条记录，分别填报集装箱号（在集装箱箱体上标示的全球唯一编号）、集装箱的规格和集装箱的自重。非集装箱货物填报"0"。

（31）标记唛码及备注：标记唛码中填报除图形以外的文字、数字；受外商投资企业委托代理其进口投资设备、物品的进出口企业名称。与本报关单有关联关系的，同时在业务管理规范方面又要求填报的备案号，填报在电子数据报关单中"关联备案"栏；与本报关单有关联关系的，同时在业务管理规范方面又要求填报的报关单号，填报在电子数据报关单中"关联报关单"栏等。

（32）随附单证：根据海关规定的监管证件代码表选择填报除（20）条规定的许可证件以外的其他进出口许可证件或监管证件代码及编号。分为随附单证代码和随附单证编号两栏，其中代码栏应按海关规定的监管证件代码表选择填报相应证件代码；编号栏应填报证件编号。

（33）项号：第一行填报报关单中的商品顺序编号；第二行专用于加工贸易、减免税等已备案、审批的货物，填报和打印该项货物在加工贸易手册或征免税证明等备案、审批单证中的顺序编号。

（34）商品编号：填报的商品编号由10位数字组成，前8位为《中华人民共和国海关统计商品目录》确定的商品编码，后2位为符合海关监管要求的附加编号。

（35）商品名称、规格型号：第一行填报进出口货物规范的中文商品名称，第二行填报规格型号。

（36）数量及单位：第一行应按进出口货物的法定第一计量单位填报数量及单位，法定计量单位以《中华人民共和国海关统计商品目录》中的计量单位为准；凡列明有法定第二计量单位的，应在第二行按照法定第二计量单位填报数量及单位。无法定第二计量单位的，本栏目第二行为空；成交计量单位及数量应填报并打印在第三行。

（37）原产国（地区）：依据《中华人民共和国进出口货物原产地条例》《中华人民

共和国海关关于执行〈非优惠原产地规则中实质性改变标准〉的规定》以及海关总署关于各项优惠贸易协定原产地管理规章规定的原产地确定标准填报。同一批进出口货物的原产地不同的，应分别填报原产国（地区）。

（38）最终目的国（地区）：填报已知的进出口货物的最终实际消费、使用或进一步加工制造国家（地区）的国家（地区）名称及代码。

（39）单价：填报同一项号下进出口货物实际成交的商品单位价格。无实际成交价格的，本栏目填报单位货值。

（40）总价：填报同一项号下进出口货物实际成交的商品总价格。无实际成交价格的，本栏目填报货值。

（41）币制：按海关规定的货币代码表选择相应的货币名称及代码填报。

（42）征免：按照海关核发的征免税证明或有关政策规定，对报关单所列每项商品选择海关规定的征减免税方式代码表中相应的征减免税方式填报。

（43）特殊关系确认：根据《中华人民共和国海关审定进出口货物完税价格办法》（简称《审价办法》）第十六条，填报确认进出口行为中买卖双方是否存在特殊关系，有的填报"是"，反之则填报"否"。

（44）价格影响确认：根据《审价办法》第十七条，填报确认进出口行为中买卖双方存在的特殊关系是否影响成交价格，纳税义务人如不能证明其成交价格与同时或者大约同时发生的下列任何一款价格相近的，应当视为特殊关系对进出口货物的成交价格产生影响，填报"是"，反之则填报"否"。

市场采购新型贸易方式下的通关政策

（45）支付特许权使用费确认：根据《审价办法》第十三条，填报确认进出口行为中买方是否存在向卖方或者有关方直接或者间接支付特许权使用费的情况。如果进出口行为中买方存在向卖方或者有关方直接或者间接支付特许权使用费的情况，填报"是"，反之则填报"否"。

（46）版本号：适用于加工贸易货物出口报关单。

（47）货号：适用于加工贸易货物进出口报关单。

（48）录入员：用于记录预录入操作人员的姓名。

（49）录入单位：用于记录预录入单位名称。

（50）海关批注及签章：供海关作业时签注。

三、出口报关操作

（一）报关申报

申报是指进出口货物收发货人、受委托的报关企业，依照《中华人民共和国海关法》及有关法律、行政法规的要求，在规定的期限、地点，用电子数据报关单和纸质报关单形式，向海关报告实际进出口货物的情况，并接受海关审核的行为。出口货物应当由发货人或其代理人在货物的出境地海关申报。出口货物的申报期限为货物运抵海关监管区后，装货的24小时以前。经电缆、管道或其他特殊方式进出境的货物，进出口货物收发货人或其代理人按照海关规定定期申报。

进出口货物收发货人或其代理人通过计算机系统，向海关传送报关单电子数据，其方式可以是电子数据交换（EDI）、终端申报等方式。当申报人终端收到了海关接受申报的信息，则意味着电子申报已经成功，否则将接收到海关发送的不接受申报的信息，此时申报人应按要求修改报关单的内容，选择重新申报。一般等海关审结了电子报关单后，申报人将接收到海关发出的"现场交单"或者"放行交单"等信息。之后的10日内，申报人应备齐随附单证，并打印纸质报关单，向货物所在地海关当面递交。

申报的步骤可以分为五步，具体包括准备材料、看货取样、电子录入、提交纸质单和海关审单。准备材料主要是指准备报关单及其附带的若干单据，附带的若干单据又称为随附单据。

报关单位将需申报货物的相关数据录入计算机专门系统，并在完成审核后，将数据传送至海关报关自动化系统。海关对所申报上来的电子数据报关单相关栏目进行审核，审核通过后，海关同时通知申报人在收到通知之日起10日内提交纸质报关单据及其他相关材料。申报人应打印书面纸质单据，提交海关审单。

（二）海关查验

海关查验是指海关为确定进出境货物收发货人向海关申报的内容是否与进出口货物的真实情况相符，或者为确定商品的归类、价格、原产地等，依法对进出口货物进行实际核查的执法行为。海关通过查验，检查报关单位是否伪报、瞒报、申报不实，同时也为海关的征税、统计、后续管理提供可靠的资料。

海关查验应当在海关监管区实施。因货物易受温度、静电、粉尘等自然因素影响，不宜在海关监管区内实施查验，或者因其他特殊原因，需要在海关监管区外查验的，经进出口货物收发货人或其代理人书面申请，海关可以派员到海关监管区外实施查验。

当海关决定查验时，即将查验的决定以书面的形式通知进出口货物收发货人或其代理人，约定查验的时间。查验时间一般约定在海关正常工作时间内。在一些进出口业务繁忙的口岸，海关也可接受进出口货物收发货人或其代理人的请求，在海关正常工作时间以外实施查验。对于危险品或者鲜活、易腐、易烂、易失效、易变质等不宜长期保存的货物，以及因其他特殊情况需要紧急验放的货物，经进出口货物收发货人或其代理人申请，海关可以优先实施查验。

海关查验的方法包括人工查验和设备查验两种。人工查验包括外形查验、开箱查验。外形查验是指对外部特征直观、易于判断基本属性的货物的包装、运输标志和外观等状况进行验核；开箱查验是指将货物从集装箱、货柜车箱等箱体中取出并拆除外包装后对货物实际状况进行验核。设备查验指以利用技术检查设备为主对货物实际状况进行验核。

海关查验货物时，进出口货物收发货人或其代理人应当到场，配合海关查验。进出口货物收发货人或其代理人配合海关查验应当做好以下工作：负责按照海关要求搬移货物，开拆包装，以及重新封装货物；预先了解和熟悉所申报货物的情况，如实回答查验人员的询问以及提供必要的资料；协助海关提取需要做进一步检验、化验或鉴定的货样，收取海关出具的取样清单。

（三）征税/缴税

进出口货物收发货人或代理人将报关单及附随单据提交给货物进出境地指定海关，海关对报关单进行审核，对需要查验的货物先由海关查验，然后核对计算机计算的税费，并开具税款缴款书和收费票据。

进出口货物收发货人或其代理人在规定时间内，持缴款书或收费票据向指定银行办理税费交付手续，一旦收到银行缴款成功的信息，即可报请海关办理货物放行手续。

（四）海关放行

海关放行是指海关接受进出口货物的申报，审核电子数据报关单和纸质报关单及随附单证，查验货物，征免税费或接受担保后，对进出口货物做出结束海关进出境现场监管的决定，允许进出口货物离开海关监管现场的工作环节。海关放行一般由海关在进口货物提货凭证或出口货物装运凭证上加盖海关放行章。进出口货物收发货人或其代理人凭此提取进口货物或装运出口货物离境。

海关进出境现场放行有两种情况，一是货物已经结关，对于一般进出口货物，放行时进出口货物收发货人或其代理人已经办理了所有海关手续，因此，海关进出境现场放行即等于结关；二是货物尚未结关，对于保税货物、特定减免税货物、暂准进出境货物、部分其他进出境货物，放行时进出境货物的收发货人或其代理人并未办完所有的海关手续，海关在一定期限内还需进行监管，所以该类货物的海关进出境现场放行不等于结关。出口货物发货人或其代理人签收海关加盖海关放行章戳记的出口装货凭证，凭以到货物出境地的港区、机场、车站、邮局等地的海关监管仓库办理将货物装上运输工具离境的手续。

四、关检融合的变化

关检融合改革从实际操作层面实现了报关和报检的融合，真正意义上实现了关检"一次申报"。关检融合的变化集中体现在新的出口货物报关单中。企业报关报检合并为一张报关单，一套随附单证，一套通关参数。

新版出口货物报关单变化如下：增加6项，"页码/页数""境外收货人""离境口岸""报

表 6-11　新版出口货物报关单模板

中华人民共和国海关出口货物报关单

预录入编号：　　　　海关编号：　　　　页码/页数：

境内发货人	出境关别	出口日期	申报日期	备案号
境外收货人	运输方式	运输工具名称及航次号	提运单号	
生产销售单位	监管方式	征免性质	许可证号	
合同协议号	贸易国（地区）	运抵国（地区）	指运港	离境口岸
包装种类	件数	毛重（千克）	净重（千克）	成交方式	运费	保费	杂费

随附单证及编号

标记唛码及备注

项号	商品编号	商品名称及规格型号	数量及单位	单价/总价/币制	原产国（地区）	最终目的国（地区）	境内货源地	征免

特殊关系确认：	价格影响确认：	支付特许权使用费确认：	自报自缴：

报关人员　　报关人员证号　　电话　　　海关批注及签章：
兹声明对以上内容承担如实申报、依法纳税之法律责任　　申报单位（签章）
申报单位

关人员证号""电话""自报自缴"（在表体商品项下方打印）；修改4项，原"收发货人"修改为"境内发货人"，原"出口口岸"修改为"出境关别"，原"运输工具名称"修改为"运输工具名称及航次号"，原"随附单证"修改为"随附单证及编号"；删除2项，"录入员""录入单位"；位置变化3项，"集装箱号""境内货源地""申报单位"。

（一）新增项目说明

AEO是"经认证的经营者"的简称，该制度是世界海关组织倡导的通过海关对信用状况、守法程度和安全水平较高的企业实施认证，对通过认证的企业给予优惠通关便利的一项制度。截至目前，除国内达成内地和香港的AEO互认以外，我国已与35个国家和地区达成AEO互认安排，包括与欧盟、新加坡、韩国、瑞士、新西兰、以色列、澳大利亚等的互认。

新增的"境外收货人"栏的填报要求中提出："对于AEO互认国家（地区）企业的，编码填报AEO编码，填报样式按照海关总署发布的相关公告要求填报（如新加坡AEO企业填报样式为SG123456789012，韩国AEO企业填报样式为KR1234567，具体见相关公告要求）。"填报AEO证书，无疑在申报环节就将其通关优势纳入其中，降低其查验率，提高通关效率，降低通关成本。

新增的"自报自缴"（自主申报、自行缴税），是在全国通关一体化的大背景下，进出口企业、单位自主向海关申报报关单及随附单证、税费电子数据，并自行缴纳税费。与旧模式最大的区别在于，货物放行时间提前，海关审核在后。这是海关为守法企业提供快速通关服务的便利措施，也是海关税收征管方式改革的重要内容。此次新增"自报自缴"栏，进出口企业、单位采用"自报自缴"模式向海关申报时，填报"是"；反之则填报"否"。此选项可有效对报关模式进行分类，以便系统判定后分流管理，进一步提高通关效率。

新增的"境外发货人"栏的填报要求中提出："填报的境外收货人通常指签订并执行出口贸易合同中的买方或合同指定的收货人，境外发货人通常指签订并执行进口贸易合同中的卖方。特殊情况下无境外收发货人的，名称及编码填报'NO'。"由此出口贸易实现了舱单、提单、报关单三单信息一致，从而有效杜绝无进出口经营权企业或个人从事国际贸易，从制度上杜绝违法买单、变相偷逃国家外汇监管的情况发生。

新增的"出境口岸"按海关规定的《国内口岸编码表》选择填报装运出境货物的跨境运输工具离境的第一个境内口岸的中文名称及代码。该项目为原报检项目的"离境口岸"，录入要求无变化。

（二）新版报关单录入说明

新版出口货物报关单模板如表6-11所示，填写规范如下。

（1）预录入编号、海关编号、备案号：与原报关单相同。

（2）境内发货人：即原海关与原报检项目的"收发货人"，现改为"境内发货人"和"境外收货人"。

（3）出境关别：即原报关项目的"出口口岸"，现改为"出境关别"。

（4）出口日期：即原报关项目的"出口日期"和原报检项目的"发货日期"，现合并为"出口日期"。

（5）运输方式：即原报关和原报检项目的"运输方式"，现合并为"运输方式"。

（6）运输工具名称及航次号：即原报关和原报检项目的"运输工具名称"及原报关"航次号"与原报检项目的"运输工具号码"，合并为"运输工具名称及航次号"。

（7）提运单号：即原报关项目的"提运单号"和原报检项目的"提货单号"，现合并为"提运单号"。

（8）生产销售单位：即原报关项目的"消费使用/生产销售单位代码"和原报检项目的"使用人/生产加工单位代码"，现合并为"消费使用/生产销售单位代码"。

（9）监管方式：即原报关项目的"监管方式"和原报检项目的"贸易方式"，现合并为"监管方式"。

（10）征免性质、许可证号：与原报关单相同。

（11）合同协议号：即原报关项目的"合同协议号"和原报检项目的"合同号"，现合并为"合同协议号"。

（12）贸易国（地区）：即原报关项目的"贸易国（地区）"和原报检项目的"贸易国"，现合并为"贸易国（地区）"。

（13）运抵国（地区）：即原报关项目的"启运/运抵国（地区）"和原报检项目的"启运/输往国家（地区）"，现合并为"启运/运抵国（地区）"。

（14）指运港：为原报关项目的"装货/指运港"和原报检项目的"经停/到达口岸"，现合并为"经停/指运港"。

（15）离境口岸：为原报检项目的"入境/离境口岸"。

（16）包装种类：为原报关项目的"包装种类"和原报检项目的"包装种类（含辅助包装种类）"，现合并为"包装种类"。

（17）件数、毛重、净重、成交方式、运费、保费、杂费、随附单证及编号：与原报关单相同。

（18）标记唛码及备注：即原报关项目的"标记唛码及备注"和原报检项目的"标记唛码""特殊检验检疫要求"，现合并为"标记唛码及备注"。

（19）商品编号：为原报关项目的"商品编号"和原报检项目的"货物 HS 编码"，原报关项目"商品编号"填报 10 位数字，原报检项目的"货物 HS 编码"填报 13 位数字，现合并为 13 位"商品编号"。

（20）商品名称及规格型号：即原报关项目的"商品名称"和原报检项目的"货物名

称"，现合并为"商品名称"，规格型号与原报关单相同。

（21）数量及单位：即原报关项目的"法定第一数量"和原报检项目的"HS标准量"，现合并为"法定第一数量"；"法定第二数量"与原报关单相同。

（22）总价：即原报关项目的"总价"和原报检项目的"货物总值"。

（23）币制：即原报关项目的"币制"和原报检项目的"币种"，现合并为"币制"。

（24）最终目的国（地区）、征免：与原报关单相同。

（25）特殊关系确认、价格影响确认、支付特许权使用费确认：与原报关单相同。

实训操作示范

▶ 实训说明

（1）学会什么？

能填写代理报关委托书和委托报关协议，将通关业务委托给专业的国际货运代理公司来办理。按需要，配合海关完成检验工作。

（2）如何完成？

根据业务具体情况，与合作国际货运代理公司签订代理报关委托书和委托报关协议，完成委托工作。海关检验时，作为出口货物人到场配合。

▶ 操作步骤

（1）学习相关范例，掌握填写内容与填写规范。

（2）制作代理报关委托书和委托报关协议如表6-12、表6-13所示。

（3）配合海关查验操作步骤如下：海关查验货物时，进口货物的收货人、出口货物的发货人或其授权报关员应当到场，并负责协助搬移货物，开拆和重封货物的包装。海关认为必要时，可以径行开验、复验或者提取货样。查验结束后，由陪同人员在查验记录单上签名、确认。

表 6-12 代理报关委托书范例

代理报关委托书

编号：

×××国际货运代理有限公司：

我单位现　A　（A.逐票　B.长期）委托贵公司代理 ACF 等通关事宜（A.报关查验　B.垫缴税款 C.办理海关证明联　D.审批手册　E.核销手册　F.申办减免税手续　G.其他），详见《委托报关协议》。

我单位保证遵守《中华人民共和国海关法》和国家有关法规,保证所提供的情况真实、完整、单货相符。否则,愿承担相关法律责任。

本委托书有效期自签字之日起至 2019 年 8 月 30 日止。

委托方（签章）：

法定代表人或其授权签署代理报关委托书的人（签字）：小郑

2018 年 5 月 3 日

表 6-13 委托报关协议范例

委 托 报 关 协 议

为明确委托报关具体事项和各自责任,双方经平等协议商定协议如下：

委托方	义乌商远进出口有限公司	被委托人	×××国际货运代理有限公司	
主要货物名称	男式衬衫	＊报关单编号	NO.	
HS 编码	6105100090	收到单证日期	2018 年 5 月 6 日	
进出口日期	2018 年 5 月 15 日	收到单证情况	合同 √	发票 □
提单号			装箱清单 √	提（运）单 □
贸易方式	一般贸易		加工贸易手册 □	许可证件 □
原产地/货源地	义乌		其他	
传真号码	××××××××	报关收费	人民币：	元
其他要求：		承诺说明：		
背面所列通用条款是本协议不可分割的一部分，对本协议的签署构成了对背面条款的同意。		背面所列通用条款是本协议不可分割的一部分，对本协议的签署构成了对背面条款的同意。		
委托方业务签章		被委方业务签章		
经办人签章：小郑　2018 年 5 月 3 日		经办报关员签章：小严　2018 年 5 月 3 日		
联系电话：××××××××××		联系电话：××××××××××		

注：白联为海关留存，黄联为被委托方留存，红联为委托方留存。　　　　　◆中国报关协会监制

实训题目

根据实训业务的合同信息，填写代理报关委托书（见表 6-14）和委托报关协议（见

表6-15），将通关业务委托给专业的国际货源代理公司来办理。

表 6-14 空白代理报关委托书

代理报关委托书

编号：

×××国际货运代理有限公司：

我单位现　　　（A.逐票　B.长期)委托贵公司代理　等通关事宜(A.报关查验　B.垫缴税款　C.办理海关证明联　D.审批手册　E.核销手册　F.申办减免税手续　G.其他），详见《委托报关协议》。

我单位保证遵守《中华人民共和国海关法》和国家有关法规,保证所提供的情况真实、完整、单货相符。否则，愿承担相关法律责任。

本委托书有效期自签字之日起至　　年　　月　　日止。

委托方（签章）：

法定代表人或其授权签署代理报关委托书的人（签字）：

年　　月　　日

表 6-15 空白委托报关协议

委 托 报 关 协 议

为明确委托报关具体事项和各自责任，双方经平等协议商定协议如下：

委托方		被委托人		
主要货物名称		＊报关单编号		
HS 编码		收到单证日期		
进出口日期		收到单证情况	合同 □	发票□
提单号			装箱清单 □	提（运）单 □
贸易方式			加工贸易手册 □	许可证件 □
原产地/货源地			其他	
传真号码		报关收费	人民币：	元
其他要求：		承诺说明：		
背面所列通用条款是本协议不可分割的一部分，对本协议的签署构成了对背面条款的同意。		背面所列通用条款是本协议不可分割的一部分，对本协议的签署构成了对背面条款的同意。		
委托方业务签章 经办人签章：　年 月 日 联系电话：×××××××××		被委方业务签章 经办报关员签章：　年 月 日 联系电话：×××××××××××		

注：白联为海关留存，黄联为被委托方留存，红联为委托方留存。　　　　　◆中国报关协会监制

项目七 出口货物投保

使出口业务员熟悉保险信息的搜集渠道和方法；掌握我国海上货物运输保险的险别及选用方法；能根据商业发票、配舱通知和出口货物明细单等单据的相关信息制作国际货物运输险的投保单；能在备齐货物确定装船出运后及时完成出口投保的手续。

主要工作任务

本实训项目分解为 3 个工作任务，分别是投保准备工作、制作投险单和办理投保手续。

项目说明与任务导入

任务一 投保准备工作

任务导入

在完成了出口货物的订舱和通关工作，确定货物能装船出运后，出口方跟单员小李必须及时办理投保手续。为此，小李到国内各大保险公司及网上进行查询，掌握了保险险别、保险费率、双方权利和义务等信息，了解了投保的形式，同时从船公司获取配舱回单，为制作投保单做好准备。

任务目标

搜集和掌握海运货物投保信息，选择一家保险公司进行合作；为制作投保单做好准备。

知识要点学习

海运保险办理

1. 投保险别和费率
2. 投保方式
3. 配舱回单

一、投保险别和费率

当前，我国外贸企业在国际贸易海洋运输中最为常用的保险条款是中国人民保险公司（the People's Insurance of China, PICC）制定的中国保险条款（China Insurance Clauses, CIC）和英国伦敦保险协会所制定的货物保险条款（Institute Cargo clauses, ICC）。在投保准备阶段，主要了解各险别承保的责任范围以及相应的保险费费率。总的来说，险别承保责任范围越大，其保险费费率就越高。

按照能否单独投保，CIC 险种可分为基本险和附加险两类。基本险是可以单独投保的险种。在海运货物中，基本险承保海上风险（自然灾害和意外事故）和一般外来风险所造成的损失，包括平安险（free from particular average，FPA）、水渍险（with particular average，WPA 或 WA）和一切险（all risks）。附加险是不能单独投保的险种，承保的是外来风险所造成的损失，它只能在投保了基本险的基础上加保，包括一般附加险和特殊附加险。

平安险的承保责任范围包括以下 8 个方面：①在运输过程中，货物由于自然灾害造成被保险货物的实际全损或推定全损；②由于运输工具遭遇搁浅、触礁、沉没、互撞与流冰或其他物体碰撞以及失火、爆炸等意外事故造成被保险货物的全部或部分损失；③只要运输工具曾经发生搁浅、触礁、沉没、焚毁等意外事故，不论这意外事故发生之前或者以后曾在海上遭遇恶劣气候、雷电、海啸等自然灾害造成的被保险货物的部分损失；④在装卸转船过程中，被保险货物一件或数件、整件落海所造成的全部损失或部分损失；⑤被保险人对遭受承保责任内危险的货物采取抢救、防止或减少货损措施支付的合理费用，但以不超过该批被救货物的保险金额为限；⑥运输工具遭遇自然灾害或者意外事故，需要在中途的港口或者在避难港口停靠，因而引起的卸货、装货、存仓以及运送货物所产生的特别费用；⑦共同海损的牺牲、分摊和救助费用；⑧运输契约订有"船舶互撞责任"条款，按该条款规定应由货方偿还船方的损失。水渍险的承保责任范围是：①平安险承保的所有范围；②被保险货物由于恶劣气候、雷电、海啸、地震、洪水等自然灾害所造成的部分损失。一切险的承保责任范围是：①平安险和水渍险承保的范围；②被保险货物在运输途中由于一般外来风险所致的全部或部分损失。根据中国人民保险公司海洋货物运输保险条款规定，保险公司对平安险、水渍险、一切险3种基本险别的责任起讫，均采用国际保险业惯用的"仓至仓条款"（warehouse to warehouse clause，W/W clause），即规定保险公司所承担的保险责任，是从被保险货物运离保险单所载明的装运港（地）发货人仓库开始，直到货物到达保险单所载明的目的港（地）收货人仓库时为止。当货物一进入收货人仓库，保险责任即行终止。

一般附加险（general additional risks）承保一般外来风险所造成的损失，共有11种：偷窃、提货不着险（theft, pilferage and non-delivery, TPND）是指被保险货物在保险有效期内，被偷走或窃走，以致在目的地货物的全部或整件货提不着的损失，保险公司负责赔偿责任；淡水雨淋险（fresh water and/or rain damage）对被保险货物因直接遭受淡水或雨淋，以及由于冰雪融化所造成的损失负责赔偿；渗漏险（leakage）承保被保险货物在运输过程中因容器损坏而引起的渗漏损失，或对用液体储藏的货物因液体的渗漏而引起的货物腐败等损失负责赔偿；短量险（shortage risk）指被保险货物在运输途中因外包装破裂或散装货物发生数量散失和实际重量短缺的损失由保险公司负责赔偿，但不包括正常运输途中的自然消耗；混杂、玷污险（intermixture and contamination）对被保险货物在运输途中因混进杂质或被玷污所造成的破碎和碰撞损失由保险公司负责赔偿；碰损、破碎险（clash and breakage）对被保险货物在运输过程中因震动、碰撞、受压所造成的破碎和碰撞损失由保险公司赔偿；钩损险（hook damage）对被保险货物在装卸过程中因被钩损而引起的损失，以及对包装进行修补或调换所支付的费用负责赔偿；锈损险（rust）对被保险的金属或金属制品一类货物在运输过程中发生的锈损负责赔偿；串味险（taint of odor）对被保险的食用物品、中药材、化妆品原料等货物在运输过程中因受其他物品的影响而引起的串味损失负责赔偿；包装破裂险（breakage of packing）对被保险货物在运输过程中因装运或装卸不慎，致使包装破裂所造成的损失以及在运输过程中，为继续运输安全需要修补包装或调换包装所支付的费用均由保险公司负责赔偿；受潮受热险（sweat and heating）对被保险货物在运输过程中因气温突变或由于船上通风设备失灵致使船舱内水汽凝结、发潮或发热所造成的损失负责赔偿。

特殊附加险（special additional risks）承保由于特殊外来风险所造成的全部或部分损失，中国人民保险公司承保的特殊附加险有下列8种：进口关税险（import duty risk）承保的是被保险货物受损后，仍须在目的港按完好货物缴纳进口关税而造成相应货损部分的关税损失；舱面险（on deck risk）承保装载于舱面（船舶甲板上）的货物被抛弃或海浪冲击落水所致的损失；黄曲霉素险（aflatoxin risk）承保被保险货物（主要是花生、谷物等易产生黄曲霉素的货物）在进口港或进口地经卫生当局检验证明，其所含黄曲霉素超过进口国限制标准，而被拒绝进口、没收或强制改变用途所造成的损失；拒收险（rejection risk）指被保险货物出于各种原因，在进口港被进口国政府或有关当局拒绝进口或没收而产生损失时，保险公司依拒收险对此承担赔偿责任；交货不到险（failure to deliver risk）指自被保险货物装上船舶时开始，在 6 个月内不能运到原定目的地交货，不论何种原因造成交货不到，保险人都按全部损失予以赔偿；出口货物到香港（包括九龙在内）或澳门存仓火险责任扩展条款（fire risk extension clause for storage of cargo at destination Hong Kong, including Kowloon, or Macao，FREC）是一种扩展存仓火险责任的特别附加险，指保险公司对被保险货物自内地出口运抵香港（包括九龙）或澳门，卸离运输工具，直接存放于保险单载明的过户银行所指定的仓库期间发生火灾所受的损失，承担赔偿责任；战争险（war risk）的责任起讫期限仅限于水上危险，海运战争险规定保险公司所承担的责任自被保险货物在保险单所载明的装运港装上海轮或驳船时开始，直到保险单所载明的目的港卸离海轮或驳船时为止；罢工险（strikes risk）的承保范围包括因罢工、被迫停工所造成的直接损失，恐怖主义者或出于政治目的而采取行动的个人所造成的损失，以及任何人的恶意行为造成的损失。

投保险别的承保范围

二、投保方式

海洋货物运输保险的投保方式可以分为逐笔投保和预约投保两种。在投保准备阶段需要了解两种形式的区别以便在办理投保手续时进行选择。

预约保险单（open policy）是保险公司承保被保险人一定时期内所有进出口货物使用的保险单。凡属于其承保范围内的货物一开始运输即自动按照预约保险单的内容条件承保。一般被保险人要将货物的名称、数量、保险金额、运输工具名称种类、航程起点和终点、起航日期等信息以书面形式通知保险公司。预约保险单模板如表 7-1 所示。

在双方签订的预约投保协议中，一般规定如下内容：保险标的及其类别，如规定"工程机械设备、工程材料、钢板、主机、船用设备、船用备件、建筑机械、建筑材料、车辆、日用品、药品、矿产品、化学工业及其相关工业的产品、塑料及其制品等"；保险价值的确定方式，如"CIF 价格 ×110%"；保险期限，从 × 年 × 月 × 日至 × 年 × 月 × 日止；运输路线、运输方式或运输工具；包装条件；保险条件，包括主条款及险别、附加险条款；承运船必须同时满足的规定，如船龄、船级等；保险费率、单笔最低保费、每次事故免赔率/额；保费结算的方式，如采取按月结算的方式；投保手续，如每批货物启运前投保人/被保险人填写承保人提供的货运险投保单并向承保人提供，承保人根据投保单具体内容按协议约定条件核定无误后应立即出具货运险保险单并将相关联交予被保险人以作为被保险标的发生保险事故时向承保人索赔的依据；保证条款，如被保险人应按预保单规定无遗漏地将每一票货物向保险公司如数投保。

表 7-1 预约保险单模板

中国人民保险公司
预约保险起运通知书

被保险人：

编号：

兹根据预约保险合同的规定，办理下列货物的运输险：

提单号	数量	货名	保险金额
运输工具		起航日期	
运输路线			

投保险别	按合同办理	费率	按合同办理	保险费	M.W.
中国人民保险公司章			××× 有限公司章		

三、配舱回单

要办理投保手续时的投保单，需要等收到船公司签署的配舱回单后才能填制，主要是因为须从配舱回单中获得船名和航次等信息。配舱回单是货代在取得货主的定舱资料再向船公司定舱后取得的单证，即船公司或代理人接受托运并配妥船只舱位后退回给托运单位的单据。配舱回单模板如表 7-2 所示。

表7-2 配舱回单模板

Shipper（发货人）			D/R No.（编号）		
Consignee（收货人）			**中国对外贸易运输总公司 配舱回单（1）**		第 八 联
Notify Party（通知人）					
Pre-carriage by（前程运输）		Place of Receipt（收货地点）			
Ocean Vessel（船名） Voy. No.（航次）		Port of Loading（装货港）			
Port of Discharge（卸货港）		Place of Delivery（交货地点）	Final Destination for the Merchant's Reference（目的地）		
Container No.（集装箱号）	Seal No.（封志号） Marks & Numbers（标记与号码）	Number of Containers or Packages（箱数或件数）	Kind of Package; Description of Goods（包装种类与货名）	Gross Weight 毛重（千克）	Measurement 尺码（立方米）
Total Number of Containers or Packages (IN WORDS) 集装箱数或件数合计（大写）					
Freight & Charges（运费与附加费）	Revenue Tons（运费吨）	Rate（运费率）	Per（每）	Prepaid（运费预付）	To Collect（运费到付）
EX Rate（兑换率）		Prepaid at（预付地点）	Payable at（到付地点）		Place of Issue（签发地点）
		Total Prepaid（预付总额）	Number of Original B(s)/L（正本提单份数）		
Service Type on Receiving □—CY □—CFS □—DOOR		Service Type on Delivery □—CY □—CFS □—DOOR	Reefer Temperature Required（冷藏温度）	℉	℃
Type of Goods（种类）	□ Ordinary（普通） □ Liquid（液体）	□ Reefer（冷藏） □ Live Animal（活动物）	□ Dangerous（危险） □ Bulk（散货）	□ Auto（裸装车辆） □	危险品	Class: Property: IMDG Code: Page: UN No.:
可否转船：		可否分批：			
装　　期：		有效期：			
金　　额：					
制单日期：					

实训操作示范

▶ 实训说明

（1）学会什么？

能够为制作投保单和办理投保手续做好充分的准备工作。

（2）如何完成？

从合作的保险公司获得投保险别的承保范围与相应的保险费率；明确本次货物的投保采用逐笔投保还是预约投保的方式办理；从船公司收到配舱回单，获得船名和航次号等信息。

▶ 操作步骤

（1）本次货物采用逐笔投保的方式。

（2）按照合同，本次货物投保一切险，保险加成是 10%，保险公司报出的保险费率为 0.5%。

（3）从配舱回单中获得船名为 DONGFANG，航次为 V.190。

实训题目

配舱回单样本参考

按照实训操作示范，根据签订的合同，明确保险险别、加成和保险费率；按配舱回单拟定一个船名和航次号。

任务二　制作投保单

任务导入

在公司选择了国内某保险公司进行合作后，单证员小周在该保险公司的投保单模板上制作了一份投保单，以供办理投保手续之用。投保单是出口商向保险公司投保货物运输保险的依据，也是该货物运输保险单的组成部分，必须如实、正确地填写其中的内容，主要包括：货物的名称、数量、包装等信息，投保的险别与条件，配舱回单中的相关运输信息，发票金额、加成比例和保险金额。其中，投保的险别、加成比例需要公司采取策略进行选择。

如实、正确地填制一份投保单。

知识要点学习

一、投保单制作要点

投保单模板如表 7-3 所示，其制作一般包括下述要点。

（1）保险人：填写承保次批货物的保险公司的名称。通常，各个保险公司会在自己公司的投保单上事先印就自身为保险人。

（2）被保险人：除非信用证有特别规定，CIF 交易中一般为信用证受益人，即出口公司。

（3）投保险别：填写信用证规定的投保险别，包括险种和相应的保险条款等。

（4）保险货物品名：填写商品的名称标记。

（5）唛头：填写货物的装运标志，如唛头比较复杂也可以简单填写"as per invoice No.×××"。

（6）数量及包装：填写商品外包装的数量及种类。

（7）运输工具：填写运输工具的名称，如采用海运则根据配舱回单填写相应的承运船名及航次，并填写船龄，是否为集装箱运输。

（8）发票或提单号：填写发票或提单的号码。

（9）开航日期：可只填"as per B/L"，也可根据提单签发日具体填写。

（10）装运港：填写信用证规定的货物的装运港口。

（11）目的港：填写信用证规定的货物的卸货港口。

（12）发票金额：即合同总金额。

（13）保险金额：为发票金额加上保险加成，投保单上的保险金额填法应该是"进一取整"，即如果保险金额经计算为 USD11324.12，则在投保单上应填"USD11325"。

（14）保险费率和保险费：留空不填。

（15）投保人签章：有出口公司的公章并由具体经办人签字。

（16）投保日期：填写出口公司投保的日期。

开航日期与提单签发日

表 7-3 投保单模板

中国平安财产保险股份有限公司

进出口货物运输险投保单

被保险人： Insured:	
兹拟向中国平安财产保险股份有限公司投保下列货物运输保险： Herein apply to the Company for Transportation Insurance of following cargo: 品名： 唛头： 数量及包装： 请将保险货物项目、标记、数量及包装注明此上。 Please state items, marks, quantity and packing of the cargo insured here above.	请将投保的险别及条件注明如下： Please state risks insured against and conditions:

装载运输工具（船名 / 车号）： Per Conveyance S S:	船龄： Age of Vessel:	集装箱运输： Container Load:	是□ 否□ Yes □ No □	整船运输： Full Vessel Charter:	是□ 否□ Yes □ No □

发票或提单号： Invoice No. or B/L No.:		开航日期：年　月　日 Slg on or abt: Year Month Day	
自：　　　港 From:　　　Port	经： Via:	港 Port	至：　　　港 To:　　　Port
发票金额： Invoice Value:		保险金额： Amount Insured:	
保险费率： Rate:		保险费： Premium:	

备注：
Remarks:

投保人兹声明上述所填内容属实，同意以本投保单作为订立保险合同的依据；对贵公司就货物运输保险条款及附加险条款（包括责任免除和投保人及被保险人义务部分）的内容及说明已经了解。

投保人签章：
Name/Seal of Proposer:

日期：年 月 日
Date：Year Month Day

实训操作示范

▶ 实训说明

（1）学会什么？

能根据自身业务情况，如实、完整地制作一份投保单。

（2）如何完成？

根据合同、信用证、配舱回单等单证信息，在保险公司提供的空白投保单模板上按要求填写投保单各项内容。

▶ 操作步骤

（1）学习相关范例，掌握填写内容与填写规范。

（2）制作投保单如表 7-4 所示。

表 7-4 投保单范例

中国平安财产保险股份有限公司

进出口货物运输险投保单

被保险人： Insured: YIWU SHANGYUAN IM&EX CO., LTD	
兹拟向中国平安财产保险股份有限公司投保下列 货物运输保险： Herein apply to the Company for Transportation Insurance of following cargo: 品名：MEN'S SHIRT 唛头：SIMACO New York 123456 No.1~50 数量及包装：50CTNS 请将保险货物项目、标记、数量及包装注明此上。 Please state items, marks, quantity and packing of the cargo insured hereabove.	请将投保的险别及条件注明如下： Please state risks insured against and conditions: Covering all risks as per the China Insurance Clauses.

装载运输工具（船名/车号）：	船龄：	集装箱运输：	是√ 否□	整船运输：	是□ 否√
Per Conveyance S S: DONGFANG V190	Age of Vessel: 5	Container Load:	Yes √ No □	Full Vessel Charter:	Yes □ No √

发票或提单号：C123456	开航日期：2018 年 5 月 15 日
Invoice No. or B/L No.: C123456	Slg on or abt: May 15th, 2018

自： 港	经：	港	至： 港
From: Ningbo, China	Via:	Port	To: New York, USA

发票金额：8200 美元	保险金额：9020 美元
Invoice Value: USD8200	Amount Insured: USD 9020

保险费率：	保险费：
Rate:	Premium:

备注： Remarks:	

投保人兹声明上述所填内容属实，同意以本投保单作为订立保险合同的依据；对贵公司就货物运输保险条款及附加险条款（包括责任免除和投保人及被保险人义务部分）的内容及说明已经了解。

投保人签章：
Name/Seal of Proposer:
YIWU SHANGYUAN IM&EX CO., LTD
小李

日期：2018 年 5 月 13 日
Date：May 13th, 2018

实训题目

根据之前实训题目中制作的合同、信用证、配舱回单等单证信息，在保险公司提供的空白投保单（见表 7-5）上按要求填写投保单各项内容。

表 7-5　空白投保单

中国平安财产保险股份有限公司
进出口货物运输险投保单

被保险人：
Insured：

兹拟向中国平安财产保险股份有限公司投保下列货物运输保险： Herein apply to the Company for Transportation Insurance of following cargo： 品名： 唛头： 数量及包装： 请将保险货物项目、标记、数量及包装注明此上。 Please state items, marks, quantity and packing of the cargo insured here above.	请将投保的险别及条件注明如下： Please state risks insured against and conditions：

装载运输工具（船名/车号）：　　船龄：　　集装箱运输：　是□ 否□　　整船运输：　　是□　否□
Per Conveyance S S：　　Age of Vessel：　Container Load：　Yes □ No □　Full Vessel Charter：　Yes □ No □

发票或提单号：　　　　　　　　开航日期：年　月　日
Invoice No. or B/L No.：　　Slg on or abt：　Year Month Day

自：　　　港　经：　　　　　港　至：　　　港
From：　　Port　Via：　　　Port　To：　　　Port

发票金额：　　　　　　　　保险金额：
Invoice Value：　　　　　　Amount Insured：

保险费率：　　　　　　　　保险费：
Rate：　　　　　　　　　Premium：

备注：
Remarks：

投保人兹声明上述所填内容属实，同意以本投保单作为订立保险合同的依据；对贵公司就货物运输保险条款及附加险条款（包括责任免除和投保人及被保险人义务部分）的内容及说明已经了解。

投保人签章：
Name/Seal of Proposer：

日期：年 月 日
Date：Year Month Day

任务三 办理投保手续

任务导入

在准备好投保所需的投保单后，出口方跟单员小李到保险公司办理投保手续。为了避免在办理投保时风险就已经发生，以致影响保险合同的订立，小李最好在起运地仓库起运之前就办妥保险的手续。在支付保险费，投保成功后，小李先后收到了电子保单和纸质保单。小李最后核对了一下保险单中的内容是否与信用证有关规定一致。

任务目标

办理完投保手续，获得保险单，并进行核对。

知识要点学习

1. 投保注意事项
2. 保险单

一、投保注意事项

外贸跟单员在投保时须特别注意以下事项。

（1）投保时所申报的情况必须属实。

保险是建立在最高诚信原则基础之上的契约关系，保险人对投保人的投保是否接受，按什么费率承保，主要是以投保所申报的实际情况为依据来确定的。因此，投保人在办理投保时，应当将有关保险货物的重要事项（包括货物的名称、装载的工具以及包装的性质等）向保险人做真实的申报和正确的陈述。如所申报情节不实或隐瞒真实情况，保险人有权解除合同或不负赔偿责任。

（2）保单的内容必须与买卖合同及信用证上的有关规定一致。

由于保险单是以投保单为依据填制的，如果投保人不按合同的规定填写投保单，保险人据此出立的保险单就与合同的规定不符，收货人就可以拒绝接受这种保险单。在信用证支付方式下，投保单的内容还应符合信用证的有关规定，否则保险人所签发的保险单也会因单证不符而遭到银行的拒付。

（3）要注意尽可能投保到内陆目的地。

国际贸易中收货人的收货地点往往是在内陆，但在海上运输中所常用的 CIF 贸易术语却只规定将货物装运到目的港。如果同贸易术语一样只将保险投保到港口，则从港口到内陆段所发生的损失得不到保险赔偿。尤其是投保一切险，有很多损失在港口是无法发现的，只有在货物运达内陆目的地经检验后才能确定。如果只投保到港口，就会对责任的确定造成困难。因此，为解决收货人的实际需要并避免工作上的推诿，以投保到内陆目的地为宜。当然有些内陆城市由于运输条件过差，保险公司明确不保，这就必须按照保险公司的规定办理。

（4）为多式联运方式运输投保时应注意事项。

国际贸易货物如果采用多式联运方式运输，贸易术语一般应采用 CIP。在这个贸易术语下，卖方必须负责办理运输全程各种运输方式的保险（包括海洋运输）并支付运输全程的保险费，因而保险人的责任期限可在指定的内陆目的地终止。

二、保险单

保险单既是保险公司对被保险人的承保证明，也是保险公司和被保险人之间的保险契约。它具体规定了保险公司和被保险人的权利和义务。在被保险货物遭受损失时，保险单是被保险人索赔的依据，也是保险公司理赔的主要依据。保险公司按约定的保险费率收讫保险费后，依据投保单出具保险单并交给出口商。虽然保险单是保险公司签发的，但出口商需要仔细核对保险单内容，以免出现与合同或信用证不符的内容。保险单模板如表 7-6 所示，需要仔细核对的保险单主要内容如下。

（1）被保险人：由于保险单是可转让的单证，被保险人只要在保险单背面签章，保险单的权益就转让给了任何保单持有人。所以除非信用证上有明确规定，否则投保人便被作为被保险人。根据信用证规定和被保险人的不同情况，常见的缮制方法有以下几种。

①一般情况下，投保人与被保险人系同一个人，不指定受益人。来证若无明确规定，由卖方投保时，"被保险人"一栏应填具信用证上受益人的名称，并由该受益人在保单背面做空白背书。

②信用证规定须转让给开证行或第三方时，则"被保险人"一栏内在信用证上受益人名称之后再打上"held to the order of ×××"，并由该受益人在保单背面做空白背书。

③信用证指定以"个人名义"或"来人"（to order）为抬头人，则在"被保险人"一栏内直接打上"×××"或直接打上"to order"，信用证上的受益人不要背书。

④信用证指定"endorse to the order of ×××"则在"被保险人"一栏内仍打上信用证中受益人名称，同时保单背面由信用证上的受益人空白背书的上方打上" held/pay to the order of ×××"。

（2）标记：标记一般应按发票或提单上所标的唛头填写，且内容需要与其他相关单证相符；但如信用证无特殊规定，为简化起见一般可打"as per invoice No. ×××"（参照商业发票上的货物标记）。因为如向保险公司索赔时，被保险人须递交相关商业发票，所以这两种单据可相互参照。

表 7-6 保险单模板

中国人民保险公司				
THE PEOPLE'S INSURANCE COMPANY OF CHINA				
总公司设于北京		一九四九年创立		
HEAD OFFICE: BEIJING		ESTABLISHED IN 1949		

	保险单 INSURANCE POLICY	保险单号次 POLICY NO.	JL-LESBD06

中国人民保险公司（以下简称本公司）根据 ××× （以下简称被保险人）的要求，由被保险人向本公司缴付约定的保险费，按照本保险单承保险别和背面所载条款承保下述货物运输保险，特立本保险单

THIS POLICY OF INSURANCE WITNESSES THAT THE PEOPLE'S INSURANCE COMPANY OF CHINA (HEREINAFTER CALLED "THE COMPANY")AT THE REQUEST OF ××× (HEREINAFTER CALLED "THE INSURED") AND IN CONSIDERATION OF THE AGREED PREMIUM PAID TO THE COMPANY BY THE INSURED UNDERTAKES TO INSURE THE UNDERMENTIONED GOODS IN TRANSPORTATION SUBJECT TO THE CONDITIONS OF THIS POLICY AS PER THE CLAUSES PRINTED OVERLEAF AND OTHER SPECIAL CLAUSES ATTACHED HEREON

标记 MARKS & NOS.	包装及数量 PACKING & QUANTITY	保险货物项目 DESCRIPTION OF GOODS	保险金额 AMOUNT INSURED
总保险金额 TOTAL AMOUNT INSURED			

保费 PREMIUM		费率 RATE		装载运输工具 PER CONVEYANCE SS		
开航日期 SLG ON OR ABT			自 FROM		至 TO	
承保险别 CONDITIONS						

所保货物，如遇出险，本公司凭本保险单及其他有关证件给付赔款。所保货物，如发生本保险单项下负责赔偿的损失或事故，应立即通知本公司下述代理人查勘：

CLAIMS, IF ANY, PAYABLE ON SURRENDER OF THIS POLICY TOGETHER WITH OTHER RELEVANT DOCUMENTSIN THE EVENT OF ACCIDENT WHEREBY LOSS OR DAMAGE MAY RESULT IN A CLAIM UNDER THIS POLICY IMMEDIATE NOTICEAPPLYING FOR SURVEY MUST BE GIVEN TO THE COMPANY'S AGENT AS MENTIONED HEREUNDER:

赔款偿付地点 CLAIM PAYABLE AT/IN	义乌 YIWU	中国人民保险公司义乌分公司 THE PEOPLE' S INSURANCE CO. OF CHINA
日期 DATE		YIWU BRANCH
地址 ADDRESS	电话 TEL	GENERAL MANAGER
背书 ENDORSEMENT		

2 COPIES

（3）包装及数量：散装货物和信用证有规定外，一般不打上重量，应显示"袋"（bag）、"木箱"（case）、"纸板箱"（carton）、"包"（bale）等。保单上如果未表明"货物的数量"，银行便无法确定信用证所规定的货物数量是否已全部投保。所以开证行可据此拒付。

（4）保险货物项目：保险单内必须有对货物的描述，如果货物名称单一，可按发票上的名称填写；如果货物的项目很多，该描述可以用统称，但不得与信用证和其他单据中对货物的描述有矛盾。

（5）保险金额：保险金额一般应以信用证规定的货币种类及金额表示。如果信用证对保险金额没有规定，那么一般按照发票金额加成10%计算。发票金额中有时含有"佣金"与"折扣"。除非信用证另有规定，佣金不需扣除，保险金额一律按发票金额计算；而折扣需要扣除，保险金额按发票金额扣减折扣后计算。

（6）总保险金额：总保险金额的币种须与信用证或合约的规定一致，且应与使用币种的全称大小写金额须相符，因为保险金额精确到个位数，所以大写金额后应加上"ONLY"，以防涂改。

（7）装载运输工具：海运直达轮，则在该栏显示船名。如需中途转船，填写一程轮船名或已知的第二程轮船名。除非信用证另有规定，保单只有船名没有注明航次，银行应予接受。

（8）起讫地点：如选用海运直达船，则"from × × ×"即提单中的"port of loading"（装货港）；"to × × ×"即提单中的"port of discharge"（卸货港）。如果信用证上的目的地（一般为内陆）非提单卸货港，则保单上的起讫地点应按信用证规定原样显示。如选用海运非直达船，则保单上的转运地点应注明，例如从上海经香港转纽约（from Shanghai to New York W/T at Hong Kong）。

（9）承保险别：进出口货运险适用的保险条款种类较多，国内一般采用中国保险条款，包括主险条款、一般附加险条款和特别附加险条款。信用证上应有对保险类别和附加险别的明确要求。当信用证规定投保一切险时，银行将接受任何有一切险批注或条款的保险单据而不负任何漏保之责。信用证规定用何种保险条款必须在投保时注明，如中国保险条款（CIC）和货物保险条款（ICC）。如果信用证要求保一切险，银行可接受注明按 A 条款投保的保单。

（10）赔款偿付地点：如果信用证无特殊指定，一般显示信用证上规定的目的港或打上"destination"（目的地）。信用证要求以汇票货币为赔付货币时，则在赔付地点之后加注"in the currency of the draft"（以汇票的货币支付）；如信用证明确指定以某种货币为赔付货币，例如指定美元为赔付货币，则在赔付地点后直接注明"in USD"。

（11）出单地点和日期：出单地点按出单公司的实际所在地填写。除非信用证另有规定或在保险单上表明"保险责任最迟于货物装船或发运或接受监管之日起生效",银行将不接受出单日期迟于装船或发运或接受监管之日的保单。

（12）对保险单据的其他要求：信用证除了对保险单的基本项目的填写有所要求，对保险单据的其他方面也有所要求，如保险单据种类的要求、保单份数的要求。

保险单的权益转让

实训操作示范

▶ 实训说明

（1）学会什么？

能核对保险单中的内容，确保内容与合同及信用证相符。

（2）如何完成？

对照合同和信用证，仔细核对保险单中的内容。

▶ 操作步骤

将保险单中需要与合同和信用证仔细核对的内容列出，确保它们是正确的。

（1）被保险人：YIWU Shangguan Im&Ex Co., Ltd。

（2）标记：as per invoice No. C123456。

（3）包装及数量：50 cartons。

（4）保险货物项目：men's shirt。

（5）保险金额：USD9020。

（6）总保险金额：SAY US DOLLARS NINE THOUSAND TWENTY ONLY。

（7）装载运输工具：DONGFANG V190。

（8）起讫地点：from Ningbo to New York。

（9）承保险别：covering all risks of the PICC dated 01/01/1981。

（10）赔款偿付地点：New York in USD。

（11）出单地点和日期：Yiwu, May 13th, 2018。

（12）其他要求：2 copies。

实训题目

根据之前实训题目制作的合同和信用证,将保险单中需要核对的内容全部正确地列出来。

制单与收汇

教学目标

使出口方的单证员能根据信用证对全套单据的要求，制作或收集相关单据，使之符合信用证"单单一致、单证一致"的规则，在仔细审核无误后，在交单期内向银行办理交单业务。具体包括：信用证结算方式下常见单据的制作；向银行交单前，为保证一次性议付成功，出口方须先行审单；出现单据不符情况时能进行处理，最终完成交单收汇工作，收妥货款。

主要工作任务

本实训项目分解为 4 个工作任务，分别是信用证下常见单据制作、审单和交单收汇、单据不符的处理、托收与汇付。

项目说明与任务导入

任务一　信用证下常见单据制作

任务导入

在完成了货物的运输、通关和保险工作后，出口方的单证员小周立即着手制作和收集信用证项下的全套单据。在仔细阅读了信用证对单据的要求条款后，小周明确了全套单据包含商业发票、装箱单、提单、保险单、一般产地证和汇票。小周遵循"正确、完整、及时、简明、整洁"的工作要求，以信用证、有关商品的原始资料、UCP600 的相关规定为依据，顺利地完成了全套单据的制作。

任务目标

以信用证为依据，明确全套单据包含的单据种类和每种单据的具体要求，制作符合"单单一致、单证一致"规则的全套单据。

知识要点学习

1. 信用证对单据的要求
2. 出口方制作的单据
3. 出口方收集的单据

一、信用证对单据的要求

回顾之前学习的开证申请书和信用证的内容。在开证申请书中，有一块内容为"documents required（marked with×）"即"所需单据（用×标明）"。进口商在填写开证申请书时，就把全套单据的种类和对单据的具体要求体现在这一块内容中。接着，开证行依据进口商提交的开证申请书开立信用证。信用证也包含有一块内容为"documents required"。

因此，单证员在制作全套单据前必须读懂信用证的内容。拿到一份信用证，首先应明确下面几个问题：了解有关单据的总体要求，应清楚信用证要求的单据一共有几种；对每一种单据都要全面理解单据名称、份数、正副本、是否能背书转让、如何签字、出单时间、有无额外要求、单据由谁提供；熟悉各种单据的格式和内容，不管是自制还是统一印制，每种单据都有一定的格式和内容，尤其应注意并非事先印制好的单据上的每个项目都要填写；清楚各种单据运作过程，单证员应对信用证中要求的每种单据由谁制作，如何流转，怎样填写，各当事人怎样沟通、衔接、洽谈，等等都要综合考虑。

信用证中的"documents required"对常见单据要求的描述如下。

（一）商业发票

对商业发票的要求：signed commercial invoice in 3 copies indicating L/C No. _____ and contract No._____。

从上述单据要求的描述可知，该信用证对商业发票的要求为：商业发票需要经过签字；份数要求为一式三份；商业发票中需要标明信用证号和合同号。

（二）提单

对提单的要求：full set of clean on board ocean bill of lading made out to order and blank endorsed, marked "freight [×]prepaid/[ ]to collect" showing freight amount and notifying _____。

从上述单据要求的描述可知，该信用证对提单的要求为：全套清洁已装船海运提单做成空白抬头、空白背书，注明"运费[ ]已付/[ ]待付"，标明运费金额，并写明被通知人。

（三）保险单

对保险单的要求：insurance policy/certificate in duplicate for___% of the invoice value, blank endorsed, showing claims payable at _____, in the currency of the draft, covering all risks, and war risk.

从上述单据要求的描述可知，该信用证对保险单的要求为：保险单或者保险凭证一式两份，按发票金额的_____% 投保，空白背书，注明赔付地在_____，以汇票同种货币支付，投保一切险和战争险。

（四）装箱单

对装箱单的要求：packing list/weight memo in__copies indicating quantity, gross and net weight of each package。

从上述单据要求的描述可知，该信用证对装箱单的要求为：装运单/重量证明一式_____份，注明每一包装的数量、毛重和净重。

（五）一般产地证

对一般产地证的要求：certificate of origin in____copies issued by_____ _____。

从上述单据要求的描述可知，该信用证对一般产地证的要求为：产地证一式_____份，由_____ 出具。

二、出口方制作的单据

在信用证结算方式下的常见单据中，有些单据是出口商填制的，有些单据则是由出口商向其他部门申请，由该部门制作签发的。由出口商填制的常见单据主要有商业发票、装箱单和汇票。

填制单据

（一）商业发票的制作要点

商业发票（commercial invoice）是出口商填制的，凭以向进口商收款的发货价目清单，是出口商对装运货物的总说明。商业发票是全套货运单据的中心，其他单据均参照发票内容缮制，是出口贸易结算单据中最主要的单据之一。商业发票模板如表 8-1 所示。它没有统一的格式，但一般都包含以下内容。

表 8-1 商业发票模板

Commercial Invoice

Issuer	Invoice No.		Invoice Date	
	L/C No.		Date	
	Issued by			
To	Contract No.		Date	
	From		To	
	Shipped by		Price Term	
Marks & Numbers	Description of Goods	QTY	Unit Price	Amount

Total Amount in Words
Total Gross Weight
Total Number of Package

Issued by
Signature

（1）发票名称：注明 "commercial invoice" 或 "invoice" 字样，表明这是一张 "发票"，以便与其他单据区别。

（2）出口商的名称和地址：信用证方式下，一般应与受益人的名称和地址一致。

（3）发票抬头人：发票的 "to" 或 "buyer" 后面填收货人或抬头人。信用证支付方式下，通常为开证申请人。UCP600 第十八条规定：除非信用证另有规定，商业发票的抬头人必须是信用证开证申请人。

（4）发票号码：发票的 "invoice No." 后面填发票号码，由各公司自行编制。

（5）发票日期：发票的 "invoice date" 后面填发票日期，通常指发票签发时的日期。一般而言，商业发票的日期是所有议付单据中最早的。

（6）合同号码、信用证号码：合同号码和信用证号码应与信用证所列一致，如信用证无此要求，一般也列明。

（7）装运地、目的地和运输工具："from" 后面填装运地，"to" 后面填目的地。"shipped by" 后面填运输工具，应按实际情况填写。装运地、目的地应与信用证所列一致，目的地应明确具体，若有重名，应写明国别。

（8）唛头及件数："marks and numbers" 一栏填唛头。如果信用证有关于唛头的规定，就应严格按照信用证规定的内容缮制。如果信用证未规定唛头，那么受益人制单时可以参照合同中的唛头或自己设计合适的装运标志。若没有唛头，则此栏可打 "N/M"（no mark）。

（9）货物描述："description of goods" 一栏通常填商品的名称、品质、规格等内容。信用证方式下，UCP600 第十八条规定：商业发票上的货物、服务或履约行为的描述应该与信用证中的描述一致。其他方式下，关于货物的描述应符合合同要求。

（10）商品的数量："qty"（quantity）一栏填商品的数量、重量。应以销售单位计量。

（11）单价和总值："unit price"后填单价，"amount"后填总值。单价应包含计量单位、单位货币金额、计价货币、价格术语四部分的内容。单价和总值必须准确计算，与数量之间不可有矛盾，UCP600第十八条规定：商业发票必须与信用证的货币相同。该条还规定：按指定行事的指定银行、保兑行（如有的话）或开证行可以接受金额大于信用证允许金额的商业发票，其决定对有关各方均有约束力，只要该银行对超过信用证允许金额的部分未做承付或者议付。如果信用证中有佣金或折扣的规定，应按信用证规定填制。"commission"和"discount"两个单词不能互用，因为进口国海关对"commission"要征税，而对"discount"则可以免税。如果信用证的总金额是按含佣价计算的，则商业发票上的总金额也应按含佣价计算，不要减佣；如果信用证的单价为含佣价，而总金额已经扣除佣金，则商业发票上的总金额也应扣除佣金。

（12）商品的包装、件数："numbers and kind of packages"一栏填商品的包装和件数，同时还应填上货物的毛重、净重及包装尺码，这些都是缮制托运单、提单、保险单等的必要资料。不过这些内容大部分都在商业发票的补充单据——装箱单上显示。

（13）出单人名称及负责人签章：出单人名称打在商业发票的右下角，一般为出口商的名称。发票是由出口商出具的，在信用证方式下，根据UCP600第十八条规定：商业发票必须看似由受益人出具（特殊情形除外）。该条还规定商业发票无须签名，但信用证另有规定的应按照信用证的规定签名。

（14）其他要求：有些信用证对商业发票提出了一些其他要求，则出单人应该照办。大致有以下几种：①加注费用清单，即运费、保险费和FOB价。②注明特定号码，如进口许可证号、关税号。③签署，如果信用证要求发票是"signed commercial invoice..."或"manually signed commercial invoice..."则该商业发票必须签署，且后者还必须由发票授权签字人手签。④机构认证。有的信用证要求商业发票要由某些权威机构（如中国国际贸易促进委员会）进行认证，则受益人在制单后必须及时向有关部门进行认证以免延误交单期。⑤加列证明文句。信用证条款中有时要求受益人在其提交的商业发票上打上特定的证明文句，则应将该文句打在发票上。

（二）装箱单的制作要点

装箱单（packing list）是商业发票的一种补充单据，其作用是进口商可能对货物的特性、包装方式、重量、体积中某一个方面或某几个方面比较关注，要求出口商提供突出货物某一方面的单据。装箱单着重表现货物的包装情况，包括从最小包装到最大包装及所使用的包装材料、包装方式。对于重量和尺码内容，在装箱单中一般只体现它们的累计总额。重量单在装箱单的基础上详细表示货物的毛重、净重、皮重等。尺码单用立方米表示货物的

体积，具体列明货物的单位尺码和总尺码，如不是统一尺码，则应分别列明，其他内容与
装箱单相同。装箱单模板见表 8-2，其制作要点如下。

表 8-2 装箱单模板

×××××× INTERNATIONAL TRADE CORP.
NO.× BUILDING, ××× RD, ××× CHINA

PACKING LIST
Original

To:
Date:

Invoice No.:
Contract No.:

From to   Letter of Credit No.

Issued by

Marks & Numbers	Description	Quantity	Weight		Measurement
			Net	Gross	

Special Condition

Name of Exporter:
×××××× INTERNATIONAL TRADE CORP.
×××

（1）表头：出口公司中英文名称和详细地址、单据名称，根据信用证和合同上的要求填制。单据名称的常见的英文表示法有：packing list/note、weight list/note、measurement list/note、packing and measurement list、packing、weight and measurement note 等。

（2）进口公司的名称和地址（to）：与发票同一栏目相同。

（3）日期（date）：与发票日期相同或略迟于发票日期。

（4）发票号码（invoice No.）：填写商业发票的号码。

（5）合同号（contract No.）：填写进出口合同的号码。

（5）起运地（from）：与发票同一栏目相同。

（7）目的地（to）：与发票同一栏目相同。

（8）信用证号码（L/C No.）：如信用证支付方式下，填制相应信用证号码，反之则留白。

（9）开证银行（issuing bank/issued by）：如信用证支付方式下，填制开证银行，反之则留白。

（10）唛头及号码（marks & numbers）：与发票上同一栏目相同。

（11）商品描述（description）：填写商品名称，与发票上相同。

（12）数量（quantity）：此栏在填制运输包装单位的数量后再补充计价单位的数量，如 100ctns/1000pcs。

（13）净重（net weight）：填写商品的总净量。

（14）毛重（gross weight）：填写商品的总毛重。

（15）尺码（measurement）：填写商品的总尺码。

（16）出口公司盖章和签字（name of exporter）：此栏除出口公司名称外还须加上公司负责人的签字或手签印章。

（17）特殊条款（special conditions）：如装箱单上有特殊条款，则打印在此栏。

（18）正本（original）：如来证要求提供装箱单的正本，则须在单据名称下面或单据的右上角空白处打上或盖上"original"字样。

（三）汇票的制作要点

出口商制作的汇票是跟单汇票，也是商业汇票。跟单汇票又称押汇汇票，是指附有运输单据的汇票。跟单汇票的付款以附交货运单据如提单、发票、保险单等单据为条件。汇票的付款人要取得货运单据提取货物，必须付清货款或提供一定的担保。跟单汇票体现了钱款与单据对流的原则，为进出口双方提供了一定的安全保证。因此，在国际货款结算中，大多采用跟单汇票作为结算工具。汇票的出票人一般是出口商，出票是指出票人在汇票上填写付款人、付款日期、付款金额、付款地点及收款人等项目，经签字后交给受票人的行为。出票应包括两个方面的行为：一要制作汇票并签字；二要提交汇票。汇票模板如表8-3所示。

表8-3 汇票模板

BILL OF EXCHANGE	
No.	
For	
At sight of this FIRST Bill of Exchange (SECOND being unpaid)	
pay to or order	
the sum of	
Value received of	
Drawn under	
L/C No.	Dated
To	For and on behalf of
	(Signature)

制作汇票时应注意下列问题。

（1）汇票的号码：每一张汇票都有号码，汇票的号码写在"No."后面，通常与此笔交易的商业发票号码一致，以便核对。

（2）汇票的出票地点和日期：汇票的出票地点一般印就在汇票上，通常是出口方所在地。出票日期一般是提交议付行议付的日期，该日期往往由议付行代为填写。该日期不能迟于信用证的有效期。

（3）表明"汇票"字样：汇票上有"exchange for..."的字样，exchange 表明这是一张汇票。

（4）汇票金额：汇票必须载明它的金额，"exchange for..."的后面是汇票的小写金额，例如"exchange for USD5000"；"the sum of..."的后面是它的大写金额，例如"the sum of US DOLLAR FIVE THOUSAND ONLY"。大写金额的最后要写上"ONLY"字样，大小写要一致。信用证项下的汇票，若信用证没有规定，则应与发票金额一致。若信用证规定汇票金额为发票的百分之几，则按规定填写。这一做法，通常用于以含佣价向中间商报价，发票按含佣价制作，开证行在付款时代扣佣金的情况。汇票货币的币种要与信用证金额货币相同。

（5）汇票的付款期限：在汇票中用"at..."表示，信用证方式下即期汇票"at sight"，只需在横线上用"***"或"……"表示，也可以直接打上"at sight"（但不要留空）。远期汇票按信用证汇票条款的规定填入相应的付款期限。

（6）收（受）款人：在国际贸易中，汇票的收（受）款人一般采用指示性抬头的方式，即用"pay to the order of..."或"pay to...or order"来表示。信用证方式下通常填出口商在国内的往来银行或议付行的名称。

（7）出票依据：信用证方式下应填写相关信用证开证行、信用证号码及开证日期。

（8）付款人：即受票人，一般此栏在汇票的左下角用"to"表示。信用证方式下汇票付款人的填写要按照信用证的要求，在信用证汇票条款中付款人往往用"drawn on..."或直接用"on..."表示。

（9）出票人：一般写在汇票的右下角。信用证方式下汇票的出票人填信用证的受益人即出口商，同时加盖公司印章并经负责人签字。需要注意的是出票人的印章必须与其出具的商业发票等其他单据的印章一致。

汇票的"付一不付二，付二不付一"

三、出口商收集的单据

信用证结算方式下的全套单据中，有一些单据并不是出口商制作的，而是由出口商向相关部门申请，由该部门签发的。比如，在上一个实训项目中，出口商制作投保单向保险公司办理投保手续，再由保险公司签发保险单。保险单是信用证要求的单据之一。同类的信用证下常见单据还有海运提单

申领单据

和一般产地证等。对于这类单据，出口商虽然不需要进行制作，但也需要熟悉它们的用途和内容。

（一）海运提单

海运提单（bill of lading, B/L）简称提单，是指由船长、船公司或其代理人签发的，是证明已收到特定货物，允诺将货物运至特定的目的地，并交付给收货人的凭证。出口商制作的是订舱委托书，经委托货代办理托运手续后，从船公司获得海运提单。海运提单的模板如表 8-4 所示，主要内容如下。

（1）托运人（shipper）：委托承运人装货的货主。一般应按信用证规定以受益人名称及地址填写托运人。如果信用证未规定受益人的地址，提单也可以不填地址，保持单证一致。根据 UCP500 第三十一条规定，除非信用证特别规定不得以第三者为发货人，则提单允许以第三者为发货人。信用证要求以某外商为发货人，一般不能接受，尤其当信用证规定提单为空白抬头时。

（2）收货人（consignee）：该栏为提单的抬头，在信用证支付方式下应严格按信用证规定制作。如信用证中一般要求提单为"空白抬头，空白背书"（made out to order and blank endorsed），收货人就应填写"to order"。

（3）被通知人（notify party）：这是货物到达目的港时发送到货通知的对象。如果来证规定了被通知人，应严格按信用证的要求填写被通知人的名称和地址。如果是记名提单或凭收货人指示的提单，而收货人又有详细地址的，则此栏一般可不填，信用证往往也不做规定；如果是空白指示提单或非收货人指示的提单，则必须填写被通知人名称及详细地址。

（4）提单号码（B/L No.）：提单上必须注明提单号，此号码十分重要，不可漏打。该号码主要是便于工作联系，便于通知和核查。没有号码的提单是无效的。

（5）若为联运提单，其上有：

①前段运输（pre-carriage by），本栏应填写第一段运输方式的运输工具的名称。如货物从合肥经火车运往上海，由上海装船运往国外，则此处填"by train"或"by wagon No.×××"。

②收货地点（place of receipt），本栏填前段运输承运人接收货物的地点，如合肥。

③交货地点（place of delivery），是指最终目的地，如货物从南通海运至美国旧金山，然后再由旧金山陆运至芝加哥，则交货地点应填写芝加哥。

表 8-4 海运提单模板

1. Shipper: Name, Address and Phone		B/L No.	
	COSCO logo	中远集装箱运输有限公司 COSCO CONTAINER LINES TLX: 33057 COSCO CN FAX: +86(021) 6545 8984 ORIGINAL	
2. Consignee: Name, Address and Phone	Port-to-Port or Combined Transport BILL OF LADING RECEIVED in external apparent good order and condition except as otherwise noted. The total number of packages or units stuffed in the container, the description of the goods and the weights shown in this Bill of Lading are furnished by the Merchants, and which the carrier has no reasonable means of checking and is not a part of this Bill of Lading contract. The carrier has issued the number of Bills of Lading stated below, all of this tenor and date. One of the original Bills of Lading must be surrendered and endorsed or signed against the delivery of the shipment and whereupon any other original Bills of Lading shall be void. The Merchants agree to be bound by the terms and conditions of this Bill of Lading as if each had personally signed this Bill of Lading. SEE Clause 4 on the back of this Bill of Lading (Terms continued on the back hereof, please read carefully). *APPLICABLE ONLY WHEN THE DOCUMENT USED AS A COMBINED TRANSPORT BILL OF LADING		
3. Notify Party: Name, Address and Phone (It is agreed that no responsibility shall attach to the Carrier or his agents for failure to notify)			

4. Combined Transport *		5. Combined Transport*		
Pre-carriage by		Place of Receipt		
6. Ocean Vessel, Voy. No.		7. Port of Loading		
8. Port of Discharge		9. Combined Transport *		
		Place of Delivery		

Marks & Nos. Container / Seal No.	No. of Containers or Packages	Description of Goods (if dangerous goods, see Clause 20)	Gross Weight (kg)	Measurement
		Description of Contents for Shipper's Use Only (NOT PART OF THIS B/L CONTRACT)		

10. Total Number of Containers and/or Packages (in words)

Subject to Clause 7 Limitation

11. Freight & Charges	Revenue Tons	Rate	Per	Prepaid	To Collect
Declared Value Charge					

Ex. Rate	Prepaid at		Payable at	Place and Date of Issue
	Total Prepaid		No. of Original B(s)/L	Signed for the Carrier, COSCO CONTAINER LINES

LADEN ON BOARD THE VESSEL

DATE		BY	

（6）船名及航次（ocean vessel, voy. No.）：应按装船的实际情况缮制。若无航次号可不填。如果是联运方式而其中包括有海运者，则本栏填其中海运的船名及航次号。

（7）装运港（port of loading）：填写实际装船港口的具体名称。如信用证规定为"Chinese port"，提单上的装运港栏则填中国范围内实际的具体港口名称，如"Xingang"（新港）或"Guangzhou"（广州），而不能按信用证规定照填"Chinese port"。如果信用证规定的装货港与实际装货港不符，应及时修改信用证，以免影响出口结汇。

（8）卸货港（port of discharge）：在直达船运输的情况下，此栏即为最终的目的港。若在转运的情况下，该栏所填写的应是第一程海运船只上的货物卸下的地点。例如，货物从上海（Shanghai）运往洛杉矶（Los Angeles），须在香港（Hong Kong）转船，则该栏目应填"Hong Kong"，而"Los Angeles"应填在下一栏，即"final destination"栏内。如信用证规定两个以上的港口者，或笼统规定"×××主要港口"，如"European main ports"（欧洲主要港口时），只能选择其中之一或填明具体卸货港名称。

（9）唛号（marks & numbers）：如信用证有规定应严格按信用证规定缮制，上、下、左、右顺序都不可颠倒，并应与商业发票上的唛号保持一致；如信用证没有规定或不用信用证方式支付，可按商业发票上的唛号缮制，并注意做到单单一致。提单上的唛号是重要的项目，因此本栏不能留空不填，若散装货物没有唛号，可以表示"no mark"或"N/M"。

（10）包装的件数和种类（number and kind of packages）：填实际货物的件数和包装的单位，应与唛头中件号的累计数相一致。如散装货无包装件数者，可表示"in bulk"。如果在同一张提单上有两种以上包装单位，如100件中有40件是木箱装，60件是纸箱装，应分别填写不同包装单位的数量，然后再表示件数。

（11）货名（description of goods）：提单上有关货物的名称，可以用概括性的商品的统称，不必列出详细规格。但应注意不能与来证所规定的货物的特征相抵触。例如，出口货物有餐刀、水果刀、餐叉、餐匙等，信用证上分别列明了各种商品的名称、规格和数量，提单上可用"餐具"这一统称来表示。又如，来证规定货物的名称为"复写纸"（carbon paper）。它是一种独特的商品，我们不能用"纸"（paper）来代替复写纸，否则银行可以拒付。

（12）毛重（gross weight）：即货物的总毛重。除非信用证另有规定，一般以千克作为计重单位。

（13）尺码（measurement）：即货物的体积。除非信用证另有规定，一般以立方米作为计算单位，保留小数点后三位小数并注意与其他单据保持一致。

（14）运费支付情况的说明：除非信用证另有规定，此栏一般不填写运费的具体数额，只填写运费的支付情况。此栏应参照商业发票中的价格条件填写，十分重要，不可遗漏。如成交价格为CFR、CIF则应注明"运费已付"（freight prepaid），如成交价格为FOB，则应注明"运费到付"（freight to collect），以明确运费由谁支付。当有些来证要求注明所支付的运费的金额时，只需按实际支付数额填写即可。

（15）大写件数（total number of packages in words）：用大写英文字母打出，须与小写件数一致。

（16）正本提单的份数（No. of original B/L）：信用证支付方式项下的提单正本份数必须依据信用证规定，例如信用证规定"3/3 original on board ocean bills of lading…"，则须出具三份正本。如果信用证规定为全套，则做成一份、两份或三份都可以，并用大写"ONE""TWO"或"THREE"表示。正本提单须有"original"字样。

提单份数的约定

（17）提单的签发地点和日期（place and date of issue）：提单的签发地点应是装货港的地点，如中途转船应是第一程船装货港的地点。提单的签发日期通常是装船完毕的那一天，该日期不得迟于信用证或合约所规定的最迟装运日期。

（18）装船批注的日期和签署（laden on board the vessel date…by…）：根据 UCP600 的解释，如果提单上没有预先印就的"已装船"（shipped on board…）字样，则必须在提单上加注装船批注（on board notation），装船批注中所显示的日期即视为货物的装船日期。

（19）承运人签署（signed for the carrier）：每份正本提单都必须有船方或其代理人的签章才能生效。根据 UCP600 的规定，提单必须注明承运人的名称，然后由承运人或作为承运人的具名代理人或其代表，或者由船长或作为船长的具名代理人或代表签署。以上任何人的签字或证实均须表明其身份。

另外还应注意，不属于上述范围内，但信用证上要求在提单上加注的内容，如要求在提单上列明信用证的号码等，必须按信用证要求办理。

（二）一般产地证

一般原产地证是各国根据自己的原产地规则和有关要求签发的原产地证书，是证明商品的原产地，即货物的生产或制造地方的一种证明文件。进口国据此对进口货物实施管理和征税，确定准予放行否，实施数量限制否，实施反倾销否，等等。一般产地证与保险单和提单也有所区别，它需要出口商填制，但由相关部门签发。一般产地证模板如表8-5所示，其主要内容如下。

一般产地证与普惠制产地证的区别

（1）证书编号（certificate No.）：应在证书右上角填上证书编号。此栏不得留空，否则证书无效。

（2）出口方（exporter）：此栏不得留空，填写出口方的名称、详细地址及国家（地区），一般可按外贸合同的卖方或发票抬头人填写。

表 8-5　一般产地证模板

ORIGINAL

（1）Exporter	Certificate No.
	CERTIFICATE OF ORIGIN **OF** **THE PEOPLE'S REPUBLIC OF CHINA**
（2）Consignee	
（3）Means of Transport and Route	（5）For Certifying Authority Use Only
（4）Country/Region of Destination	

（6）Marks and Numbers	（7）Description of Goods; Number and Kind of Packages	（8）HS Code	（9）Quantity	（10）Number and Date of Invoices

（11）Declaration by the Exporter 　　The undersigned hereby declares that the above details and statements are correct, that all the goods were produced in China and that they comply with the Rules of Origin of the People's Republic of China.	（12）Certification 　　It is hereby certified that the declaration by the exporter is correct.
Place and Date, Signature and Stamp of Authorized Signatory	Place and Date, Signature and Stamp of Certifying Authority

　　（3）收货方（consignee）：应填写最终收货方的名称、详细地址及国家（地区），通常是外贸合同中的买方或信用证上规定的提单通知人。但有时由于贸易的需要，信用证规定所有的单证收货人一栏留空，在这种情况下，此栏应加注"to whom it may concern"或"to order"，但不得留空。

　　（4）运输方式和路线（means of transport and route）：海运、陆运或空运应填写装货港（地）、到货港（地）及运输线路。

　　（5）目的地国家（地区）（country/region of destination）：指货物最终运抵港，一般应与最终收货人或最终目的港的国别一致，不能填写中间商国家名称。

　　（6）检验机构用栏（ for certifying authority use only）：此栏为签证机构在签发后发证书、补发证书或加注其他声明时使用。证书申领单位应将此栏留空。

（7）运输标志：应按照出口发票上所列唛头填写完整图案、文字标记及包装号码，不可简单地填写"按照发票"（as per invoice No. ×××）或者"按照提单"（as per B/L）。货物无唛头，应填写 N/M（no mark，无唛头），此栏不得留空。如唛头多，本栏填写不下，可填写在第七、八、九栏的空白处，如还不够，可用附页填写。

（8）商品描述、包装数量及种类（description of goods; number and kind of packages）：商品描述要填写具体名称，例如睡袋（sleeping bags）、杯子（cups），不得用概括性表述，例如服装（garment）。包装数量及种类要按具体单位填写，例如 100 箱彩电，填写为"100 cartons（ONE HUNDRED CARTONS ONLY）of color TV set"。包装数量应在阿拉伯数字后加注英文表述。如货物系散装，在商品名称后加注"in bulk"（散装），例如 1000 公吨生铁，填写为"1000M/T（ONE THOUSAND M/T ONLY）pig iron in bulk"。有时信用证要求在所有单证上加注合同号、信用证号码等，可加在此栏。本栏的末行要打上表示结束的符号"***"，以防添加内容。

（9）商品编码（HS code）：此栏要求填写 8 位数的 HS 编码，与报关单一致。若同一证书包含有几种商品，则应将相应的税目号全部填写。此栏不得留空。

（10）数量（quantity）：填写出口货物的数量并与商品的计量单位联用。如上述的 100 箱彩电，此栏填"100 sets"。1000 公吨散装生铁，此栏填"NW 1000M/T"（净重 1000 公吨）或"1000 M/T(NW)"。如果只有毛重时，则须注明"GW"。

（11）发票号码及日期（number and date of invoices）：必须按照所申请出口货物的商业发票填写。该栏日期应早于或符同于实际出口日期，为避免对月份、日期的误解，月份一律用英文表述。此栏不得留空。

（12）出口方声明（declaration of exporter）：该栏由申领单位已在签证机构注册的人员签字并加盖有中英文的印章，填写申领地点和日期，该栏的日期不得早于发票日期（第十栏）。手签人签字与公章在证面上的位置不得重合。

（13）签证机构（certifying authority）证明：由签证机构签字、盖章。签字和盖章不得重合，并填写签证日期、地点。签发日期不得早于发票日期（第十栏）和申请日期（第十一栏）。

实训操作示范

▶ 实训说明

（1）学会什么？

能够读懂信用证对全套单据的所有要求，制作符合"单单一致、单证一致"原则的全套单据。

（2）如何完成?

明确信用证中"documents required"（所需单据）项目所列单据的种类和每个单据的具体要求，并按要求制作商业发票、装箱单、汇票等单据，收集提单、保险单等单据。

▶ **操作步骤**

（1）学习相关范例，掌握填写内容与填写规范。

（2）制作商业发票如表8-6所示。

表8-6　商业发票范例

Commercial Invoice

Issuer YIWU SHANGYUAN IM&EX CO., LTD No.2 Xueyuan Road, Yiwu, Zhejiang, China	Invoice No.	C123456	Invoice Date	Apr. 25, 2018
	L/C No.	LC123456	Date	Apr. 18, 2018
	Issued by	Citigroup Inc.		
To SIMACO FASHION CO.,LTD 111 Ave, New York, USA	Contract No.	123456	Date	Apr. 12, 2018
	From	Ningbo	To	New York
	Shipped By	By Sea	Price Term	CIF New York
Marks SIMACO New York 123456 No.1–50	Description of Goods MEN'S SHIRT Art. No. S123	QTY 1000pcs	Unit Price USD8.2	Amount USD8200

Total Amount in Words
SAY US DOLLAR EIGHT THOUSAND TWO HUNDRED ONLY.

THE CONTENTS IN THIS INVOICE ARE TRUE AND CORRECT.

Issued by：YIWU SHANGYUAN IM&EX CO., LTD
Signature：小周

（3）制作装箱单如表 8-7 所示。

表 8-7 装箱单范例

××××× INTERNATIONAL TRADE CORP.
NO.X BUILDING, × × × RD, × × × CHINA
PACKING LIST
Original

To: SIMACO FASHION CO., LTD
111 AVE New York, USA
Date: Apr.25, 2018

Invoice No.: C123456
Contract No.: 123456

From Ningbo to New York   Letter of Credit No.: LC123456

Issued by: Citigroup Inc.

Marks & Numbers	Description	Quantity	Weight		Measurement
			Net	Gross	
SIMACO New York 123456 No.1–50	MEN'S SHIRT Art. No.S123	1,000pcs	275kg	300kg	0.75CBM

Name of Exporter:

（4）制作汇票如表 8-8 所示。

表 8-8 汇票范例

BILL OF EXCHANGE	
No. C123456	Yiwu, Zhejiang
For USD8200	Jun 15, 2018
At ***sight of this FIRST Bill of Exchange (SECOND being unpaid) pay to Industrial and Commercial Bank of China Yiwu Branch or order the sum of SAY US DOLLAR EIGHT THOUSAND TWO HUNDRED ONLY.	
Value received for 50 cartons of MEN'S SHIRT	
Drawn under Citigroup Inc.	
L/C No. LC123456	Dated Apr.18, 2018
To Citigroup Inc.	For and on Behalf of YIWU SHANGYUAN IM&EX CO., LTD
	(Signature) 小周

（5）明确信用证对单据的要求。

在项目四的实训操作示范中，该信用证对单据要求有：商业发票一式三份，并写明发票内容属实；全套清洁已装船的指示性提单，表明运费预付；装箱单一式三份；保险单一式两份，加成 10% 投保一切险，赔付地为美国，赔付币种与汇票一致。

（6）收集保险单、提单（略）。

实训题目

从项目四实训练习完成的信用证中的"documents required"（所需单据）项目，获取所列单据的种类和每个单据的具体要求，并按要求制作商业发票（见表 8-9）、装箱单（见表 8-10）、汇票（见表 8-11）等单据，符合"单单一致、单证一致"的原则。

表 8-9　空白商业发票

Issuer	Invoice No.		Invoice Date	
	L/C No.		Date	
	Issued by			
To	Contract No.		Date	
	From		To	
	Shipped by		Price Term	
Marks	Description of Goods	QTY	Unit Price	Amount

Total Amount in Words
Total Gross Weight
Total Number of Package

Issued by
Signature

表 8-10 空白装箱单

× × × × × × INTERNATIONAL TRADE CORP. NO. × BUILDING, × × × RD, × × × CHINA PACKING LIST Original					To: Date:

Invoice No.:
Contract No.:

From   to

Letter of Credit No.:

Issued by :

Marks & Numbers	Description	Quantity	Weight		Measurement
			Net	Gross	

Name of Exporter:

表 8-11 空白汇票

BILL OF EXCHANGE	
No.	
For	
At sight of this FIRST Bill of Exchange (SECOND being unpaid) pay to or order the sum of	
Value received of	
Drawn under	
L/C No.	Dated
To	For and on behalf of

(Signature)

任务二　审单和交单收汇

任务导入

小周按信用证要求制作和收集了全套单据后，就可以向议付行进行交单结汇了。为了一次性完成结汇工作，提高工作效率，小周在交单前对全套单据进行了审核。首先，他按合同和信用证审核了商业发票，再按信用证和发票来审核装箱单，接着按上述 3 种单据审核海运提单，然后又加入海运提单审核保险单，最后审核了其他单据和汇票。通过仔细地审核，小周没有发现不符点。于是，小周填写了交单联系单，向工商银行义乌分行办理了交单议付。

任务目标

能审核信用证的全套单据，使之符合"单单一致、单证一致"原则，并办理交单结汇。

知识要点学习

1. 出口审单要点
2. 交单结汇

一、出口审单要点

在信用证结算方式下，外贸单证员审单的原则是"单证一致、单单一致"。"单证一致"是指所提交的单据在种类、份数和内容上都要与信用证的要求一致，具体体现在：单据与信用证条款相符；单据与UCP600、LSBP 等国际惯例相符。"单单一致"是指所交单据之间在内

单据审核与不符点处理

容上要一致。审核单单一致时，要以商业发票为中心审核各单据之间的一致情况。先按合同和信用证审核商业发票，再依次审核装箱单、海运提单、保险单和其他单据。出口审单的要点如下。

首先对全套单据进行综合审核，主要审核信用证要求的单据是否齐全（包括所需单据的份数、种类）；各单据的名称和类型是否符合要求；按规定需要经相关部门认证的单据是否进行了认证；各单据之间的货物描述数量、金额、重量、体积、运输标志等是否一致；各单据出具或提交的日期是否符合信用证要求；有更正的单据，其更正处是否签字、盖章；各单据的出单日期之间是否合理、符合惯例；信用证中对单据的特殊要求是否都有体现。

对商业发票的审核要点：单据名称应与信用证规定一致；商业发票的抬头必须与信用证规定一致；签发人一般情况下应为出口商；商品的描述必须完全符合信用证的要求；商品的数量必须符合信用证的规定；单价和价格条件必须符合信用证的规定；提交的正副本份数必须符合信用证的要求；如果以影印、自动或计算机处理或复写方法制作的发票，作为正本者，应在发源上注明"正本"（original）字样，并由出单人签字；发票的金额是否有大写，大小写是否一致，币种、数额是否有误；是否按信用证规定减除佣金、折扣或其

他费用；有无列明商品的总包装件数、总毛净重和总尺码；信用证要求表明和证明的内容不得遗漏。

装箱单的审核要点：装箱单内容要与商业发票、提单、保验单等其他单据的内容相一致；装箱一般不显示货物的单价、总价；单据名称应与信用证规定一致；重量一般以千克为单位，体积以立方米为单位；装箱单一般体现货物总的外包装件数；填写不同货号商品的包装序号；是否有外包装件数的大写；装箱单出单日期不得早于发票日期，最好与发票签发日一致，也可晚于发票日期 1 ～ 2 天。

运输单据的审核要点：运输单据的类型须符合信用证的规定；起运地、转运地、目的地须符合信用证的规定；装运日期/出单日期须符合信用证的规定；收货人和被通知人须符合信用证的规定；商品名称可使用货物的统称，但不得与发票上货物说明的写法相抵触；运费预付或运费到付须正确表明；正副本份数应符合信用证的要求；是否有已装船批注；运输单据上不应有不良批注；包装件数须与其他单据相一致；唛头须与其他单据相一致；全套正本都须盖妥签发人的印章及签发日期章；应加背书的运输单据，须加背书。

保险单的审核要点：保险单据必须由保险公司或其代理出具；投保金额必须符合信用证的规定；保险险别必须符合信用证的规定并且无遗漏；保险单据的类型应与信用证的要求相一致；保险单据的正副本份数应齐全，如保险单据注明出具一式多份正本，除非信用证另有规定，所有正本都必须提交；保险单据上的币制应与信用证上的币制相一致；保险理赔的地点和币种应与信用证规定一致；保险公司在目的地的保险代理人应有全称和详细地址；包装件数、唛头等必须与发票和其他单据相一致；运输工具起运地及目的地，都必须与信用证及其他单据相一致；如转运，保险期限必须包括全程运输；除非信用证另有规定，保险单的签发日期不得迟于运输单据的签发日期；保险单据应按信用证要求背书。

汇票的审核要点：汇票的付款人名称、地址是否正确；汇票上金额的大、小写必须一致；付款期限要符合信用证规定；汇票金额是否超出信用证金额，如信用证金额前有"大约"一词，可按 10% 的增减幅度掌握；出票人、受款人、付款人都必须符合用证的规定；币制名称应与信用证和发票上的相一致；出票条款是否正确，如出票所根据的信用证号码是否正确；是否按需要进行了背书；汇票是否由出票人进行了签字；汇票份数是否正确，是"只此一张"还是"一式两份，付一不付二"。

二、交单结汇

信用证是纯单据买卖，出口商要想及时、安全地收汇，应在信用证规定的交单期和信用证的有效期内，将单据递交开证行指定的银行请求付款，即交单。受益人制单后，应在规定的交单期内，向信用证中指定的银行交付全套单据。若信用证中没有规定交单期限，银行将不接受自装运日起 21 天内提交的单据，但在任何情况下，单据的提交不得迟于信用证的有效期。若信用证到期日或交单日的最后一天，适逢接受单据的银行终止营业日，则规定的到期日或交单期的最后一天将延至该银行开业的第一个营业日。但若该银行中断营业是因为天灾、暴动、骚乱、叛乱、战争、罢工、停工或银行无法控制的任何其他原因，则信用证规定的到期日或交单期的最后一天不能顺延。所有信用证必须规定一个付款或承兑的交单地点，或在议付信用证的情况下须规定一个交单议付的地点，但自由议付信用证除外。

我国银行在信用证方式下的出口结汇做法主要有以下几种。

（1）收妥结汇：即"先收后结"，指议付行收到外贸企业提交的单据后，经审核无误，将单据寄往国外付款行索汇，待收到国外银行将价款转入议付行账户的贷记通知书时，即按当日外汇牌价，折成人民币付给外贸公司。

（2）定期结汇：指议付行根据向国外银行索偿的邮程远近，预先确定一个固定的结汇期限，到期后主动将票款金额折成人民币付给外贸公司。

（3）买单结汇：即"出口押汇"，指议付行在审单无误的情况下，按信用证条款买入受益人的汇票和单据，从票面金额中扣除从议付日到估计收到票款之日的利息，将净额按议付日外汇牌价折成人民币，付给信用证的受益人。议付行买入跟单汇票后，即成为汇票的正当持有人，可凭票向付款行索取票款。若汇票遭拒付，议付行有权向受益人追回票款。银行同意做出口押汇，是为了对出口公司提供资金融通，有利于出口公司的资金周转。

实训操作示范

▶ 实训说明

（1）学会什么？

能在审核单据无误后，填写客户交单联系单，向银行办理交单结汇。

（2）如何完成？

按照审核要点，对制作或收集的单据进行审核，确定无误后，填写客户交单联系单。

▶ 操作步骤

（1）学习相关范例，掌握填写内容与填写规范。

（2）制作客户交单联系单如表 8-12 所示。

表 8-12 客户交单联系单范例

XXX 工商银行客户交单联系单

致：×××工商银行义乌分行

兹随附下列信用证项下出口单据一套，请按国际商会第 600 号出版物《跟单信用证统一惯例》办理寄单索汇。

开证行：Citigroup Inc.	信用证号：LC123456
通知行：工商银行义乌分行	通知行编号：××××××
最迟装期：20180530	有效期：20180630
汇票付款期限：At sight	汇票金额：USD8200
发票编号：C123456	发票金额：USD8200

单据	名称	汇票	发票	海关发票	海运提单正本	海运提单副本	航空运单	货物收据	保险单	装箱/重量单	数量/质量/重量证	产地证	普惠制产地证	检验/分析证	受益人证明	船公司证明	电抄	装运通知
	份数	2	3		3				2	3		1						

委办事项：打"×"

□附信用证及修改书共　　页。

☒单据中有下列不符点：

□请向开证行寄单，我公司承担一切责任。

☒请电提不符点，待开证行同意后再寄单。

☒寄单方式：　☒特快专递　　□航空挂号

□索汇方式：　□电索　　　　□信索（□特快专递　□航空挂号）

核销单编号：

公司联系人：小周　　　联系电话：××××××××　　　　公司签章：

银行审单记录：	银行接单日期：20180615		寄单日期：20180615
	汇票/发票金额：USD8200		BP No.:
	银行费用	通知/保兑：	银行经办：
		议/承/付：	
		修改费：	
		邮费：	
		电传：	银行复核：
		小计：	
退单记录：		费用由　　　承担	

实训题目

　　将之前实训题目中制作的所有单据按审核要点审核一遍，确认无误。按操作示范中的范例填写客户交单联系单（见表 8-13），重点是注意单据的种类和份数。

表 8-13 空白客户交单联系单

XXX 工商银行客户交单联系单

致：×××工商银行义乌分行

　　兹随附下列信用证项下出口单据一套，请按国际商会第 600 号出版物《跟单信用证统一惯例》办理寄单索汇。

开证行：	信用证号：
通知行：	通知行编号：
最迟装期：	有效期：
汇票付款期限：	汇票金额：
发票编号：	发票金额：

单据	名称	汇票	发票	海关发票	海运提单正本	海运提单副本	航空运单	货物收据	保险单	装箱/重量单	数量/质量/重量证	产地证	普惠制产地证	检验/分析证	受益人证明	船公司证明	电抄	装运通知
	份数																	

委办事项：打"×"

□附信用证及修改书共　　页。

□单据中有下列不符点：

　　　　　　□请向开证行寄单，我公司承担一切责任。

　　　　　　□请电提不符点，待开证行同意后再寄单。

□寄单方式：　□特快专递　　　□航空挂号

□索汇方式：　□电索　　　　　□信索（□特快专递　□航空挂号）

核销单编号：

公司联系人：　　　　　　联系电话：　　　　　公司签章：

银行审单记录：	银行接单日期：		寄单日期：	
	汇票/发票金额：		BP No.：	
	银行费用	通知/保兑：	银行经办：	
		议/承/付：		
		修改费：		
		邮费：		
		电传：	银行复核：	
		小计：		

退单记录：　　　　　　费用由　　　承担

任务三　单据不符的处理

任务导入

　　在出口商交单后，议付行在将信用证净额交付受益人之前，也会对单据进行审核，确认单证是否相符。如果议付行审核结果出现不符点，可以有 3 种做法：凭保函议付、电提不符点、托收寄单或征求意见寄单。如果议付行没有发现不符点，而是由开证行审核单据出现不符点，那么受益人就需要对不符单据采取救济措施。因此，对于出口公司的单证员小周来说，最好是仔细制作和先行审核全套单据，确保一次性收汇。但如果议付行或开证行审核出不符点，小周就需要掌握单据不符的处理方法，加以解决。

任务目标

　　分别对议付行、开证行审核出现的单据不符情况，选择恰当的方法进行处理。

知识要点学习

　　1. 议付行审核单据不符的处理
　　2. 单据最终不符的救济处理

单据不符的处理

一、议付行审核单据不符的处理

　　受益人提交的单据与信用证条款要求不一致的地方叫作"不符点"。这种"不一致"主要有两个方面：一是单据本身与信用证要求不一致，如货物名称不一样；二是受益人的行为与信用证的要求不一致，如交单时间晚于信用证规定的期限。判别单证是否一致是以单据表面出现的文字或符号表示为依据，如果表示形式不一致，那么"不一致"的地方就是不符点。

　　如果信用证结算方式下交单存在不符点，按照 UCP600 第十四条 a 款规定：按指定行事的指定银行、保兑行（如有）及开证行须审核交单，并仅基于单据本身确定其是否在表面上构成相符交单。UCP600 第十六条 a 款规定：当按指定行事的指定行、保兑行（如有）或开证行确定交单不符时，可以拒绝承付或议付。同时 UCP600 第十六条 b 款也规定：当开证行确定交单不符时，可以自行决定联系申请人放弃不符点。

　　如果信用证为议付信用证，在出口商交单后，议付行在将信用证净额交付受益人之前，也会对单据进行审核，确认单证是否相符。如果议付行审核结果出现不符点，而受益人又无法修改正确时，可以有如下 3 种做法。

（一）凭保函议付

如果单据有非实质性的不符点，且受益人信誉较好，银行可凭受益人出具的保函议付，并向开证行寄单索汇。在这种情况下，有的议付行会表提不符点（即在面函上注明单据的所有不符点），通知开证行此信用证凭受益人出具的担保议付，请求开证行接受不符点。我国大多数银行则是将受益人出具的保函存档，不表提不符点。与处理相符单据一样，对于有不符点的单据也须向开证行寄单索汇。这些议付行和受益人认为，如果信用证下交单存在不符点却不进行表提，那么开证行和申请人可能也不会发现，开证行和申请人就会正常付款，而且也不会扣除不符点的费用。根据 UCP600 第十四条 a 款规定，开证行须审核交单，如果开证行不审核交单，将视为单证相符交单交给开证申请人付款赎单。事后申请人发现单据存在不符点，那么开证行将难以推脱未审单的责任。所以开证行不审单，对开证行本身来说是存在风险的，议付行对于存在不符点的单据不表提，也不一定能快速得到信用证下款项。相反，议付做出了表提不符点，会加速开证行的判断。根据 UCP600 第十六条 b 款规定：当开证行确定交单不符时，可以自行决定联系申请人放弃不符点。开证行在第一时间联系申请人放弃不符点，也会加速收到申请人的付款。

（二）电提不符点

如果信用证金额较大，不符点较严重，为保证收汇安全，银行可以采取电报、电传、SWIFT 等方式把不符点告知开证行，要求其回电授权付款、承兑或议付不符点单据。在取得开证行同意并授权付款、承兑或议付时，议付行可按单据相符的方式，直接议付单据并照常索汇。采取电提不符点，可较快地明确开证申请人是否接受不符点，有利于受益人及时处理。议付行对需要电提不符点的单据，需要进行严格的审单，确保在电提的报文中列明单据存在的所有不符点，避免交单后被开证行以新的不符点拒付而前功尽弃。受益人应配合议付行与开证行联系并加快沟通速度。在开证行收到电提不符点的报文后，会在第一时间征求开证申请人是否放弃不符点。如果开证申请人接受所有不符点，开证行会向议付行回报。在收到开证行的授权报文后，议付行可以议付此笔单据并尽快将单据寄至开证行，业务得以圆满解决。不过，即使开证行授权议付，在偿付时，仍可能从偿付货款中扣除不符点费和电报费。

（三）托收寄单

若单据中含有严重不符点，受益人在征得开证申请人同意且对方的资信也较好的情况下，银行可将单据寄给开证行做托收处理，并在寄单函上列明不符点。这种托收寄单方式可减少业务手续和费用，但也使得受益人完全失去开证行的付款保证，单据是否被接受，取决于开证申请人的商业信用。

二、单据最终不符的救济处理

如果议付行没有发现不符点，而是由开证行审核单据发现不符点，那么受益人就需要对不符单据采取救济措施。

首先，审核开证行提出不符点的前提条件是否成立。开证行提出不符点必须同时满足的前提条件包括：在合理的时间内提出不符点，即在开证行收到单据次日起算的 5 个工作日之内向单据的提示者提出不符点；无延迟地以电信方式将不符点通知提示者；不符点必须一次性提出，即如第一提不符点不成立，即使单据还存在实质性不符点，开证行也无权再次提出；通知不符点的同时，必须说明单据代为保管听候处理，或径退交单者。

然后，审核开证行所提的不符点是否成立。外贸单证员应根据信用证条款、UCP600和 ISBP 认真审核开证行所提的不符点，判断其是否成立。若不符点成立，且条件允许，可补交相符单据。信用证项下不符单据的救济是指当单据由于不符而遭开证行拒付之后，受益人可在规定的时间内及时将替代或更正后的相符单据补交给银行。根据 UCP600 的规定，单据经审核存在不符点，且银行决定拒付时，则开证行所承担的信用证项下的付款责任得以免除；但当受益人在规定时间内补交了符合信用证规定的单据，开证行必须承担其付款责任。如果受益人在前期操作过程中浪费了大量时间，就会丧失补交单据的时间。

若不符点成立，且无法补交相符单据，要积极与开证申请人洽谈。开证行拒付并不意味着开证申请人拒付，如果开证申请人最终放弃不符点，尽管开证行并不受开证申请人决定的约束，但一般会配合开证申请人付款。所以开证行拒付后，如果不符点确实成立，且无法补交相符单据，应分析与开证申请人之间的关系以及此笔交易的实际情况，以决定怎样与其交涉，说服开证申请人接受不符点并付款。只要货物质量过关，商品市场价格较好，开证申请人一般不会以此为借口拒绝接受单据。另外，也可以采取降价的方式，使开证申请人能付款赎单。

若不符点成立，且开证申请人拒绝接受单据，则可在进口国另寻买主，毕竟受益人拥有对单据的处理权。但其前提是信用证要求递交全套正本提单，若 1/3 正本提单已寄给开证申请人，2/3 正本提单提交给银行，则可能面临钱货两失的情况。如果受益人无法在进口国寻找到新买主，就只有退单、退货了。不过在做出此决定之前，一定要仔细核算运回货物所需的费用和货值之间是否有利可图。有利益即迅速安排退运，因为时间拖得越久，费用（港、杂、仓等）就越高；若运回货物得不偿失，还不如将货物放在目的港，由目的港海关处理。

实训操作示范

▶ 实训说明

（1）学会什么？

能在单据不符且无法修改正确的情况下，制作不符点保函，要求银行寄单索汇。

（2）如何完成？

填写不符点出单保函，交给议付银行。

▶ 操作步骤

制作不符点出单保函。

实训题目

假设交单时，被议付行审核出现不符点，且无法修改正确的情况下，按照实训操作示范中的模板，填写一份不符点出单保函（见表8-14），交给议付银行，以继续完成交单索汇。

表8-14 空白不符点出单保函

LETTER OF INDEMNITY

不符点出单保函

To: Industrial and Commercial Bank of China Yiwu Branch

致：中国工商银行义乌分行

Dear Sirs,

敬启者：

In consideration of our documents presented under our invoice No. C123456 for USD8200 under Letter of Credit No. LC123456。

在贵行受理我司出口交单项下，发票号码为　　　　金额为　　　　信用证编号为　　　　。

☑ 一、我司担保一切不符点

□ 二、我司担保如下不符点：

1.

2.

3.

We hereby undertake to indemnify you for whatever loss and/or damage that you may sustain due to above mentioned discrepancies.

我司谨此承诺，对贵行承受的由于上述不符点所致的一切损失和/或损害进行赔偿。

Seal of the Company: ＿＿＿＿＿＿

公司公章：

Telephone No.＿＿＿＿＿

Authorized Signature: ＿＿＿＿＿＿

电话号码：

有权签字人签字：

任务四　托收与汇付

　　信用证是银行信用，具有安全性较高的优点。但信用证同样有手续复杂、费用较高等缺点。一名外贸公司的单证员，除了熟练掌握信用证结算方式下的单据制作与收汇业务，还应熟悉托收和汇付这两种结算方式。在某些情况下，根据进出口业务的需要，还应能将三种结算方式进行组合使用。在掌握信用证结算方式下的制单和收汇技能后，我们将托收与汇付作为一项必要的拓展任务进行实训。

任务目标

　　熟悉托收、汇付结算方式的基本操作流程，对照信用证，重点掌握与信用证存在差异的托收、汇付单据。

知识要点学习

　　1. 托收的基本操作
　　2. 托收项下的单据制作
　　3. 汇付的基本操作和单据

托收操作流程

一、托收的基本操作

　　托收是出口人在货物装运后，开具以进口方为付款人的汇票（随附或不随附货运单据），委托出口地银行通过它在进口地的分行或代理行代出口人收取货款的一种结算方式。托收方式的当事人主要有：①委托人，指委托银行办理托收业务的客户，通常是出口人。②托收行，它是指接受委托人的委托，办理托收业务的银行。③代收行，指接受托收行的委托向付款人收取票款的进口地银行。代收行通常是托收行的国外分行或代理行。④付款人，通常是指买卖合同的进口人。

　　在进出口贸易中，托收一般指的是跟单托收。跟单托收是出口商（委托人）将金融票据连同商业单据或不带金融票据的商业单据交银行代为向付款人或进口商收取货款的一种托收。由于提交的商业单据通常包含作为货物物权的货运单据，所以这是出口商通过银行以单据作为对价向进口商移交货物收取货款的结算方式，这远比将货物直接发给进口商安全可靠。进口商只有在付款或承兑后才能获得代表货权的单据，对出口商来说交易风险小。在跟单托收情况下，根据交单条件的不同，又可分为付款交单和承兑交单两种，付款交单又可以分为即期付款交单和远期付款交单两种。

付款交单（documents against payment, D/P），是出口人的交单以进口人的付款为条件，即出口人将汇票连同货运单据交给银行托收时，指示银行只有在进口人付清货款时，才能交出货运单据。按支付时间的不同，付款交单又分为即期付款交单（D/P at sight）和远期付款交单（D/P after sight）。即期付款交单是指出口人发货后开具即期汇票连同货运单据通过银行向进口人提示，进口人见票后立即付款，在付清货款后向银行领取货运单据，如图 8-1 所示。远期付款交单是指出口人发货后开具远期汇票连同货运单据，通过银行向进口人提示，进口人审核无误后即在汇票上进行承兑，于汇票到期日付清货款后再领取货运单据，如图 8-2 所示。承兑交单（documents against acceptance, D/A）是指出口人的交单以进口人在汇票上承兑为条件，即出口人在装运货物后开具远期汇票，连同商业单据，通过银行向进口人提示。进口人承兑汇票后，代收银行即将商业单据交给进口人，在汇票到期时，方履行付款义务，如图 8-3 所示。

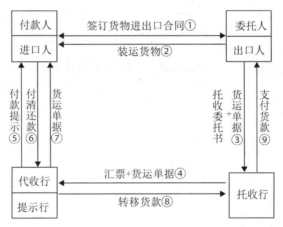

图 8-1　即期付款交单操作流程

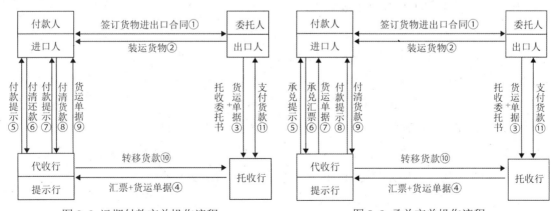

图 8-2　远期付款交单操作流程　　　　图 8-3　承兑交单操作流程

从以上 3 种托收方式的操作流程的比较中看出，它们的区别就在于付款人与代收行之间的操作过程。即期付款交单的操作中，代收行向付款人进行付款提示，付款人即付清货款，然后代收行以付清货款为条件将货运单据交给付款人；远期付款交单中，代收行首先做的是承兑提示，付款人对汇票进行承兑，而代收行此时并不会把货运单据交给付款人，因为这仍然是以付款为条件的，等付款人在远期付款期限内付款后，代收行才会将货运单据交给付款人；承兑交单的操作中，代收行首先做的也是承兑提示，付款人对汇票进行承兑，代收行此时就把货运单据交给付款人，因此这是以承兑为条件的，然后付款人在远期付款期限内付款。假设代收行 6 月 1 日向付款人提示，如果是远期则期限为 3 个月，3 种托收方式的操作区别如表 8-15 所示。出口商需要注意防范进口商的信用风险。进口商的企业因经营不善而破产，或其企业虽然继续存在，但没有足够的财力向出口商支付货款，都会造成出口商的货款不能收回；进口商的政府班子的更替、国内政治局势的变化，甚至是政府的某种行为，也可能妨碍进口商履行支付协议。不同的是，付款交单不论即期还是远期，货运单据都还在代收行手中，而承兑交单则可能钱货两空。

表 8-15 3 种托收方式的操作区别

日期	即期付款交单	远期付款交单	承兑付款交单
6 月 1 日	付款提示/付款/交单	承兑提示/承兑	承兑提示/承兑/交单
9 月 1 日		付款/交单	付款

二、托收项下的单据制作

与信用证结算方式比较，托收结算方式下的单据制作，主要区别在于汇票和托收委托书。

（一）托收项下的汇票

托收项下的汇票（模板见表 8-16），与信用证项下比较，主要注意如下几个栏目。

托收主要单据

（1）付款期限：即期付款交单，在本栏填写"D/P at sight"，即在"at"和"sight"之间连续打 3 个"*"，然后在"at sight"前加"D/P"；远期付款交单，在"D/P at"与"days after sight"之间填入付款的天数，例如"D/P at 90 days after sight"；承兑交单，在"at"与"sight"之间填入付款的天数，例如"D/A at 45 days after sight"。

（2）受款人：在实际业务中，托收项下汇票的受款人一般使用指示抬头，即以托收行指示方式为受款人，例如"pay to the order of ××× Bank"。

表 8-16　汇票模板（托收项下）

BILL OF EXCHANGE	
No.	
For	
At　　　　　sight of this FIRST Bill of Exchange (SECOND being unpaid)	
pay to　　　　　　　　　　　　　　　　　　　　　order	
the sum of	
Value received　　　　　　　　　　of	
Drawn under	
L/C No.	Dated
To	For and on behalf of
	(Signature)

（3）出票条款：托收项下的出票条款一般要求列出为某某号合同项下装运多少数量的某商品办理托收，即 "drawn under contract No. ... against shipment of...(quantity) of...(commodity) for collection"。例如 drawn under contact No. MNS606 against shipment of class-ware for collection"。

（4）付款人：托收项下的付款人，即合同的买方，可根据合同的买方名称、地址填入，以备持票人查找、提示。根据《国际商会托收统一惯例》规定：托收指示书应列明付款人或提示所在地的完整地址，代收行对于因所提供的地址不完整或不准确而引起的任何延误不承担责任。

（二）托收委托书

托收委托书模板如表 8-17 所示，其制作要点如下。

（1）致：填写托收行名称，即出口行中文名称。

（2）日期：填写办理托收日期。如 2018-06-07。

（3）托收行（remitting bank）：填写出口地银行中文名称和中文地址。

（4）代收行（collecting bank）名称：填写进口地银行英文名称。

（5）代收行地址：填写进口地银行英文地址。

（6）委托人（principal）：填写出口商公司中文名称。

（7）付款人（drawee）名称：填写进口商公司英文名称。

（8）付款人地址：填写进口商公司英文地址。

（9）付款人电话：填写进口商公司的电话。

（10）托收方式：按付款交单、承兑交单还是无偿交单，在相应的 "□" 打 "√"。

（11）发票号码：填写商业发票的编号。

表 8-17 托收委托书模板

托 收 委 托 书
COLLECTION ORDER

致：　　　　　　　　　　　　　　　　　　　　日期：

　　兹随附下列出口托收单据/票据，请贵行根据《国际商会跟单托收统一惯例》（URC522）及或贵行有关票据业务处理条例予以审核并办理寄单/票索汇：

托收行（Remitting Bank）：	代收行（Collecting Bank）： 名称： 地址：
委托人（Principal）：	付款人（Drawee）： 名称： 电话： 地址：
付款交单 D/P（　　）承兑交单 D/A（　　） 无偿交单 Free of Payment（　　）	
发票号码/票据编号：	国外费用承担人：□付款人　□委托人
金额：	国内费用承担人：□付款人　□委托人

单据种类	汇票	发票	提单	空运单	保险单	装箱单	重量单	产地证	FORM A	检验证	公司证明	船证明		
份数	份	份	份			份								

特别指示：
1. 邮寄方式：　　□快邮　　□普邮　□指定快邮
2. 托收如遇拒付，是否须由代收行做成拒绝证书（PROTEST）：　　□是　　　□否
3. 货物抵港时是否代办存仓保险：　　□是　　　□否
4. 如付款人拒付费用及/或利息，是否可以放弃：　　□是　　　□否
5. _____

付款指示：　　　　　核销单编号：
请将收汇款以原币（　　）或人民币（　　）划入我司下列账户：
开户行：　　　　　账号：
公司联系人姓名：公司签章
电话：　　　　传真：　　　　　　　　　　　年　月　日

银行签收人：　　　　　　签收日期：

改单退单记录：

（12）金额：填写合同币别及合同金额。

（13）国外费用承担人：按费用由委托人承担还是付款人承担，在相应的"□"打"√"。

（14）国内费用承担人：按费用由委托人承担还是付款人承担，在相应的"□"打"√"。

（15）单据种类、份数：汇票、商业发票、装箱单、提单等单据的相应正本加副本的总份数，具体数量参考合同。

（16）特别指示：按业务需要，在相应的"□"打"√"。

（17）付款指示：将收到的货款，选择用合同币种还是人民币划入出口商的账户，并填写开户行名称和具体账号。

（18）联系人姓名、电话、传真：须与出口商基本资料一致。

三、汇付的基本操作和单据

　　汇付又称汇款，指债务人或付款人通过银行或其他途径将款项汇交债权人或收款人的结算方式。在汇付业务中，通常有4个当事人：汇款人、收款人、汇出行和汇入行。汇款人（remitter）即付款人，在国际贸易结算中通常是进口商；收款人（payee）通常是出口商；汇出行（remitting bank）是接受汇款人的委托或申请，汇出款项的银行，通常是进口商所在地的银行；

汇付操作流程

汇入行（receiving bank），又称解付行（paying bank）是接受汇出行的委托解付款项的银行，汇入行通常是汇出行在收款人所在地的代理行。

　　按照使用的支付工具不同，汇付可分为电汇、信汇和票汇3种。电汇是指汇出行应汇款人的申请，采用电传、SWIFT等电信手段将电汇付款委托书给汇入行，指示解付一定金额给收款人的一种汇款方式。电汇方式的优点是收款人可迅速收到汇款，但费用较高。

　　电汇简写为T/T，大致操作流程如图8-4所示。其具体业务流程是：先由汇款人填写电汇申请书，在申请书中注明采用T/T方式，并交款付费给汇出行，汇出行接到汇款申请书后，为防止因申请书中出现的差错而耽误或引起汇出资金的意外损失，汇出行应仔细审核申请书，不清楚的地方与汇款人及时联系。再由汇出行拍加押电报或电传给汇入行，汇入行给收款人电汇通知书，汇入行收到电报或电传后，即核对密押是不是相符，若不符，应立即拟电文向汇出行查询，若相符，即缮制电汇通知书，通知收款人取款；收款人持通知书一式两联向汇入行取款，并在收款人收据上签章后，汇入

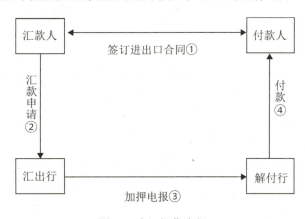

图8-4 电汇操作流程

行即凭以解付汇款。实际业务中，如果收款人在汇入行开有账户，汇入行往往不缮制汇款通知书，仅凭电文将款项收入收款人收户，然后给收款人一份收账通知单，也不需要收款人签具收据。最后，汇入行将付讫借记通知书（debit advice）寄给汇出行；汇出行给汇款人电汇回执。电汇中的电报费用由汇款人承担，银行对电汇业务一般均当天处理，不占用邮递过程的汇款资金，所以，对于金额较大的汇款或通过 SWIFT，或通过银行间的汇划，多采用电汇方式。

多主体结汇

与信用证结算方式比较，电汇结算方式操作简单，其不一样的单据主要是境外汇款申请书，该单据由进口商制作，将在之后的进口项目中进行实训练习。

实训操作示范

▶ 实训说明

（1）学会什么？

能填写托收委托书，向托收行办理托收委托业务。

（2）如何完成？

按说明制作托收委托书。

托收拒绝证书

▶ 操作步骤

（1）将之前实训练习的信用证业务资料套用到托收实训中。

（2）按说明制作托收委托书如表 8-18 所示。

表 8-18 空白托收委托书

托收委托书
COLLECTION ORDER

致：   日期：

兹随附下列出口托收单据/票据，请贵行根据《国际商会托收统一惯例》（URC522）及或贵行有关票据业务处理条例予以审核并办理寄单/票索汇：

托收行（Remitting Bank）：	代收行（Collecting Bank）： 名称： 地址：
委托人（Principal）：	付款人（Drawee）： 名称： 电话： 地址：
付款交单 D/P（ ）承兑交单 D/A（ ） 无偿交单 Free of Payment（ ）	
发票号码/票据编号：	国外费用承担人：□付款人 □委托人
金额：	国内费用承担人：□付款人 □委托人

单据种类	汇票	发票	提单	空运单	保险单	装箱单	重量单	产地证	FORM A	检验证	公司证明	船证明			
份数	份	份	份			份									

特别指示：
1. 邮寄方式：   □快邮   □普邮 □指定快邮
2. 托收如遇拒付，是否须由代收行做成拒绝证书（PROTEST）：   □是   □否
3. 货物抵港时是否代办存仓保险： □是   □否
4. 如付款人拒付费用及／或利息，是否可以放弃： □是   □否
5.

付款指示：   核销单编号：
请将收汇款以原币（ ）或人民币（ ）划入我司下列账户：
开户行：   账号：
公司联系人姓名：   公司签章
电话：   传真：   年 月 日

银行签收人：   签收日期：

改单退单记录：

项目九

外贸业务善后工作

使外贸业务的进出口双方完成合同履约的最后环节，具体善后工作内容包括：进口商按信用证、托收或汇付的流程完成付款义务，取得运输单据；进口商完成进口报检和报关手续，提出货物并进行处置；出口商收到货款后，办理出口退税。到此，整个进出口业务的操作已经结束。但是，为了维护好客户关系，争取更多的订单，外贸业务员还须售后跟踪和服务好客户，记录、分析和处理好客户的投诉。

本实训项目分解为 3 个工作任务，分别是：进口方付款与提货、出口方办理出口退税、售后跟踪与服务。

项目说明与任务导入

任务一　进口方付款与提货

在出口方将货物运送到目的港，完成了全套单据制作，并凭其向进口方收汇后，双方进入该笔业务的善后阶段。在该阶段，首先是进口方业务员 Sam 按照双方合同约定的付款方式进行付款，并取得提取货物所需的海运提单。然后，Sam 拿着提单去船公司换回该批货物的提货单，办理进口货物的检验检疫和海关通关手续，并依法缴纳进口关税和增值税。海关在提货单上盖放行章后，Sam 拿着提货单到船公司所在的码头提货。

按合同约定的结算方式进行付款，办理报检报关手续，提出进口货物。

进口商提货

1. 进口商付款
2. 进口报检
3. 进口报关

一、进口商付款

在信用证结算方式下，出口商制作全套单据，交开证行审核。开证行审核无误后，通知进口商付款赎单。在托收结算方式下，代收行提示进口商付款或承兑，然后按照付款交单或承兑交单方式将单据交给进口商。在汇付结算方式下，进口商根据前 T/T 或后 T/T 等双方约定的付款时间，将货款支付给出口方。进口商的付款都是以换取海运提单，最终提取货物为目的。

汇付结算方式需要进口商制作境外汇款申请书（见表 9-1），其制作的要点如下。

（1）日期：指汇款人填写此申请书的日期，符合日期格式且不能在合同日期之前。

（2）汇款方式：在电汇、信汇和票汇 3 种方式中选择一种，通常为电汇。

（3）收款人：填写收款人公司全称及其地址，即出口商英文名称及英文地址。

（4）收款人账号：指收款人银行账号。这里需要填写收款人外币账号。

（5）收款行名称及地址：为收款人开户银行名称，所在国家、城市及其在清算系统中的识别代码。

（6）收款银行之代理行：中转银行的名称，所在国家、城市及其在清算系统中的识别代码。如没有可不填。

（7）汇款人：填写汇款申请人公司名称及地址，即进口商公司英文名称及英文地址。对公项下指汇款人预留银行印鉴或原国家质量监督检验检疫总局颁发的组织机构代码证或国家外汇管理局及其分支局（简称外汇局）签发的特殊机构代码赋码通知书上的名称及地址；对私项下指个人身份证件上的名称及住址。

（8）汇款币种及金额：指汇款人申请汇出的实际付款币种及金额。

（9）附言：由汇款人填写所汇款项的必要说明，可用英文填写且不超过 140 字符（受 SWIFT 系统限制）。

提货单

（10）国外费用承担：指由汇款人确定办理对境外汇款时发生的国外费用由何方承担，并在所选项前的"□"中打"√"。

进口商付款后，得到了海运提单，在收到到货通知后，即可凭海运提单换取提货单。提货单是收货人凭正本提单或副本提单随同有效的担保向承运人或其代理人换取的、可向港口装卸部门提取货物的凭证。

表9-1 境外汇款申请书模板

日期（Date）：

汇款申请书
APPLICATION FOR OUTWARD REMITTANCE
（请用正楷填写及在合适的方格内用 "X" 记号标明）
(PLEASE FILL IN BLOCK LETTERS AND TICK APPROPRIATE BOXES)

☐ 电汇（Telegraphic Transfer）
☐ 信汇（Mail Transfer）
☐ 票汇，付款地点
（Demand Draft, Drawn on ____ ）

敬启者
Dear Sirs

本人（等）已详阅、了解和同意列于此页背面的各条款，兹委托贵行根据该等条款代办下列汇款。
I/We hereby request you to effect the following remittance subject to the conditions overleaf, to which I/we have read, understood and agreed.

收款人 Beneficiary		
收款人账号 A/C No. of Beneficiary		
收款行名称及地址 Name & Address of Beneficiary's Bank		
收款行之代理行 Correspondent of Beneficiary's Bank		
汇款人 Remitter		
汇款货币及金额 Currency & Amount		国外银行费用由 "X" 支付，如未注明，则由收款人负担 （All foreign bank's charges are for "X" account. If not specified, all charges are to be borne by the beneficiary）
密押 Test Key		
附言 Message		☐ 收款人（Beneficiary） ☐ 汇款人（Remitter）

* 往境外汇款，请以英文填写汇款申请书。
* 开立汇票，请注明取票人姓名及有效证件号：_____

有关上述汇款的总额，兹

In payment of the above remittance and charges
请付本人（等）账户号
Please debit my/our account No. _____ with you.

_____
申请人签署 Applicant's Signature

姓名
Name_____

身份证明文件号码
Identity Document No._____

地址
Address_____

电话
Tel No. _____

银行专用（For Bank Use Only）

二、进口报检

根据我国有关检验检疫法规的规定，法律、行政法规规定必须由检验检疫机构实施检验检疫的入境货物，有关国际条约、协议、协定规定必须经检验检疫的入境货物，以及对外贸易合同约定须凭检验检疫机构签发的证书进行交接、结算的入境货物，该货物的货主或其代理人必须向检验检疫机构报检，以取得相应的准许入境货物销售、使用及其他证单。

对于一般的入境货物，货主或其代理人应在入境前或入境时向报关地检验检疫机构报检。申请货物品质检验和鉴定的，一般应在索赔有效期到期前不少于 20 天内报检。法律、法规规定必须经检验检疫机构检验的进口商品的收货人或者其代理人，应当向报关地检验检疫机构报检；审批、许可证等有关政府批文中规定了检验检疫地点的，在规定的地点报检。

入境报检时，应填写入境货物报检单，并提供外贸合同、发票、提（运）单、装箱单等有关单证。凡实施安全质量许可、卫生注册、强制性产品认证、民用商品验证或其他需经审批审核的货物，应提供有关审批文件。报检品质检验的还应提供国外品质证书或质量保证书、产品使用说明书及有关标准和技术资料；凭样品成交的，须加附成交样品；以品级或公量计价结算的，应同时申请重量鉴定。申请重（数）量鉴定的应提供重量明细单、理货清单等。

报检人要认真填写入境货物报检单（里面的内容应按合同、发票、提单、运单上的内容填写），报检单应填写完整、无漏项，字迹清楚，不得涂改，且中英文内容一致，并加盖申请单位公章。入境货物报检单模板如表9-2所示，其填写规范如下。

（1）编号：由检验检疫机构报检受理人员填写，前 6 位为检验检疫局机关代码，第 7 位为报检类代码，第 8、9 位为年代码，第 10 至 15 位为流水号。

（2）报检单位：填写报检单位的中文名称，并加盖报检单位公章或已向检验检疫机构备案的报检专用章。

（3）报检单位登记号：报检单位在检验检疫机构登记的号码。

（4）联系人：报检人员的姓名、电话。

（5）报检日期：检验检疫机构实际受理报检的日期。

（6）收货人：外贸合同中的收货人，应中外文对照填写。

（7）发货人：外贸合同中的发货人。

（8）货物名称（中/外文）：进口货物的品名，应与进口合同、发票名称一致，如为废旧货物应注明。

（9）HS 编码：进口货物的商品编码。以当年海关公布的商品税则编码分类为准。

（10）原产国（地区）：该进口货物的原产国家或地区。

（11）数/重量：以商品编码分类中标准数量为准，并应注明数/重量单位。

表 9-2 入境货物报检单模板

 中华人民共和国出入境检验检疫入境货物报检单

报检单位（加盖公章）：　　　　　　　　　　　　　　编　　号＿＿＿＿＿＿＿＿＿＿

报检单位登记号：　　　　联系人：　　　　电话：　　　　报检日期：

发货人	（中文） （外文）				
收货人	（中文） （外文）				

货物名称（中/外文）	HS 编码	原产国（地区）	数/重量	货物总值	包装种类及数量

运输工具名称号码				合同号	
贸易方式		贸易国别（地区）		提单/运单号	
到货日期		启运国家（地区）		许可证/审批号	
卸毕日期		启运口岸		入境口岸	
索赔有效期至		经停口岸		目的地	

集装箱规格、数量 及号码	

合同订立的特殊条款 以及其他要求		货物存放 地点	
		用途	

随附单据（画"√"或补填）		标记及号码	*外商投资财产（画"√"）	□是□否

□合同　　　　□到货通知 □发票　　　　□装箱单 □提/运单　　□质保书 □兽医卫生证书　□理货清单 □植物检疫证书　□磅码单 □动物检疫证书　□验收报告 □卫生证书　　□ □原产地证　　□ □许可/审批文件　□			*检验检疫费
			总金额 （人民币元）
			计费人
			收费人

报检人郑重声明： 1. 本人被授权报检。 2. 上列填写内容正确属实。 签名：	领取证单
	日期 签名

（12）货物总值：入境货物的总值及币种，应与合同、发票或报关单上所列的货物总值一致。

（13）包装种类及数量：货物实际运输包装的种类及数量，如是木质包装还应注明材质及尺寸。

（14）运输工具名称号码：运输工具的名称和号码。

（15）合同号：对外贸易合同、订单或形式发票的号码。

（16）贸易方式：该批货物进口的贸易方式。

（17）贸易国别（地区）：进口货物的贸易国别或地区。

（18）提单/运单号：货物海运提单号或空运单号，有二程提单的应同时填写。

（19）到货日期：进口货物到达口岸的日期。

（20）启运国家（地区）：货物的启运国家或地区。

（21）许可证/审批号：须办理进境许可证或审批的货物应填写有关许可证号或审批号。

（22）卸毕日期：货物在口岸的卸毕日期。

（23）启运口岸：货物的启运口岸。

（24）入境口岸：货物的入境口岸。

（25）索赔有效期至：对外贸易合同中约定的索赔期限。

（26）经停口岸：货物在运输中曾经停靠的外国口岸。

（27）目的地：货物的境内目的地。

（28）集装箱规格、数量及号码：货物若以集装箱运输应填写集装箱的规格、数量及号码。

（29）合同订立的特殊条款以及其他要求：在合同中订立的有关检验检疫的特殊条款及其他要求应填入此栏。

（30）货物存放地点：货物存放的地点。

（31）用途：本批货物的用途。自以下9个选项中选择：I 种用或繁殖、II 食用、III 奶用、IV 观赏或演艺、V 伴侣动物、VI 试验、VII 药用、VIII 饲用、IX 其他。

（32）随附单据：在随附单据的种类前画"√"或补填。

（33）标记及号码：货物的标记号码，应与合同、发票等有关外贸单据保持一致。若没有标记号码则填"N/M"。

（34）外商投资财产：由检验检疫机构报检受理人员填写。

（35）签名：由持有报检员证的报检人员手签。

（36）检验检疫费：由检验检疫机构计费人员核定费用后填写。

（37）领取证单：报检人在领取检验检疫机构出具的有关检验检疫证单时填写领证日

期及领证人姓名。

三、进口报关

进口报关是指进口商用提单换来的提货单第一、三联并附上报关单据办理进口货物的报关手续。海关查验放行后，在提货单上加盖放行章，发还给进口商作为提货的凭证。报关前，应先准备好正本发票、装箱单、合同等随附单证，确认货物的商品编码，然后查阅海关税则，确认进口税率、货物的监管条件。如该货物需做检验，则应在报关前向有关机构报检。换单时应催促船舶代理部门及时给海关传舱单，如有问题应与海关舱单室联系，确认舱单是否转到海关。

进口环节增值税是在货物、物品进口时，由海关依法向进口货物、物品的法人或自然人征收的一种增值税，基本涉及所有进口货物。进口环节增值税计税价格由关税完税价格加上关税税额组成，应征消费税的商品品种在增值税组成价格上要另加上消费税税额。完税价格是经海关审查确定并作为计征关税的物品价格，包括货物运抵我国境内输入地点起卸前的运输及保险费相关费用。纳税义务人应当在货物的进出境地向海关缴纳税款，经海关批准也可以在纳税义务人所在地向其主管海关缴纳税款，即属地纳税。进口货物收货人或其代理人缴纳税款后，应将"海关专用缴款书"第一联送签发海关验核，海关凭以办理有关手续。

一切进口货物的收货人，或者他们委托的代理人，都必须填写进口货物报关单以向海关进行申报。进口货物报关单（模板见表9-3）和出口货物报关单大致格式相同，下面介绍有区别的几个项目。

（1）海关编号：填报海关接受申报时给予报关单的编号，一份报关单对应一个海关编号。报关单海关编号为18位，其中第9位为进出口标志（"1"为进口，"0"为出口；集中申报清单"I"为进口，"E"为出口）。

（2）收货人：填报在海关注册的对外签订并执行进口贸易合同的中国境内法人、其他组织或个人的名称及编码。外商投资企业委托进出口企业进口投资设备、物品的，填报外商投资企业，并在标记唛码及备注栏注明"委托某进出口企业进口"，同时注明被委托企业的18位法人和其他组织统一社会信用代码。

（3）进口口岸：应根据货物实际进境的口岸海关，填报海关规定的关区代码表中相应口岸海关的名称及代码。

（4）进口日期：填报运载进口货物的运输工具申报进境的日期。

（5）消费使用单位：填报已知的进口货物在境内的最终消费、使用单位的名称，包括自行从境外进口货物的单位和委托进出口企业进口货物的单位。

（6）贸易国（地区）：填报对外贸易中与境内企业签订贸易合同的外方所属的国

家（地区），进口填报购自国。

（7）启运国：填报进口货物起始发出直接运抵我国或者在运输中转国（地）未发生任何商业性交易的情况下运抵我国的国家（地区）。

（8）装货港：填报进口货物在运抵我国关境前的最后一个境外装运港。

（9）境内目的地：填报已知的进口货物在国内的消费、使用地或最终运抵地，其中最终运抵地为最终使用单位所在的地区。最终使用单位难以确定的，填报货物进口时预知的最终收货单位所在地。

（10）成交方式：根据进出口货物实际成交价格条款选择填报相应的成交方式代码，无实际进出境的报关单，进口填报 CIF。

（11）运费：填报进口货物运抵我国境内输入地点起卸前的运输费用。

（12）保费：填报进口货物运抵我国境内输入地点起卸前的保险费用。

关检融合同样也涉及入境货物的报关报检。在上述报检单和报关单学习的基础上，对照新版的进口货物报关单，进一步掌握新版关检融合后进口货物报关单（模板见表9-4）的填制要点（与出口报关单填法一样的项目不再另行说明）。

表 9-3 进口货物报关单模板

中华人民共和国海关进口货物报关单

预录入编号：　　　　　　　　　　　海关编号：

收发货人	进口口岸	进口日期	申报日期
消费使用单位	运输方式	运输工具名称	提运单号
申报单位	监管方式	征免性质	备案号
贸易国（地区）	启运国（地区）	装货港	境内目的地
许可证号	成交方式	运费	保费	杂费
合同协议号	件数	包装种类	毛重（千克）	净重（千克）
集装箱号	随附单证			

标记唛码及备注

项号	商品编号	商品名称	规格型号	数量及单位	原产国（地区）	单价	总价	币制	征免

特殊关系确认：	价格影响确认：	支付特许权使用费确认：	
录入员　录入单位	兹声明对以上内容承担如实申报、依法纳税之法律责任		海关批注及签章
	申报单位（签章）		
报关人员			

表 9-4　进口货物报关单模板（关检融合后）

中华人民共和国海关进口货物报关单

预录入编号：　　　　海关编号：　　　　页码 / 页数：

境内收货人	进境关别	进口日期	申报日期	备案号
境外发货人	运输方式	运输工具名称及航次号	提运单号	货物存放地点
消费使用单位	监管方式	征免性质	许可证号	启运港
合同协议号	贸易国（地区）	启运国（地区）	经停港	入境口岸
包装种类	件数	毛重（千克）	净重（千克）	成交方式	运费	保费	杂费

随附单证及编号

标记唛码及备注

项号	商品编号	商品名称及规格型号	数量及单位	单价 / 总价 / 币制	原产国（地区）	最终目的国（地区）	境内目的港	征免

报关人员　　报关人员证号　　　　电话
兹声明对以上内容承担如实申报、依法纳税之法律责任
申报单位
申报单位（签章）

海关批注及签章

（1）境内收货人：人工录入企业代码后，系统自动反填企业中文名名称。

（2）进境关别：根据货物实际进境的口岸海关，填报海关规定的关区代码表中相应口岸海关的名称及代码。进口转关运输货物，填报货物进境地海关名称及代码。

（3）进口日期：填报运载进口货物的运输工具申报进境的日期，为人工录入，入库后系统自动反填。

（4）境外发货人：通常指签订并执行进口贸易合同中的卖方，一般填报英文名称。

（5）运输方式：按照海关规定的运输方式代码表选择填报相应的运输方式，进口转关运输货物，按载运货物抵达进境地的运输工具填报。

（6）消费使用单位：填报已知的进口货物在境内的最终消费、使用单位的名称填报18位法人和其他组织统一社会信用代码，无18位统一社会信用代码的，填报"NO"。

（7）运费：进口货物运抵我国境内输入地点起卸前的运输费用。

（8）保费：进口货物运抵我国境内输入地点起卸前的保险费用。

（9）在系统录入报关单信息时，新版报关单表头（见图9-1）的右下角有一个"其他事项确认"，该栏目分为3个子栏目：特殊关系确认、价格影响确认和支付特许权使用费确认。填写该栏目相当于将海关审价环节前置，提高申报企业对价格合规的自我审查，减少申报之后被退单的情况，提高报关效率。这3个栏目，出口货物免予填报。

申报地海关	机场单证		申报状态	保存	
统一编号	I20180000000055777		预录入编号		
海关编号			进境关别	烟台海关	
备案号	E01017000053		合同协议号		□
进口日期	20180709		申报日期		
境内收发货人	1101919107AAAAAAAA	1101919107	中国山货花卉进出口公司		
境外收发货人	境外收发货人代码		企业海关名称(外文)		
消费使用单位	1101919107AAAAAAAA	1101919107	中国山货花卉进出口公司		
申报单位	110152361011152450	1101919107	中国山货花卉进出口公司		
运输方式	水路运输	运输工具名称 HANJIN AFRICA	航次号 TEST005		□
提运单号	TEST004	□ 🔲	监管方式 来料加工	征免性质 加工设备	
许可证号		启运国(地区) 美国	经停港 阿拉梅达（美国）	成交方式 CIF	
运费		保险费	杂费率 1	件数 100	
包装种类	包/袋	其他包装	毛重(KG) 1000	净重(KG) 800	
贸易国别(地区)	美国	集装箱数 3	随附单证 Y		
入境口岸	北京	货物存放地点		启运港 北京天竺综合保税	
报关单类型	通关无纸化	备注 备注	(0字节) ● ⊙	其他事项确认	
»		标记唛码 标记唛码	(0字节) ● ⊙	业务事项	

图9-1 新版报关单表头

有下列情形之一的，应当认为买卖双方存在特殊关系，应在下拉菜单中选择"1—是"，反之则选择"0—否"：

①买卖双方为同一家族成员的；

②买卖双方互为商业上的高级职员或者董事的；

③一方直接或者间接地受另一方控制的；

④买卖双方都直接或者间接地受第三方控制的；

⑤买卖双方共同直接或者间接地控制第三方的；

⑥一方直接或者间接地拥有、控制或者持有对方5%以上（含5%）公开发行的有表决权的股票或者股份的；

⑦一方是另一方的雇员、高级职员或者董事的；

⑧买卖双方是同一合伙的成员的。

"价格影响确认"填报确认纳税义务人是否可以证明特殊关系未对进口货物的成交价格产生影响。纳税义务人能证明其成交价格与同时或者大约同时发生的下列任何一款价格相近的，应视为特殊关系未对成交价格产生影响，在下拉菜单中选择"0—否"，反之则选择"1—是"：

①向境内无特殊关系的买方出售的相同或者类似进口货物的成交价格。

②按照《审价办法》第二十三条的规定所确定的相同或者类似进口货物的完税价格。

③按照《审价办法》第二十五条的规定所确定的相同或者类似进口货物的完税价格。

"支付特许权使用费确认"填报确认买方是否存在向卖方或者有关方直接或者间接支付与进口货物有关的特许权使用费，且未包括在进口货物的实付、应付价格中。买方存在需向卖方或者有关方直接或者间接支付特许权使用费，且未包含在进口货物实付、应付价格中，并且符合《审价办法》第十三条的，选择"1—是"，反之选择"0—否"。

实训操作示范

▶ 实训说明

（1）学会什么？

作为进口商，能填写汇款申请书，在T/T结算方式下完成付款义务。

（2）如何完成？

按照合同内容和银行提供的模板，制作境外汇款申请书。

▶ 操作步骤

（1）学习相关范例，掌握填写内容与填写规范。

（2）制作境外汇款申请书如表9-5所示。

表 9-5 境外汇款申请书范例

日期（Date）：

汇款申请书
APPLICATION FOR OUTWARD REMITTANCE
（请用正楷填写及在合适的方格内用 "X" 记号标明）
（PLEASE FILL IN BLOCK LETTERS AND TICK APPROPRIATE BOXES）

☐ 电汇（Telegraphic Transfer）
☐ 信汇（Mail Transfer）
☐ 票汇，付款地点
（Demand Draft, Drawn on ___ ）

敬启者
Dear Sirs

本人（等）已详阅、了解和同意列于此页背面的各条款，兹委托贵行根据该等条款代办下列汇款。

I/We hereby request you to effect the following remittance subject to the conditions overleaf, to which I/we have read, understood and agreed.

收款人 Beneficiary	YIWU SHANGYUAN IM&EX CO., LTD No.2 Xueyuan Road Yiwu, Zhejiang, China
收款人账号 A/C No.of Beneficiary	× × × × × × × × × × × × × × × × × × ×
收款行名称及地址 Name & Address of Beneficiary's Bank	Industrial and Commercial Bank of China, Yiwu Branch No.188 Binwang Road, Yiwu, Zhejiang, China
收款行之代理行 Correspondent of Beneficiary's Bank	
汇款人 Remitter	SIMACO FASHION CO., LTD 111 Ave, New York, USA
汇款货币及金额 Currency & Amount	USD8200
密押 Test Key	

国外银行费用由 "X" 支付，如未注明，则由收款人负担
（All foreign bank's charges are for "X" account. If not specified, all charges are to be borne by the beneficiary）
☐ 收款人（Beneficiary）
☑ 汇款人（Remitter）

附言
Message

* 往境外汇款，请以英文填写汇款申请书。

* 开立汇票，请注明取票人姓名及有效证件号：_____

有关上述汇款的总额，兹

In payment of the above remittance and charges
请付本人（等）账户号
Please debit my/our account No. _____with you.

_____
申请人签署 Applicant's Signature

姓名
Name_____

身份证明文件号码
Identity Document No._____

地址
Address_____

电话
Tel No. _____

银行专用（For Bank Use Only）

实训题目

　　按以往实训题目中的合同、信用证、单据的相关信息，制作境外汇款申请书（见表9-6），完成进口商的付款义务。

表9-6　空白境外汇款申请书

日期（Date）：

汇款申请书
APPLICATION FOR OUTWARD REMITTANCE
（请用正楷填写及在合适的方格内用"X"记号标出）
（PLEASE FILL IN BLOCK LETTERS AND TICK APPROPRIATE BOXES）

☐ 电汇（Telegraphic Transfer）
☐ 信汇（Mail Transfer）
☐ 票汇，付款地点
（Demand Draft, Drawn on ＿＿＿）

敬启者
Dear Sirs

　　本人（等）已详阅、了解和同意列于此页背面的各条款，兹委托贵行根据该等条款代办下列汇款。
I/We hereby request you to effect the following remittance subject to the conditions overleaf, to which I/we have read, understood and agreed.

收款人 Beneficiary	
收款人账号 A/C No. of Beneficiary	
收款行名称及地址 Name & Address of Beneficiary's Bank	
收款行之代理行 Correspondent of Beneficiary's Bank	
汇款人 Remitter	
汇款货币及金额 Currency & Amount	国外银行费用由"X"支付，如未注明，则由收款人负担 （All foreign bank's charges are for "X" account. If not specified, all charges are to be borne by the beneficiary）
密押 Test Key	
附言 Message	☐ 收款人（Beneficiary） ☐ 汇款人（Remitter）

* 往境外汇款，请以英文填写汇款申请书。

* 开立汇票，请注明取票人姓名及有效证件号：＿＿＿＿＿＿＿＿＿＿＿＿＿＿＿＿＿＿＿＿

有关上述汇款的总额，兹

In payment of the above remittance and charges
请付本人（等）账户号
Please debit my/our account No. ＿＿＿＿＿＿＿＿＿＿＿with you.

＿＿＿＿＿＿＿＿＿＿
申请人签署 Applicant's Signature

姓名
Name＿＿＿＿＿＿＿＿＿＿
身份证明文件号码
Identity Document No.＿＿＿＿＿＿＿＿＿
地址
Address＿＿＿＿＿＿＿＿＿
电话
Tel No. ＿＿＿＿＿＿＿＿＿

银行专用（For Bank Use Only）

任务二　出口方办理出口退税

任务导入

进口方支付货款后，出口方不久即从银行收到了到汇通知，办理了结汇。根据我国出口退税的相关政策，出口方的本笔业务可以享受 15% 的出口退税率。出口公司的财务办税员小龚将需要办理认证的增值税发票整理后交国税局进行发票认证。发票通过认证后，小龚将办理出口退税需要的全套单据收齐，并在退税申报软件中逐条录入进货明细及申报退税明细。申报通过后一段时间，小龚到银行查询，查到退税额已足额到账。该笔出口退税业务顺利完成。

任务目标

熟悉出口退税政策，清楚申报出口退税所需的全套单据，掌握申报流程。

出口退税

知识要点学习

1. 出口退税政策
2. 出口退税业务操作

一、出口退税政策

按照我国现行《出口货物退（免）税管理办法（试行）》规定，出口商自营或委托出口的货物，除另有规定外，可在货物报关出口并在财务上做销售核算后，凭有关凭证报送所在地国家税务局批准退还或免征其增值税、消费税。其中，出口商包括对外贸易经营者、没有出口经营资格委托出口的生产企业、特定退（免）税的企业和人员。

出口商应在规定期限内，收齐出口货物退（免）税所需的有关单证，使用国家税务总局认可的出口货物退（免）税电子申报系统生成电子申报数据，如实填写出口货物退（免）税申报表，向税务机关申报办理出口货物退（免）税手续。逾期申报的，除另有规定者，税务机关不再受理该笔出口货物的退（免）税申报，该补税的应按有关规定补征税款。出口商申报出口货物退（免）税时，税务机关应及时予以接受并进行初审。经初步审核，出口商报送的申报资料、电子申报数据及纸质凭证齐全的，税务机关受理该笔出口货物退（免）税申报。出口商报送的申报资料或纸质凭证不齐全的，除另有规定者，税务机关不予受理该笔出口货物的退（免）税申报，并要当即向出口商提出改正、补充资料或凭证的要求。税务机关受理出口商的出口货物退（免）税申报后，应为出口商出具回执，并对出口货物退（免）税申报情况进行登记。出口商报送的出口货物退（免）税申报资料及纸质凭证齐全的，除另有规定者，在规定申报期限结束前，税务机关不得以无相关电子信息或电子信息核对不符等原因，拒不受理出口商的出口货物退（免）税申报。

税务机关应当使用国家税务总局认可的出口货物退（免）税电子化管理系统以及总局下发的出口退税率文库，按照有关规定进行出口货物退（免）税审核、审批，不得随意更改出口货物退（免）税电子化管理系统的审核配置、出口退税率文库以及接收的有关电子信息。税务机关受理出口商出口货物退（免）税申报后，应在规定的时间内，对申报凭证、资料的合法性、准确性进行审查，并核实申报数据之间的逻辑对应关系。

不同类型的出口主体，其适用的出口退税方式是不相同的，生产企业自营出口或委托外贸流通企业出口自产货物，一般适用"免抵退"政策；外贸流通企业收购货物出口，一般适用"先征后退"政策。

"免抵退"中的"免"税，是指对生产企业出口的自产货物，免征本企业生产销售环节增值税；"抵"税，是指生产企业出口自产货物所耗用的原材料、零部件、燃料、动力等所含应予退还的进项税额，抵顶内销货物的应纳税额；"退"税，是指生产企业出口的自产货物在当月内应抵顶的进项税额大于应纳税额时，对未抵顶完的部分予以退税。在实践中，大多数企业的销售都是既有出口，又有内销。所以，当期出口产品所实际消耗的原材料、零部件、燃料、动力等所含应予退还的进项税额实际难以准确辨析，税收实践就采用了人为确定退税率，并且首先以计算出来的当期免抵退税额（即当期名义退税额或者称

我国出口退税政策

当期应抵顶的进项税额）抵顶内销产品应纳增值税的方法简易处理，实际是简化了增值税征纳环节的征税、退税过程。按照"先征后退"方式办理退税的企业，必须先按照增值税的管理规定依法向征税部门全额交纳税款，然后按照出口货物离岸价折算人民币再按退税率计算应退税额，随后到退税部门申报办理退税。

二、出口退税业务操作

办理出口退税业务需附送如下材料：出口货物报关单（出口退税专用联）、进货增值税专用发票（抵扣联）、单证备案明细单、外贸企业出口货物退税进货明细表、外贸企业出口货物退税申报明细表。为规范外贸出口经营秩序，加强出口货物退（免）税管理，防范骗取出口退税违法活动，国家税务总局对出口企业出口货物退（免）税有关单证实行备案管理制度，即企业上述需提供的单证备案明细单，具体包括出口销售发票、结汇水单或收汇通知书、出口收汇核销单（出口退税专用联），属于生产企业直接出口或委托出口自

制产品，凡以到岸价 CIF 结算的，还应附送出口货物运单和出口保险单。

下面以外贸企业出口（非生产企业）退税申报系统为例。出口退税申报时，出口企业需通过软件向国税局传送申报数据，即外贸企业出口货物退税进货明细表和外贸企业出口货物退税申报明细表。上述数据可通过外贸企业出口货物退税申报系统录入，打印并生成电子数据。

（一）进货明细数据申报

要进行进货明细数据申报，首先在"基础数据采集"中执行"进货明细申报数据录入"，即在线填写外贸企业出口货物退税进货明细表（模板见表9-7）。这是申报中最主要的工作，不仅量大而且易出错。模板与实际申报的内容大体相同，可供参考，细节上可能有出入。具体申报要求如下。

表 9-7 外贸企业出口货物退税进货明细表模板

外贸企业出口货物退税进货明细表

海关企业代码：

纳税人名称（公章）：

纳税人识别号：　　　　　　所属期：　　申报批次：　　金额单位：元至　角　分

序号	关联号	税种	进货凭证号	开票日期	出口商品代码	商品名称	计量单位	数量	计税金额	征税率（%）	征税税额	退税率（%）	可退税额	业务类型	备注
1	2	3	4	5	6	7	8	9	10	11	12	13	14	15	16

经办人：　　　财务负责人：　　　法定代表人（负责人）：　　　第　页

（1）表头项目：纳税人名称为出口企业名称的全称；纳税人识别号为出口企业在税务机关办理税务登记取得的编号；申报年月按申报期年月填写，对跨年度的按上年12月份填写；申报批次为所属年月的第几次申报。

（2）序号：填写 4 位流水号，当序号大于 9999 时，可以填写 A001、A002……英文字母 A 加数字组合。

（3）关联号：必录内容，出口企业可以自行编写，是进货和出口数据唯一关联的标志。一个年度内不能重复，一次申报可以有多个关联号。建议企业按"4 位年 +2 位月 +4 位顺序号"的规则编排关联号，必须保证每一个关联号下的进货和出口数量相等，并且换汇成本正常；对于一笔出口业务对应多笔进货的，应使用一个关联号；对于多条进货对应多条出口或者一笔进货对应多条出口的，应根据出口笔数编排连续的关联号。

（3）税种：若为增值税，填写"V"；若为消费税，填写"C"。

（4）进货凭证号：如果是增值税专用发票，填写增值税专用发票的"发票代码 + 发票号码"共同组成的 18 位数字。否则填写其他退税凭证的号码。

（5）开票日期：进货凭证开票日期，为增值税专用发票或海关进口增值税（消费税）专用缴款书的填开日期。

（6）出口商品代码：按出口报关单的商品代码对应的退税率文库中的基本商品代码填写。如属于无出口报关单的按照进货凭证中货物名称对应的退税率文库中的基本商品代码填写。

（7）商品名称：应按商品税率库中该商品代码对应的名称填写，或按商品实际名称填写。

（8）计量单位：同出口货物退税申报明细表填报。

（9）数量：如果增值税专用发票上该商品的计量单位与报关单该商品第一、第二计量单位不符，则应按报关单计量单位折算进货数量。

（10）计税金额：如果增值税发票开具的货物或应税劳务名称项对应的出口报关单为同一商品代码，可录入发票计税金额总和，否则应分项填写。

（11）征税率：若为增值税，则按百分比的格式填写专用发票上的税率；若为消费税从价定律方式征税的，则按百分比的格式填写消费税专用税票的法定税税率；若为消费税从量定额方式征税的，则填写消费税专用税票的法定税额。

（12）征税税额：按本表相关项目计算税额。若为增值税，税额 = 计税金额 × 征税税率/100；若为消费税从价定律方式征税的，税额 = 计税金额 × 征税税率；若为消费税从量定额方式征税的，则税额 = 数量 × 征税税率。

（13）退税率、可退税额：包括上述征税税额，均由系统自动生成，按回车进入下个字段。

（二）出口明细数据申报

要进行出口明细数据申报，首先在"基础数据采集"中执行"出口明细申报数据录入"，即在线填写外贸企业出口货物退税申报明细表（模板见表 9-8）。模板与实际申报的内容大体相同，可供参考，细节上可能有出入。具体申报要求如下。

表 9-8 外贸企业出口货物退税申报明细表模板

外贸企业出口货物退税申报明细表

海关企业代码：

纳税人名称（公章）：

纳税人识别号：　　　　　所属期：　　　申报批次：　　　金额单位：元至　角　分

序号	关联号	出口发票号	出口货物报关单号	代理出口货物证明号	出口日期	出口商品代码	计量单位	出口数量	美元离岸价	出口进货金额	申报商品代码	退税率	申报增值税退税额	申报消费税退税额	单证不齐标志	退（免）税业务类型	备注
1	2	3	4	5	6	7	8	9	10	11	12	13	14	15	16	17	18
小计														－			
合计														－			

兹声明以上申报无讹并愿意承担一切法律责任。

经办人：　　　　　　财务负责人：　　　　　　法定负责人（负责人）：

（1）出口发票号：即企业出口商品的商业发票号码。

（2）出口货物报关单号：12 位码，由报关单右上角"海关编号"后 9 位码＋"0"＋商品项号组成。

（3）代理出口货物证明号：若是委托其他外贸企业代理出口的货物，输入外贸企业提供的"代理出口货物证明"右上角 12 位码（即 2 位年份 +4 位地区码 +4 位顺序码 +2 位项号）；项号录入规则同报关单项号；若自营出口的，此项为空，不得录入任何内容。

（4）出口日期：输入报关单中的出口日期。

（5）美元离岸价：录入实际离岸价，计算换汇成本的依据。

（6）出口商品代码：可参见报关单中间左边"商品编号"。

（7）出口数量：与系统内商品代码对应计量单位的关单上相应数量，录入的数量只能等于或小于关单数量，如关单数量为 1000 件，实际申报退税 950 件，则录入 950 件。

（8）税额、退税率、可退税额均由系统自动生成，按回车进入下个字段。

（9）企业经营情况,备案单证数据的录入:进入后,直接点生成备案,不需要手工录入,填上日期、办税员后点击"确定"。其他内容都可以不填,必要的话可以填上备案单证出处为财务部,同时设置标志为R。

（三）出口退税汇总申报

基础数据录入后,进行进货和退税明细查询及可申报资格检查,汇总进货凭证,进货出口数量关联检查,将可申报数据生成本次申报数据。首先,在"数据加工处理"生成预申报数据,通过基本申报资格检查的退税申报数据及退税进货凭证生成相应的预申报明细,退税申报数据由待申报状态转为本次申报,生成"企业退税预申报软盘"。税务机关对企业上报的预申报数据进行预审后,将审核中的疑点信息生成数据库文件反馈给企业。已经开通网上预审核的企业可直接将生产的数据上传到税务机关的预审核服务器进行实时预审,同样可以得到数据库文件的反馈信息。然后是确认正式申报数据。在"预审反馈处理"确认正式申报数据,数据将从采集区转移到申报区。执行退税正式申报,对申报数据做申报前最后一次检查后,打印明细申报表。最后,生成并打印汇总表。汇总表的主要内容根据明细表数据自动生成,但企业可以进行修改。

实训操作示范

出口退税申报系统

▶ **实训说明**

（1）学会什么?

能在出口退税申报系统中完成出口退税的申报流程操作。

（2）如何完成?

按出口退税申报系统的操作流程进行操作。

▶ **操作步骤**

在出口退税申报系统中完成整个出口退税申报流程。

实训题目

根据之前实训题目中的相关业务内容和信息,在出口退税申报系统中模拟输入应填的内容,完成整个出口退税申报流程操作。输入的内容可相应填入表9-9和表9-10。

表 9-9 空白外贸企业出口货物退税进货明细表

外贸企业出口货物退税进货明细表

海关企业代码：

纳税人名称：　　　　（公章）　　　申报年月：　　年　月　　　申报批次：

纳税人识别号：　　　　　　　　　　　　金额单位：元至　角　分

序号	关联号	税种	进货凭证号	开票日期	出口商品代码	商品名称	计量单位	数量	计税金额	征税率（%）	征税税额	退税率（%）	可退税额	业务类型	备注
1	2	3	4	5	6	7	8	9	10	11	12	13	14	15	16

经办人：　　　　　财务负责人：　　　　　法定代表人（负责人）：　　　　　第　页

表 9-10 空白外贸企业出口货物退税申报明细表

外贸企业出口货物退税申报明细表

海关企业代码：

纳税人名称（公章）：

纳税人识别号：　　　　　所属期：　　　申报批次：　　　金额单位：元至　角　分

序号	关联号	出口发票号	出口货物报关单号	代理出口货物证明号	出口日期	出口商品代码	计量单位	出口数量	美元离岸价	出口进货金额	申报商品代码	退税率	申报增值税退税额	申报消费税退税额	单证不齐标志	退（免）税业务类型	备注
1	2	3	4	5	6	7	8	9	10	11	12	13	14	15	16	17	18
小计														—			
合计														—			

兹声明以上申报无讹并愿意承担一切法律责任。

经办人：　　　　　财务负责人：　　　　　法定负责人（负责人）：

任务三　售后跟踪与服务

任务导入

进口商已提货销售，出口商已收款并完成退税，整个业务到此已顺利结束。然而，一个好的外贸业务员，必须在售后对客户进行跟踪和服务，以争取更多的后续订单，树立良好的企业口碑。售后跟踪服务工作主要有：客户满意度跟踪调查，分析发现需要改善的地方；接受客户的投诉，分析投诉产生的原因，独立或协调公司其他业务部门及时、妥善地处理客户的投诉。

任务目标

在售后对客户进行跟踪和服务，掌握处理客户投诉的方法。

知识要点学习

售后跟踪与服务

1. 客户满意度跟踪调查
2. 客户投诉的原因分析
3. 客户投诉的处理方法

一、客户满意度跟踪调查

客户满意度就是客户接受产品或服务时感受到的质量与预期比较所产生的满足或愉快的感觉。这种感觉决定他们是否继续购买公司的产品或服务。业务员应根据产品的特定要求，定期向每个客户发送客户满意度调查表（见表 9-11），了解客户的要求和需要。调查后，按客户类别建立客户满意度统计表，对需要改善之处应形成报告交付主管，由相关部门执行。

表 9-11　客户满意度调查表

序号	调查项目满意度	非常满意		满意		一般		不满意		极度不满	备注
		10	9	8	7	6	5	4	3	2	1
1	产品交付状况与质量										
2	产品款式与先进性										
3	产品价格与费用										
4	市场退货、满意与反应情况										
5	对不良产品处理的方式和结果										

序号	调查项目满意度	非常满意		满意		一般		不满意		极度不满	备注
		10	9	8	7	6	5	4	3	2	1
6	技术支援情况										
7	维护、保修状况										
8	样品处理速度										
9	企业方面的配合度										
10	人员服务的态度与效果										
	总计										
	对公司的其他宝贵意见										
	业务员：					调查日期：					

二、客户投诉的原因分析

客户投诉的原因可以分为两个方面：一方面是产品本身存在问题，另一方面是各环节的服务存在问题。妥善处理客户的投诉，首先要分析清楚原因。

与国内贸易比较，通常出口货物的数量都比较大，更容易在备货期间就出现产品质量方面的问题。出现产品质量问题后，如果需要长时间的返工，往往会超出装运期的期限。两者权衡之下，带有质量缺陷的商品也不得不运输到国外，这必然会遭到客户的投诉。其原因可能是在生产阶段，外贸公司与工厂的沟通协调还不够；也可能是选择工厂时留下了问题。当前，我国有不少工厂的规模较小，生产技术和管理比较落后，产品质量还不够稳定。客户投诉的常见产品质量问题有含铅超标等原材料方面的问题，颜色存在色差，包装不符合要求，等等。产品质量方面的问题，大多数是可以预防的。外贸公司要与上游厂商保持同步，熟悉产品的最新款式和功能，及时更新店铺中产品的描述和图片；在合同和产品介绍中坦诚说明产品存在的限制，如可能会因环境变化而影响功能或使用效果等；做好生产跟单工作，保证产品各方面符合要求，保存好磋商时的样品。

出口货物的运输交付也比国内贸易更复杂，要在一般贸易方式监管下办理国际运输、保险、通关等系列流程。这些环节常见的客户投诉问题有：买方未能在约定期限内收到货物，货物经检验发现在运输途中造成了损失，货物通关存在问题，等等。与商品质量一样，服务方面的投诉问题大多也是可以预防的。如果在合同中约定是 FOB、CIF 等象征性交货贸易术语，就不要随意给买方货物于何时送到的承诺，只要在装运期内完成装船就可以了；明确货物在运输途中发生损失的责任，做好保险投保工作；在备货期间请工厂确认可以交货的日期，并加上可能会影响交货的风险时间，做好跟单工作；事先了解进口国对本产品的检验与通关要求，是否有需要认证等特殊要求。

三、客户投诉的处理方法

客户投诉处理的一般流程及每个环节的处理要点为：倾听问题，体现出对客户投诉问题的重视态度，在倾听客户对企业的抱怨或投诉时，要运用平视客户、诚恳点头等肢体语言表示出对客户提出问题的关注；确认问题，发现问题的实质所在，要询问问题细节或不清楚的地方，按客户和产品的分类分别进行登记；如果客户提出的问题没有事实根据，要对客户进行说明并予以确认；评估问题，确定问题的责任与程度，如果责任为我方，应了解客户对经济补偿的要求和其他要求；处理问题，注意协商的方式，要考虑是否为长期客户，问题解决后有无再度成交的概率，尽可能地提出双方能接受的方案；追踪反馈，实施约定的处理方案，并对处理方案的执行进行监督，认真实施、圆满处理好客户的投诉。

客户投诉的主要目的是要求对投诉做出妥善的处理。对待客户的投诉，在表示同情、歉意的同时，一定要明快、诚恳、稳妥地提出解决的方案。处理客户投诉的方法主要有电话处理法、信函处理法和现场处理法。

（一）电话处理法

电话投诉是客户采用的主要形式。处理电话投诉时，要努力把握客户心理，认真应对，并应注意下列原则。

（1）以恭敬有礼的态度接受客户的投诉，从客户的视角分析问题，防止主观武断，并注意说话的方式方法和语调，使对方产生信赖感。

（2）如果收到长途电话投诉，可请对方先留下电话号码，再立即给对方打过去。这样做可节省对方的电话费用。以"为对方着想"的姿态使对方产生好感，并可借此确认对方的电话号码，避免不负责任的投诉。遇到激愤的客户，也能缓和对方的情绪。

（3）将对方的姓名、地址、电话号码、商品名称和投诉的主要内容等重要事项，以简洁的词句填写在客户投诉处理卡上或录入计算机，并把处理人员的姓名及部门告诉对方，以便于对方联络。

（4）电话处理是与客户的直接沟通，不仅能获取宝贵的信息，有利于营销业务的展开，而且可借此传递企业形象，与客户建立起更深的感情。

（二）信函处理法

信函处理是一种传统的处理方法，对企业而言要花费更多的人力和邮费，且因信函往返使处理投诉的时间较长。信函处理应注意下列事项。

（1）不厌其烦地处理。当收到客户利用信函所提出的投诉时，要立即通知客户信函已收到。在信函往来中，为了给予客户方便，应把印有企业地址、邮编、收信人等信息的卡片放在信函内，以便于客户回函。

（2）清晰、准确地表达。信函一般采用打印的形式，要有针对性地提出解决问题的方案，征求客户的意见。表述要亲切、易懂，让对方一目了然，产生亲近感。

（3）妥善处理。对投诉的处理要慎重，应征得主管同意，并以企业负责人的名义寄出，须加盖企业公章。

（4）存档归类。处理投诉过程中的来往函件，应进行编号，并将有关内容填入追踪表，再进行相关文件资料的存档。

（三）现场处理法

面对情绪愤怒、直接上门投诉的来访者，应安排客户在会客室协商，及时做好现场处理，尽量迅速解决问题，使客户满意。现场处理应注意下列事项。

（1）创造亲切、轻松的气氛，倾听客户怨言，态度诚恳，不要中途随意中止谈话，并认真做好详细记录。

（2）在提出问题解决方案时，应让客户有所选择，不要让客户有"别无选择"之感。

（3）尽可能在现场把问题解决掉，当不能马上解决问题时，要让客户了解自己的处理权限，并向客户说明原因。

磋商、调解、仲裁与诉讼

（4）面谈结束时，要向客户表明歉意，确认与客户的联络方法，并对处理的效果进行追踪，提高客户的满意度。

实训操作示范

▶ 实训说明

（1）学会什么？

能分析客户投诉的原因，并用正确的方法进行解决。

（2）如何完成？

搜集相关案例，模拟其中客户的投诉，分析原因，模拟双方通过电话或面谈解决投诉的问题。

▶ 操作步骤

（1）仔细分析案例中的问题，明确解决问题的关键所在。

（2）为应对客户投诉做好准备工作。

（3）解决客户投诉的问题。

客户投诉案例参考

实训题目

就之前实训题目中的产品，在产品质量和服务两方面分析可能存在的客户投诉，按照实训操作示范的操作步骤，模拟投诉和解决过程。

参考文献

何璇，曹晶晶. 国际贸易理论与实务 [M]. 2 版. 北京：科学出版社，2012.

贾少华，金文进. 网络贸易 [M]. 北京：高等教育出版社，2014.

柯丽敏，王怀周. 跨境电商基础、策略与实战 [M]. 北京：电子工业出版社，2016.

李海琼. 国际市场营销实务 [M]. 北京：高等教育出版社，2010.

姚大伟. 外贸跟单操作 [M]. 北京：高等教育出版社，2014.

叶红玉. 外贸业务实训教程 [M]. 北京：中国商务出版社，2011.

张海燕，华红娟. 出口业务操作 [M]. 北京：高等教育出版社，2017.